东北财经大学会计丛书

Reading and Analysis of Financial Statement

会计报表阅读与分析

（第五版）

U0791655

刘凌冰　编著

东北财经大学出版社
Dongbei University of Finance & Economics Press
大连

图书在版编目（CIP）数据

会计报表阅读与分析 / 刘凌冰编著. —5版. —大连：东北财经大学出版社，2020.9
（东北财经大学会计丛书）
ISBN 978-7-5654-3913-1

Ⅰ. 会… Ⅱ. 刘… Ⅲ. 会计报表-会计分析 Ⅳ. F231.5

中国版本图书馆CIP数据核字（2020）第132195号

东北财经大学出版社出版
（大连市黑石礁尖山街217号 邮政编码 116025）
网 址：http：//www.dufep.cn
读者信箱：dufep@dufe.edu.cn

大连永盛印业有限公司印刷 东北财经大学出版社发行

幅面尺寸：170mm×240mm 字数：334千字 印张：16.75 插页：1
2020年9月第5版 2020年9月第1次印刷

责任编辑：李 彬 王 玲 责任校对：一 心
封面设计：冀贵收 版式设计：钟福建

定价：36.00元

教学支持 售后服务 联系电话：（0411）84710309

如有印装质量问题，请联系营销部：（0411）84710711

第五版前言

随着经济的快速发展、企业规模的不断扩大以及资本市场的日益繁荣，越来越多的企业管理者和投资者认识到掌握会计知识、解读会计信息对于制定正确的管理和投资决策具有非常重要的作用。实际上，对于企业财务人员来说，其需要全面深入地掌握会计理论、方法和程序。而对于诸如企业高管、投资者、政府部门等会计报表的使用者来说，其仅需要了解会计的基本概念、会计报表项目的基本含义，能够根据会计报表数据判断企业财务状况和经营成果即可。

撰写本书，就是为了满足非财务会计专业人员了解会计报表、解读会计信息的需求。目前，会计专业教材的普遍特点是专业性较强，语言深奥晦涩，对于非财务会计人员来说，阅读和学习起来比较吃力。本书的主要特点是，着力将财务分析的专业知识，以平实、通俗易懂的语言和图形展现出来，力求生动、浅显，且不失科学性和系统性。书中对会计报表的基础知识和财务分析的基本技巧进行了详细讲解，根据读者学习的规律和思维逻辑逐步展开内容，前后呼应，引导读者循序渐进地了解和掌握专业知识，并对会计报表存在的一些常见问题作了深入浅出的分析，且辅以适当的案例加以说明。期望本书能对关心企业会计工作并试图了解企业会计信息的读者有所帮助，使其能够快速、轻松地掌握会计报表阅读与分析的基本知识和基本技能。

本书既可用作企业管理者、投资者及其他关心企业、希望了解企业财务信息的会计报表使用者的自学用书，亦可用作MBA、非财务会计专业本科课程教材及其他相关培训教材。

自第一、二、三、四版问世以来，本书受到了读者的广泛关注。很多热心读者通过各种方式向作者反馈读后心得，一些读者还提出了宝贵的意见和建议，在此，作者深表感谢！本书第五版是在第一、二、三、四版的基础上，根据2017年修订的企业会计准则中的《第14号——收入准则》《第16号——政府补助》《第22号——金融工具确认和计量》《第23号——金融资产转移》《第24号——套期会计》《第42号——持有待售的非流动资产处置组和终止经营》、2018年修订的企业会计准则中的《第21号——租赁》、2019年修订的企业会计准则中的《第7号——非货币性资产交换》《第12号——债务重组》《第30号——财务报表列报》（适用于已执行新金融准则、新收入准则和新租赁准则的企业）的变化内容，结合国家税务总局、证监会等相关部门的最新制度、法规，对相关内容进行了调整和更新。同时，应读者的要求，针对目前经济形势和企业经济活动的最新动向，增加了更多的典型案例加以分析。

本书在第五版中，增加了章末习题的参考答案（见东北财经大学出版社网站www.dufep.cn），且习题及答案编写由闫红悦和赵丹完成。

由于作者学识水平有限，本书难免存在疏漏之处，恳请读者不吝赐教。

刘凌冰

2020年3月

目录

第一章 学会阅读会计报表的重要性

引例

1996—2000年，蓝田（全称为“沈阳蓝田股份有限公司”，股票代码600709）的财务数据一直保持着神奇的增长速度。其总资产规模从1996年上市前的2.66亿元发展到2000年年末的28.38亿元，增长了10余倍；其历年年报的每股收益都在0.60元以上，最高甚至达到1.15元，即使在遭遇了1998年特大洪灾之后，每股收益也达到了不可思议的0.81元。由此，其创造了中国农业企业罕见的“蓝田神话”，其股票被称作“中国农业第一股”。

2001年10月26日，刘姝威在《金融内参》上发表了《应立即停止对蓝田股份发放贷款》一文，对蓝田财务数据造假行为进行了揭露。她在对蓝田的资产结构、现金流情况和偿债能力作了详尽的分析之后，得出的结论是蓝田财务数据有着惊人的虚假成分，且公司已经无力归还高达20亿元的贷款。其存在的问题包括：

第一，蓝田已无力还债。2000年，蓝田的流动比率是0.77，这说明其短期可转换成现金的流动资产，不足以偿还到期流动负债；其速动比率是0.35，这说明扣除存货后，流动资产只能偿还35%的到期流动负债；其净营运资金为-1.3亿元，这说明蓝田将不能按时偿还1.3亿元的到期流动负债。

第二，其12.7亿元的农副水产品收入有造假嫌疑。

第三，蓝田的资产结构是虚假的。2000年，蓝田的流动资产占资产的百分比约是同业平均值的1/3；其存货占流动资产的百分比约高于同业平均值3倍；其固定资产占总资产的百分比高于同业平均值1倍多；其在产品占存货的百分比高于同业平均值1倍；其在产品绝对值高于同业平均值3倍；其存货绝对值高于同业平均值1倍。

蓝田的财务数据存在造假嫌疑的消息一经公开，便引起了轩然大波，各家银行纷纷停止了对其的贷款支持。2002年1月，因涉嫌提供虚假财务信息，其董事长保田等10名中高层管理人员被拘传接受调查，“蓝田神话”就此终结。

对于“蓝田事件”中受害的投资者，刘姝威感慨地说：“如果投资者都能够掌握基本的识别虚假会计信息的方法，那么谁还敢造假？”

资料来源　侯美红，张敏．刘姝威，成为“名人”之后［J］．乡音，2003（5）．

第一节　谁是会计报表的使用者

会计人员把企业发生的成千上万项经济业务，通过一定的方式，按照一定的规则记录在案，就形成了会计账，然后再将其汇总成会计报表。会计报表是对会计账的概括和汇总，几乎每个数字都是由很多数字累加产生的，因此其相当少的数据却代表了无数经济活动和会计记录的结果。因为有些会计报表中的数字太过综合以至于难以理解，所以这类单一数据和交易之间的联系是需要加以解释的。为了取得解释数据，就要对报表进行分析，即将报表中的某个总体数字分解到它的每一个构成因素，这恰好是一个与会计工作相反的过程。会计工作是将企业进行的经济活动记录下来，通过逐级汇总，最后反映到会计报表少数几个账户中；而会计报表分析，则是从报表中的综合数字回到企业日常的业务活动，反映其经济活动状态和结果。会计报表需要分析，会计报表分析的目的是提供信息，以帮助信息使用者进行管理和决策。早期会计报表分析最重要的贡献，是向贷款人和投资分析师提供帮助，满足他们获取会计所不能直接提供的某些会计报表信息的需求。近年来，企业经理、投资者、银行家、政府和中介机构等的使用者对会计报表分析的需求也在急剧增加。

会计报表是企业财务信息最主要和最重要的载体，凡是关心企业、希望了解企业财务状况的人，都是财务信息的需求者，即会计报表的使用者。会计报表的使用者主要包括投资者、债权人、经理、供应商、客户、政府机构、职工、竞争对手，以及中介机构等（如图1-1所示）。由此可以看出，由于越来越多的人认识到了解财务信息的必要性和重要性，因此会计报表的使用也变得越来越广泛。

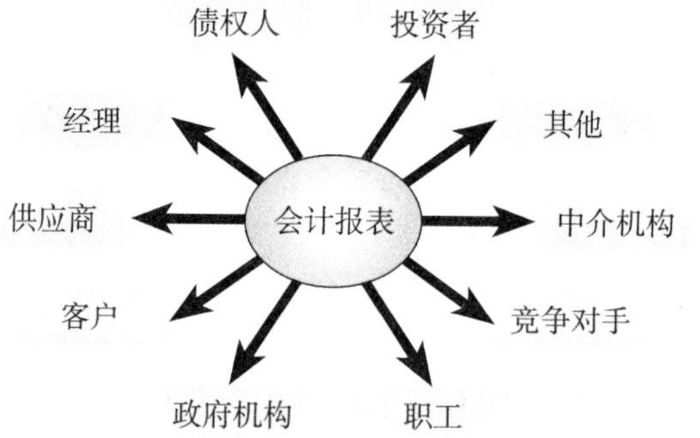

图1-1　会计报表的使用者

一、投资者

投资者包括企业的所有者，即现有的股东和未来可能成为企业股东的潜在投资者，也包括个人投资者，还包括诸如保险公司、复合基金等资金体量庞大的机构投资者。投资者要做的就是了解所要购买的股票背后的企业，了解企业的管理水平、经营情况、发展前景和应变能力等。要知道，只有企业利润及其前景才是决定股票价值最重要的因素。而如何知道企业的盈利情况和利润的前景呢？这需要回顾企业过去获得的收益情况，评价企业现在经营状况的好坏，如评价企业的偿债能力、盈利能力和抵抗风险能力等能力的强弱，以此来帮助投资者做出正确的投资决策。

对投资者来说，对会计报表的解读最根本的作用就是帮助他们决定是否继续持有对企业的投资或者是否新增对企业的投资。投资者需要学会运用会计报表分析来判断企业的盈利能力，因为盈利能力是投资者投入资本保值增值的前提和基础，它是影响股价变动，特别是股价长期发展趋势的重要因素。但是，投资者仅关心企业的盈利能力还是不够的，为了确保投入资本的保值增值，他们还需要学习如何来分析企业的负债和股权投资的结构、企业的支付能力、经营状况、风险水平和竞争能力等。只有在投资者认为企业有着良好的发展前景的情况下，企业的股东才会保持或增加投资，潜在投资者才会把资金投入该企业；否则，企业的股东将会尽快地抛售股权，潜在投资者也会投资其他企业。此外，对企业的现有股东，特别是占有大比例股份的控制性股东而言，会计报表分析也可以用来评价企业经营者的经营业绩，发现经营过程中存在的问题。根据分析的结果，控制性股东会通过努力，直接或间接地影响被持股上市公司重要岗位的人事安排、投资决策、经营决策，以及股利分配政策等。这些控制性股东往往倾向于运用会计报表分析手段，获得与企业战略性发展有关的财务信息，如企业资产的基本结构和质量、上市公司资本结构和质量、企业长期获取高质量利润的前景等。而对于一些中小股东，解读会计报表可以帮助他们获得其所关心的一些财务信息，如企业近期业绩状况、股利分配政策，以及现金流转状况等。

二、债权人

会计报表的阅读与分析，对于债权人的作用是帮助其评价贷款的报酬和风险，以此来辅助其决定是否给企业贷款或者是否出让债权。按照债权的期限，企业的债权人可以分为短期债权人（1年以内）和长期债权人（1年以上）。尽管短期债权人和长期债权人由于债权期限的不同会关注企业财务状况的不同侧面，但是要对企业的偿债能力进行评价时，他们都需要借助会计报表分析来做出正确的判断。一般情况下，短期债权人需要运用会计报表信息来确定企业的资金充足程度和流动性，以此来评价企业偿还短期债务的能力，而往往对企业的获利能力并不关心。长期债权人关心的则是其利息和本金是否能按期清偿，因此，他们需要根据会计报表中提供的信息，判断企业的长期获利能力及现金流动性。

三、经理

企业经理受企业股东的委托，对其投入企业的资本的保值增值负有责任。他们负责企业的日常经营，必须确保企业为股东带来其所期望的收益，及时偿还各种到期债务，并能够使企业的资产得到充分有效的利用。同时，他们的报酬和前途也与企业的财务业绩息息相关。因此，企业经理对企业财务状况的每一个方面都十分关注。他们需要利用包括会计报表在内的各种财务信息，对企业的财务状况进行分析，并且据此对企业的经营、投资和筹资等做出及时和正确的决策。

四、供应商

如果企业的供应商是以赊销的方式向企业提供商品或劳务的话，那么在企业付清价款前，他们也是企业的债权人。因此，他们与企业的债权人类似，必须判断企业能否及时支付所购的商品或劳务的价款。就这一点来说，一方面，大多数供应商对企业的短期偿债能力感兴趣，他们需要通过会计报表信息来确定企业资金的充足程度和流动性，并以此确定企业的信用额度，判断企业按时支付赊购款的能力；另一方面，某些供应商可能与企业存在较为持久且稳固的经济联系，甚至担保、抵押等法律关系，在这种情况下，他们对企业的长期偿债能力也非常关注。当企业破产的可能性增大时，企业供应商的利益也将受到威胁，此时，供应商必须根据企业会计报表对企业的财务状况进行分析，来推断企业的长期生存能力，以决定是否与其进行长期的合作。

五、客户

购买企业商品或劳务的客户同样十分关心企业的财务状况。对于客户来说，企业可能是其重要的商品或劳务供应商。因此，客户关心企业是否具有持续提供商品或劳务的能力，以确保客户的利益不会受到影响。企业的客户需要根据会计报表信息，通过财务分析来判断企业的长期生存能力，分析企业的长期发展前景及有助于对此做出预计的获利能力指标与财务杠杆指标等，并据此做出是否与企业合作的决策。

六、政府机构

政府与企业之间的关系体现在多种形式上。不同的角色定位，决定了政府机构倾向于关心企业财务状况的不同侧面。对于非国有企业来说，政府机构是企业的宏观调控者和协调人。作为宏观调控者，政府要通过会计报表了解企业纳税的情况，遵守法规和市场秩序的情况，职工收入和就业状况等。而对于国有企业来说，政府则同时担任了企业所有者代表的角色，它会像其他企业投资者一样关心企业的盈利状况、经营状况、资金状况等。政府机构对于会计报表分析的需求主要表现在以下几个方面：

1.征税。税务部门在征税时需要通过财务分析来核查企业是否依法纳税。例如，征收所得税和增值税时，税务部门需要对会计报表进行分析。

2.政府补贴。政府对于具有公共性质的企业和组织进行财政补贴时，需要通过会计报表分析来确定补贴的额度。例如，政府在决定对公用的电力、煤气等行业的补贴比率时，就需要对电力和煤气企业的会计报表进行分析。

3.行政干预。政府在干预市场、调控经济结构、扶植企业时，需要借助会计报表分析做出正确的决策。例如，政府部门在决定是否对有财务困难的企业提供政府担保贷款时，需要对企业的会计报表进行分析。当然，这样的分析结果只是决策时需要考虑的一个因素，政治因素也是同样重要的。例如，在决定是否批准一项政府担保的贷款时，执政党的纲领、企业陷入困境后导致的失业对地区稳定的影响等都是需要考虑的因素。

七、职工

企业的职工通常与企业存在长久、持续的关系。他们关心工作岗位的稳定性、工作环境的安全性，以及获取报酬的前景。因而，他们对企业的发展前景、获利能力和偿债能力感兴趣。职工需要通过对企业的财务信息以及他们掌握的其他内部信息进行分析，来判断企业目前和将来潜在的获利能力和偿债能力。特别是，有些企业与职工签订的薪酬合同中明确了企业的盈利状况与职工报酬的关系，因此职工需要利用对会计报表信息的分析来监督企业奖金方案的实施情况。

八、竞争对手

企业的竞争对手往往通过分析企业的会计报表及其他相关信息，来判断和比较企业的竞争力和营运效率，并借以调整和完善自己的战略决策。如果竞争对手把企业作为兼并的目标，它就需要对企业的财务状况作全面的分析。

九、中介机构

作为要对企业进行外部审计的注册会计师，在对企业开展审计之前，需要了解企业的会计报表，运用财务分析技术，确定审计的重点和风险水平等。

十、其他

还有一些机构（如研究机构、环保组织等）和个人也需要使用会计报表来判断企业的财务状况，但是它们的需要并不固定，有时它们需要通过分析企业的财务信息和其他活动来研究企业。

第二节　会计报表有哪些

会计报表最早出现于14世纪，当时由于生产技术快速发展、企业规模逐渐扩大，企业除了对经济业务进行记录以外，开始对资产与负债进行汇总，于是形成了资产负债表的雏形。到了16世纪，出现了复式记账法，人们将企业收入和支出的余额同时记入利润表。会计余额汇总可以反映企业的经营成果，企业主可以对其进行检查，但是，当时记录经营成果的主要是会计账簿，汇总余额的会计报表只是偶尔编制。到了19世纪末期，随着企业规模的扩大、财产的增加，许多企业开始寻找投资者，这就需要编制更多的会计信息汇总表以供投资者了解企业的经营状况和财务状况，因此余额账被发展成当代的资产负债表。随着经济的发展，人们对会计信息的需求发生了变化，利润表、现金流量表和股东权益变动表等也逐渐加入了会计报表的行列。

目前，根据我国企业会计准则的规定，企业对外报出的基本会计报表有资产负债表、利润表、现金流量表、所有者权益变动表。这些报表中反映的数据是对企业财务信息的汇总和浓缩。此外，对于报表中的重要项目还需在报表附注中详细说明。以下先作简要介绍，详细内容将在以后各章中介绍。

一、资产负债表

资产负债表的基本功能是，揭示企业在某一个特定日期所控制的经济资源（资产）的总量、来源结构等信息。因此，会计报表的使用者要想观察和了解企业控制的资产有多少，这些资产是如何取得的，企业举债规模以及偿债风险的大小等问题，可以阅读与分析资产负债表。资产负债表对报表使用者的重要作用体现在以下四个方面：

阅读提示 收付实现制，是以现金收到或付出为标准来记录收入的实现和费用的发生的。按照收付实现制，现金收支行为在其发生时全部记作当期的收入和费用，而不考虑与现金收支行为相关联的经济业务实质上是否发生。

1.揭示企业拥有的经济资源和财务实力。控制一定量的经济资源是企业生产经营的基本条件。经济资源的实质是未来的经济利益，换句话说，经济资源体现企业的潜在利益。因此，通常情况下，企业拥有和控制的经济资源越多，其形成与产生新的经济利益和财富的能力也就越强。这就是资产负债表提供资产总量信息的一个重要经济意义。但是，不同性质的资产给企业带来经济利益的能力大小是不一样的。因此，对于报表使用者来说，其不仅要了解资产的总量，还要看其具体结构的合理性。资产总量相同时，资源配置结构不同，所产生的经济效益也就不同，这也是资产负债表提供具体资产项目数据的主要目的。

2.反映企业资金的来源和结构。企业全部资产的形成有举债和吸收资本两个渠道。这两部分资金形成了企业的总资产，因此，这两部分资金占总资产的比重，体现了债权人和投资者对企业的资金贡献程度。据此，报表使用者可以观察企业资本结构的合理性以及债权人利益的保障程度，这是资产负债表提供负债数据和所有者权益数据的重要意义。

阅读提示 权责发生制，是指凡是应属于本期的收入和费用，不论其款项是否收到或付出，都作为本期的收入和费用处理；反之，凡是不应属于本期的收入和费用，即使款项在本期收到或付出，也不应作为本期的收入和费用处理。

3.体现企业偿债能力和财务风险。只要有负债，企业就有偿债风险，风险的大小不仅通过负债与所有者权益的对比关系体现，还通过负债的内部结构体现。负债的期限不同，偿还的强制性不同，给企业带来的风险也就不同。从这个意义上讲，资产负债表提供了醒目的负债数据，其是合理、有效地评估企业财务风险的重要依据。

4.预测企业资产和资本的未来发展趋势。会计报表的使用者不但需要了解企业过去和未来的财务状况，还需要预测企业未来的发展趋势，以便做出正确的判断和决策。通过对企业多个时期的财务数据进行比较，可以观察企业各项目的发展走向，进而预计未来时期企业将控制的经济资源情况。

二、利润表

利润表，又称损益表，其基本功能是揭示企业在某一个时期内实现的利润。因此，会计报表的使用者要想观察和了解企业在某段时间里取得多少收入，支付多少费用，缴纳多少税费，是否盈利以及盈利多少等问题，可以阅读与分析利润表。利润表对报表使用者的重要作用体现在以下四个方面：

1.揭示企业的获利能力。利润表反映了收入和为了取得收入而相应付出的成本等数据，报表使用者可以通过对比收入和相关成本，了解企业使用资源获得收益的效率，即投入产出效率，以此来评估企业的获利能力。

2.反映企业经营业绩。利润表中的经营利润、利润总额、净利润以及其他综合收益，从不同的侧面反映了企业经营取得的成果、管理效率和资本增值情况。现代企业的基本特征就是所有权与经营权分离。企业所有者将资本委托给企业的经营者来经营管理，经营者因此承担了受托责任。经过一定时期的经营，经营者的受托责任完成情况如何，如何考核和评价经营者的经营成果，其主要的依据之一就是利润表中的数据，这些数据是企业经营管理最终成果的直接体现。

3.为企业分配经营成果提供依据。企业本质上是不同利益相关者缔结的一组合约。这些利益相关者包括投资者、债权人、经营者、职工等，他们分别以不同的形式对企业做出贡献，而其主要的目的就是分享企业的经营成果。利润表反映了企业可以分配给利益相关者的经营成果的具体数额和形成过程，是企业分配的重要依据。有关国家税收、经营者奖励、员工薪金、股东股利、债权人利息以及企业自身留存收益等问题的决策，都是以利润表提供的财务数据为依据的。

4.预测企业未来的收益情况。会计报表的使用者不但需要了解企业过去和未来的收益状况，而且需要预测企业未来的发展趋势，以便做出正确的判断和决策。通过对多个时期的收入、费用和利润等数据进行比较，可以观察各项目的发展走向，进而预计企业未来的收益情况。

三、现金流量表

现金流量表的基本功能是，揭示企业在某一时期内现金的流入和流出情况。现金流量表是以收付实现制为基础编制的，因此会计报表的使用者要想观察和了解企业在某段时间内通过何种方式取得现金、现金的使用情况、现金的充足程度等问题，可以阅读与分析现金流量表。现金流量表对报表使用者的重要作用体现在以下四个方面：

收付实现制，是以现金收到或付出为标准来记录收入的实现和费用的发生的。按照收付实现制，现金收支行为在其发生时全部记作当期的收入和费用，而不考虑与现金收支行为相关联的经济业务实质上是否发生。

1.揭示企业现金的来源和去向。现金流量表将现金流量划分为经营活动、投资活动和筹资活动所产生的现金流量，还提供了具体项目的数量。通过这些数据，可以了解企业的现金从哪里来，又花到哪里去，从而使报表使用者获得企业现金取得情况和使用情况等信息。

2.反映企业的支付能力。通常情况下，企业的债务（如银行借款、应付账款等）是需要用现金来偿还的。企业利润是偿债的主要源泉，但是由于利润表中的利润是按照权责发生制来计算的会计利润，其并不代表企业真正拥有的支付欠款的能力，因此要想了解企业支付现金的能力，报表使用者还需要阅读与分析现金流量表，以评估企业是否有足够的现金支付到期债务和发放股利等。

权责发生制，是指凡是应属于本期的收入和费用，不论其款项是否收到或付出，都作为本期的收入和费用处理；反之，凡是不应属于本期的收入和费用，即使款项在本期收到或付出，也不应作为本期的收入和费用处理。

3.体现企业的经营战略。现金流量表反映了企业资金的具体投向和使用情况，也反映了企业收回投资等信息，据此，报表使用者可以分析和判断企业的经营战略。

4.验证企业利润的质量。由于企业的收入和费用是根据会计上的权责发生制确定的，企业的货物发出去，即使货款没有收到，这笔收入和相应的成本以及利润也会被反映在企业的经营成果中。但是，一旦货款收不回来，企业的收益就会被虚增，利润的质量就会下降。因此，报表使用者在判断企业盈利状况的时候，不仅要观察企业的利润，还要观察企业真正收到的现金数量，这就需要通过现金流量表提供的数据来验证利润的“变现”程度。

四、所有者权益变动表

所有者权益变动表，又称股东权益变动表，其基本功能是揭示企业在某一时期内所有者投入资本以及企业资本积累等情况。因此，会计报表的使用者要想观察和了解企业在某段时间里是否吸收了新的所有者投入资本，企业积累了多少利润，企业发放了多少股利等问题，可以阅读与分析所有者权益变动表。所有者权益变动表对报表使用者的重要作用体现在以下四个方面：

1.揭示企业所有者权益的构成和变动情况。所有者权益变动表一方面反映了企业所有者投入资本的数额和增加额，另一方面反映了企业通过经营运作后，积累下来的收益情况。报表使用者可以通过这些信息，了解其手中的企业所有权是否被稀释、企业的所有者是否增加了投入、企业的积累能力等情况。

2.反映企业的利润分配情况。所有者权益变动表反映了企业利用当期的税后利润进行的提取盈余公积、风险准备金以及分派股利等利润分配活动。通过对该项目的阅读与分析，可以了解企业的利润分配情况，判断企业的分配政策，并估计其分配能力。

3.体现企业会计政策变更和差错更正的影响。所有者权益变动表反映了企业会计政策变更和差错更正的影响，提醒报表使用者要关注会计政策变更和差错更正对前期、当期和未来期间会计报表的影响，以及对财务成果是否产生重大影响，防止其做出错误决策。

4.预测所有者权益变动趋势。会计报表的使用者通过对多个时期的所有者权益、收益和利润分配等数据进行比较，可以观察各项目的发展走向，进而预计未来时期企业所有者权益项目的变动趋势。

五、财务报表附注

财务报表附注是对在资产负债表、利润表、现金流量表和所有者权益变动表等报表中列示项目的文字描述或明细资料。附注的内容一般包括：企业的基本情况；会计报表的编制基础；遵循企业会计准则的声明；重要会计政策的说明，包括会计报表项目的计量基础和会计政策的确定依据等；重要会计估计的说明，包括下一会计期间内很可能导致资产、负债账面价值重大调整的会计估计的确定依据等；会计政策和会计估计变更以及差错更正的说明；对已在资产负债表、利润表、现金流量表和所有者权益变动表中列示的重要项目的进一步说明，包括终止经营税后利润的金额及其构成情况等；或有和承诺事项、资产负债表日后非调整事项、关联方关系及其交易等需要说明的事项；在资产负债表日后，财务报告批准报出日前提议或宣布发放的股利总额和每股股利金额等。

综合练习题

单项选择题

1.下列各项中，可能是企业会计报表使用者的是（　　）。

A.投资者　　B.供应商　　C.政府　　D.以上各项均正确

2.（　　）是投资者投入资本保值和增值的前提与基础，是影响股价变动的重要因素。

A.盈利能力　　B.偿债能力　　C.抵抗风险能力　　D.支付能力

3.关心企业的利息和本金是否能按期清偿，根据会计报表中提供的信息判断企业的获利能力及现金流动性的是（　　）。

A.企业经理　　B.债权人　　C.政府机构　　D.投资者

4.（　　）需要通过分析企业的财务状况来对企业经营、投资和筹资等做出及时与正确的决策。

A.企业经理　　B.债权人　　C.政府机构　　D.投资者

5.企业的供应商以赊销的方式向企业提供商品或劳务，在企业付清价款前，他们也是企业的债权人，他们最关注企业的（　　）。

A.盈利能力　　B.偿债能力　　C.营运能力　　D.增长能力

6.下列各项中，不属于政府机构对会计报表分析的需求的是（　　）。

A.征税　　B.行政干预　　C.政府补助　　D.日常运营管理

7.（　　）的基本功能是揭示企业在某一个特定日期所控制的经济资源，即资产的总量、来源结构等信息。

A.资产负债表　　B.利润表　　C.现金流量表　　D.财务报表附注

8.揭示企业的获利能力、反映企业经营业绩且能够为企业分配经营成果提供依据的是（　　）。

A.资产负债表　　B.利润表

C.现金流量表　　D.所有者权益变动表

9.要想了解企业支付现金的能力，报表使用者需要阅读与分析（　　）。

A.资产负债表和利润表　　B.资产负债表和现金流量表

C.资产负债表和所有者权益变动表　　D.资产负债表和会计报表附注

10.能够反映企业利润分配情况的是（　　）。

A.资产负债表　　B.利润表

C.现金流量表　　D.所有者权益变动表

判断题

1.长期债权人需要运用会计报表信息来确定企业资金的充足程度和流动性，以此来评价企业偿还债务的能力。（　　）

2.某些供应商可能与企业存在较为持久、稳固的经济联系，甚至担保、抵押等法律关系，在这种情况下，它们对企业的长期偿债能力也非常关注。（　　）

3.对国有企业来说，政府机构像其他企业投资者一样关心企业的盈利状况、经营状况、资金状况。（　　）

4.企业的竞争对手分析企业的会计报表及其他相关信息，只是为了判断和比较企业的竞争力和营运效率。（　　）

5.如果资产总量相同，即使资源配置结构不同，其所产生的经济效益也相同。（　　）

6.分析利润表可以了解企业使用资源获得收益的效率，以此来评估企业的获利能力。（　　）

7.有关国家税收、经营者奖励、员工薪金、股东股利、债权人利息等问题的决策是以现金流量表提供的财务数据为依据的。（　　）

8.现金流量表反映了企业资金的具体投向、使用和收回等信息，据此，报表使用者可以分析和判断企业的经营战略。（　　）

9.资产负债表的基本功能是揭示企业在某一时期内所有者投入资本以及企业资本积累的情况。（　　）

10. 会计政策和会计估计变更以及差错更正的说明属于会计报表附注的内容。（　　）

分析题

1. 会计报表的使用者有哪些？会计报表能够为这些使用者提供哪些信息？

2. 根据我国现行的企业会计准则，企业需要编制的基本报表有哪些？

第二章 会计报表分析的基本步骤和方法

引例

沃伦·巴菲特是一个具有传奇色彩的人物。1956年，他将100美元投入股市，其后的50年间，他利用其创造了价值数百亿美元的财富。在《福布斯》杂志公布的2017年全球富豪排行榜中，巴菲特以756亿美元的身价名列第二。

巴菲特不仅在投资领域成为无人能比的美国首富，作为美国股市的权威领袖，其还被美国著名的基金经理人彼得·林奇誉为"有史以来最优秀的投资者"，并使全球各国的股票投资者都热衷于效仿他的投资方法和理念。如果将巴菲特旗下的伯克希尔·哈撒韦公司32年的投资绩效与美国标准普尔500种股票价格指数绩效相比，可以发现伯克希尔·哈撒韦公司在其中29年击败了标普指数。更难能可贵的是，其中5年当美国股市陷入空头走势回落之际，巴菲特却创下逐年"永不亏损"的纪录。因此，巴菲特的投资理念不但为他创造了惊人的价值500亿美元的财富，而且亦相当值得全球投资人学习。

巴菲特总结了投资的"三要"和"三不要"原则。"三要"是指：要投资把股东利益放在首位的上市公司；要投资资源垄断型行业；要投资容易了解、前景看好的公司。"三不要"是指：不要贪婪；不要盲目跟风；不要投机。"投资是否成功，取决于企业的实际价值和是否支付一个合理、划算的交易价格。我不在意最近或未来一般股市将会如何运作。"巴菲特这样强调。巴菲特是我们投资股票的学习榜样。假若你是一个股市投资者，最好读一下有关巴菲特的书，从中你会得到许多有益的教诲。

巴菲特的投资方法简单到令人难以置信的地步，不用学习电脑程式，不用学习技术分析方法，也不用研读厚厚的投资银行手册，就可以成功。巴菲特注重对公司的分析研究，他所做的就是阅读大量的公司年刊、季报和各类期刊，了解公司的发展前景及策略，然后仔细评估一家公司的投资价值，再把握好入市时机。

资料来源　唐华山. 跟投资大师学炒股［M］. 北京：人民邮电出版社，2008.

第一节　会计报表分析的基本步骤

要了解企业的财务状况，所要做的主要有以下几件事：第一，企业财务信息搜集；第二，企业战略分析；第三，会计报表项目分析；第四，财务业绩分析；第五，综合评价。会计报表分析的基本步骤如图2-1所示。

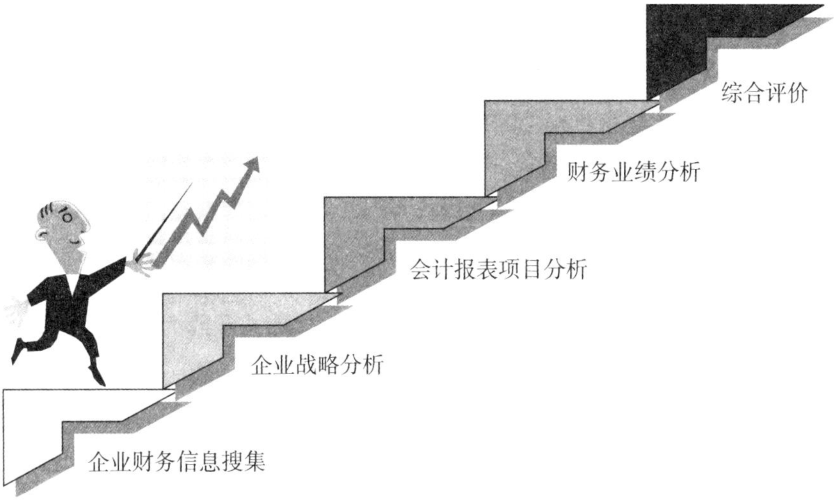

图2-1　会计报表分析的基本步骤

一、企业财务信息搜集

分析的起点在于信息的搜集。首先，必须明确搜集信息的目的是什么。是要评价企业经营业绩，是要进行投资决策，还是要制定未来经营策略？不同的信息使用者对企业所提供信息的要求不同。对于企业内部信息使用者或者企业的监管者（如企业管理层、董事会、政府部门、审计师等）而言，获得企业的信息是比较容易的，特别是企业管理层，其所能够获得的信息是比较充分和完整的。然而，对于企业外部信息使用者（如潜在投资者等）而言，获得企业的信息一般比较困难，特别是非上市企业。除非企业为了展现自己，主动公开有关信息，包括企业的会计报表等；否则，任何人对这些企业财务信息的窃取和披露都可能被视为非法行为。而对上市公司的信息获取就比较容易了，特别是《中华人民共和国证券法》实施后，我国对上市公司信息披露的准确性、完整性和真实性进行了严格要求。企业外部信息使用者有权获取的有关上市公司的信息包括：

1.招股说明书（配股、增发新股说明书）。凡是对投资者做出投资决策有重大影响的信息，均应在招股说明书中披露。其包括的信息有：公司的名称、地址；发起人、发行人简况；筹资的目的；公司现有股本总额；本次发行的股票种类、总额，每股的面值、售价；发行前的每股净资产值和发行结束后的每股预期净资产值；发行费用和佣金；初次发行的发起人认购股本的情况、股权结构及验资证明；承销机构的名称、承销方式与承销数量；发行的对象、时间、地点，及股票认购和股款缴纳的方式；所筹资金的运用计划及收益、风险预测；公司近期发展规划和经注册会计师审核并出具审核意见的公司下一年的盈利预测文件；重要的合同；涉及公司的重大诉讼事项；公司董事、监事名单及其简历；近三年或者成立以来公司的生产经营状况和有关业务发展的基本情况；经会计师事务所审计的，公司近三年或者成立以来的财务报告和由两名以上注册会计师及其所在会计师事务所签字、盖章的审计报告；对于增资发行的公司，上次公开发行股票所筹资金的运用情况等。

2.上市公告书。其包括的信息有：股票获准在证券交易所交易的日期和批准文号；股票发行情况、股权结构和最大的十名股东的名单及其持股数额；公司创立大会或者股东大会同意公司股票在证券交易所交易的决议；董事、监事和高级管理人员的简历及其持有本公司证券的情况；公司近三年或者成立以来的经营业绩和财务状况以及下一年的盈利预测文件；证券交易所要求载明的其他事项。

3.定期报告。定期报告包括季度报告、中期报告和年度报告。应在每个会计年度的第3个月、第9个月结束后的1个月内披露季度报告；在每个会计年度的前6个月结束后的2个月内披露中期报告；在每个会计年度结束后的4个月内提交经注册会计师审计的年度报告。定期报告中，年度报告的内容最为完整，它包括的信息有：年度报告重要提示；公司简介；总资产、营业收入、归属于上市公司股东的净利润、归属于上市公司股东的扣除非经常性损益的净利润、归属于上市公司股东的净资产、经营活动产生的现金流量净额、净资产收益率、每股收益等会计数据和财务指标摘要；包括报告期在内的与业务、产品、技术、行业有关的外部环境情况，以及有关公司的财务状况和经营成果分析的董事会报告；重大诉讼、仲裁和媒体质疑，控股股东及其关联方非经营性占用资金，破产重组、收购及出售重大资产，企业合并，股权激励计划，重大关联交易，重大合同及其履行，财务报告审计聘任、解聘会计师事务所，被司法调查，暂停或终止上市等重要事项；股份变动及股东情况；优先股相关情况；董事、监事、高级管理人员和员工情况；公司治理；内部控制；近两年的比较式资产负债表、比较式利润表和比较式现金流量表，以及比较式所有者权益（股东权益）变动表和财务报表附注的合并及母公司财务报表；备查文件目录等。

阅读提示 《公开发行证券的公司信息披露内容与格式准则第2号——年度报告的内容与格式》（2017年修订）第十六条规定："公司应当在年度报告文本扉页刊登如下重要提示：公司董事会、监事会及董事、监事、高级管理人员保证年度报告内容的真实、准确、完整，不存在虚假记载、误导性陈述或重大遗漏，并承担个别和连带的法律责任。公司负责人、主管会计工作负责人及会计机构负责人（会计主管人员）应当声明并保证年度报告中财务报告的真实、准确、完整。如有董事、监事、高级管理人员对年度报告内容存在异议或无法保证其真实、准确、完整的，应当声明××无法保证本报告内容的真实、准确、完整，并说明理由，请投资者特别关注。同时，单独列示未出席董事会审议年度报告的董事姓名及原因。如执行审计的会计师事务所对公司出具了非标准审计报告，重要提示中应当声明××会计师事务所为本公司出具了带强调事项段或其他事项段的无保留意见、保留意见、否定意见或无法表示意见的审计报告，本公司董事会、监事会对相关事项已有详细说明，请投资者注意阅读。如年度报告涉及未来计划等前瞻性陈述，同时附有相应的警示性陈述，则应当声明该计划不构成公司对投资者的实质承诺，投资者及相关人士均应当对此保持足够的风险认识，并且应当理解计划、预测与承诺之间的差异。”

4. 重大事件临时性公告。临时性公告中可能对上市公司股票价格产生较大影响的重大事件包括：公司的经营方针和经营范围的重大变化；公司的重大投资行为和重大的购置财产决定；公司订立重要合同，可能对公司的资产、负债、所有者权益和经营成果产生重要影响；公司发生重大债务或未能清偿到期重大债务等违约情况，或者发生大额赔偿事项；公司发生重大亏损或者重大损失；公司生产经营的外部条件发生重大变化；公司的董事、1/3以上监事或者经理发生变动；董事长或者经理无法履行职责；持有公司5%以上股份的股东或者实际控制人，其持有股份或者控制公司的情况发生较大变化；公司减资、合并、分立、解散及申请破产的决定；依法进入破产程序，被责令关闭；涉及公司的重大诉讼、仲裁，股东大会、董事会决议被依法撤销或者宣告无效；公司涉嫌违法、违规，被有关权力机关调查或者受到刑事处罚、重大行政处罚；公司董事、监事、高级管理人员涉嫌违法、违纪，被有关权力机关调查或者采取强制措施；新公布的法律、法规、规章、行业政策可能对公司产生重大影响；董事会就发行新股或者其他再融资方案、股权激励方案形成相关决议；法院裁决禁止控股股东转让其所持股份；任一股东所持公司5%以上股份被质押、冻结、司法拍卖、托管、设定信托，或者其被依法限制表决权；主要资产被查封、扣押、冻结或者被抵押、质押；主要或者全部业务陷入停顿；对外提供重大担保；获得大额政府补贴等可能对公司资产、负债、所有者权益或者经营成果产生重大影响的额外收益；变更会计政策、会计估计；因前期已披露的信息存在差错、未按规定披露或者存在虚假记载等原因，被有关机关责令改正或者经董事会决定进行更正等。在上述资料中，定期报告中的财务报告是最重要的资料。财务报告中的会计报表是对企业经营状况和经营成果的“浓缩”反映，会计报表分析在制定决策中所起的作用，主要体现在以下两个方面：

（1）可以降低投资风险。在许多投资决策中，风险（不确定性）是一个重要的考虑因素。例如，一个企业未来的获利能力、管理的质量、资金供给能力都是不确定的，而会计报表分析在消除这种不确定性方面发挥着重要作用。假定银行想要对一个申请贷款、处于成熟期的工业企业的获利能力进行预测，那么企业过去和现在的获利业绩就是预测其贷款期间获利能力的基础。企业过去和现在的获利业绩从何而知呢？是从过去和现在的会计报表中得知的。

有时，投资的高风险是由会计报表没有提供足够的相关信息造成的，信息不充分导致投资的不确定性增加。例如，当投资石油和天然气勘探的合伙企业时，最大的风险在于勘探地区的地理构造，这样的信息在会计报表中通常是不可能得到反映的。同样的，从事新兴产业的企业在新技术的可行性和市场对产品的接受程度上存在许多不确定性，会计报表极少为这些方面的预测提供信息。即便如此，我们必须看到，在对石油、天然气勘探和新兴产业进行投资决策时，会计报表却能发挥很大的作用。我们知道，对于一个企业来说，管理者的能力是至关重要的，怎样来观察和评价企业管理者的能力呢？那就需要借助反映管理者以往管理活动的会计报表信息来评价他们过去的业绩。

（2）可以检验各种竞争信息的有效性。会计报表信息尽管只是众多信息来源中的一个（除了会计报表，其他信息来源还包括：企业方面发布的股利政策和生产报告；行业方面发布的有关行业政策和同行业其他企业的经济、技术信息；经济方面公布的有关货币供应政策的信息等），但与其他信息相比，会计报表信息有着下列明显的优势：

①会计报表信息直接并具体地反映了收益信息。会计报表将收益信息数字化，反映了利益相关人的收益变化，相比其他信息，其更为直接和具体。

②会计报表信息可信赖的程度高。企业报出的会计报表是经由注册会计师审计并保证的，这样，投资的风险在很大程度上被会计师事务所分摊了。如果由于会计报表信息不真实而导致投资失败，那么投资者可以诉诸法律，他们的一部分损失可以由会计师事务所补偿。

③会计报表信息是低成本的信息来源。企业在法律和政策的要求下，对外提供会计报表，使用者在使用时是无须付费的。而许多机构是将信息作为商品出售的，使用者如果想使用会计报表以外的一些信息，可能要付出一定的代价。

④会计报表信息有时是最有效力的信息来源。通常，企业愿意及时公布对企业有重大影响事件的预测信息，特别是一些能够提升企业形象的未来事件。可以说，附有将来期间财务状况预测（如盈利预测）的会计报表信息比外部分析师在对过去和现在的会计报表进行分析后得出的预测报告更具有效性和说服力。

虽然企业的会计报表是最重要的信息来源，但是我们必须清楚地认识到，没有一种信息来源可以取代其他信息来源而成为唯一。要对企业进行充分的了解，就应该尽量从多个渠道、多个角度获取企业的信息。

此外，企业的会计信息使用者还应确定他们所搜集的资料是否真实完整，相关资料间是否有出入，然后对搜集来的数据进行适当的加工整理，以便获得隐含在会计报表资料中的重要关系信息和其他一些能够说明问题的财务数据或指标信息。但单纯的会计报表数据是不够的，因为企业的经营状况受整个宏观经济、市场环境等诸多因素影响，因此还要搜集报表以外的相关资料。这些资料一般包括宏观经济形势信息、行业相关信息（尤其是主要竞争对手的信息）以及企业内部相关资料。

二、企业战略分析

企业战略分析通过对企业所在行业或企业拟进入行业的分析，确定企业在行业中所处的地位，是“霸主地位”，还是“年轻小辈”。应根据企业的地位来确定企业是否采用或者应该采用哪些适合的竞争战略。

企业战略分析通常包括行业分析和企业竞争策略分析。行业分析的目的在于分析行业的盈利水平与盈利潜力，因为不同行业的盈利能力和潜力的大小可能不同。影响行业盈利能力的因素有很多，归纳起来主要可分为两类：一是行业的竞争程度；二是行业的市场谈判或议价能力。

企业战略分析的关键在于企业如何根据行业分析的结果，正确选择企业的竞争策略，使企业保持持久的竞争优势和高盈利能力。企业进行竞争的策略很多，最重要的竞争策略主要有两种，即低成本竞争策略和产品差异策略。

企业战略分析是会计报表分析的基础和导向，在阅读与分析会计报表时，首先要对企业的战略定位进行评估，即深入了解企业的经济状况和经济环境，然后以此为基础，来判断企业的财务状况和资金使用等情况是否符合企业的战略要求，这样才能对企业的战略定位做出正确的评价。

三、会计报表项目分析

报表使用者首先要阅读与分析会计报表中的各个项目，理解企业会计报表项目的含义和反映的内容，同时，要对重点项目进行深入分析，目的在于评价企业会计所反映的财务状况与经营成果的真实程度，对发现的由会计原则、会计政策等原因引起的会计信息差异，或者由会计灵活性、会计估价的调整导致的财务信息偏差等进行调整和修正，还财务信息一个较为真实的面目，最大限度地消除企业对会计报表的粉饰。

四、财务业绩分析

在对会计报表数据进行分析和修正的基础上，应进一步利用分析和修正后的会计报表数据对财务指标进行分析，因为财务指标能准确地反映企业某方面的财务状况。进行财务业绩分析时，应根据分析的目的和要求选择正确的分析指标。债权人要进行企业偿债能力分析，就必须选择能够反映偿债能力的指标或能够反映流动性的指标进行分析，如流动比率指标、速动比率指标、资产负债率指标等。而一个潜在的投资者要进行对企业投资与否的决策分析，则应选择能够反映企业盈利能力的指标进行分析，如总资产报酬率、资本收益率以及股利报酬率和股利发放率等。正确选择与计算财务指标是正确判断与评价企业财务状况的关键所在，会计报表分析不仅要解释现象，而且应分析原因。财务业绩分析的步骤如图2-2所示。

图2-2　财务业绩分析的步骤

五、综合评价

综合评价阶段是会计报表分析实施阶段的继续。财务综合分析与评价是在应用各种财务分析方法的基础上，将定量分析结果、定性分析判断及实际调查情况结合起来，全面综合评价企业的财务状况，以得出评价结论的过程。得出综合评价结论是财务报告分析的关键步骤，结论的正确与否是判断会计报表分析质量的唯一标准。一个正确的分析结论往往需要经过反复验证才能得出。

第二节　会计报表分析的基本方法

要对会计报表进行分析，必须学会运用一些方法，这里介绍五种最常用的基本方法：水平分析法、垂直分析法、趋势分析法、比率分析法和因素分析法。

一、水平分析法

水平分析法，是指将企业当期（分析期）的财务状况信息（特指会计报表信息）与企业前期或历史上某一时期（基期）的财务状况信息进行对比，以观察企业各项经营业绩或财务状况的发展变动情况的一种分析方法。水平分析法在会计报表项目分析中应用较多，分析者可以编制会计报表的水平分析表（见表2-1），对报表项目进行水平分析。

水平分析法的基本要点是，将报表资料中不同时期的同项数据进行对比，对比的方式有以下几种：

1.通过绝对值的变动量进行对比，其计算公式是：

绝对值变动数=分析期某项指标实际数-基期同项指标实际数

例如：从表2-1中可以看出，新新集团股份有限公司（以下简称“新新公司”）2×20年年末货币资金与2×19年年末货币资金相比，增加了约2.1亿元。

表2-1 资产水平分析表

编制单位：新新公司 2×20年12月31日 金额单位：千元

项目	期末余额	年初余额	变动额	变动率（%）
货币资金	1 259 570	1 046 592	212 978	20.35
应收票据	30	0	30	0.00
应收账款	16 767	17 724	-957	-5.40
预付款项	262 039	200 656	61 383	30.59
其他应收款	477 101	380 902	96 199	25.26
存货	1 478 133	1 046 885	431 248	41.19
流动资产合计	3 493 640	2 692 759	800 881	29.74
长期股权投资	12 733	12 633	100	0.79
投资性房地产	41 423	18 820	22 603	120.10
固定资产	3 233 799	2 990 767	243 032	10.16
在建工程	167 267	73 273	93 994	128.28
使用权资产	808 450	747 692	60 758	8.13
无形资产	944 502	964 433	-19 931	-2.07
商誉	112 333	102 678	9 655	9.40
长期待摊费用	211 697	153 846	57 851	37.60
递延所得税资产	63 579	64 317	-738	-1.15
非流动资产合计	5 595 783	5 128 459	467 324	9.11
资产总计	9 089 423	7 821 218	1 268 205	16.21

2.通过变动率进行对比，其计算公式是：

变动率=变动绝对值/基期实际数值×100%

例如：从表2-1中可以看出，新新公司2×20年年末货币资金与2×19年年末货币资金相比，增加了20.35%。

3.通过变动倍率进行对比，其计算公式是：

变动倍率=分析期实际数值/基期实际数值×100%

例如：新新公司2×20年年末货币资金是2×19年年末货币资金的120.35%。

上式中所说的基期，可以指上年度，也可指以前某年度。应当指出，水平分析法通过将企业报告期的财务会计资料与前期资料进行对比，揭示了企业各方面存在的问题，为全面深入分析企业财务状况奠定了基础，因此水平分析法是会计报表分析的基本方法。另外，水平分析法还可用于一些可比性较强的同类企业之间的对比分析，以便找出企业间存在的差距。但是，水平分析法在不同企业应用时，一定要注意其可比性问题，即使在同一企业应用，对于差异的分析、评价也应考虑其对比基础。另外，水平分析过程中，应将两种对比方式结合运用，仅用变动量，或仅用变动率都可能得出片面的，甚至是错误的结论。

二、垂直分析法

垂直分析与水平分析不同，它的基本点不是将企业当期的分析数据直接与前期进行对比，得出变动量和变动率，而是通过计算各个项目占总体的比重或结构来进行比较分析，例如通过编制资产垂直分析表，来分析流动资产占总资产的比重等（见表2-2）。

表2-2 资产垂直分析表

编制单位：新新公司　　2×20年12月31日　　金额单位：千元

项　目	期末余额	年初余额	占期末总资产的比重（%）	占年初总资产的比重（%）
货币资金	1 259 570	1 046 592	13.86	13.38
应收票据	30	0	0.00	0.00
应收账款	16 767	17 724	0.18	0.23
预付款项	262 039	200 656	2.88	2.57
其他应收款	477 101	380 902	5.25	4.87
存货	1 478 133	1 046 885	16.26	13.39
流动资产合计	3 493 640	2 692 759	38.44	34.43
长期股权投资	12 733	12 633	0.14	0.16
投资性房地产	41 423	18 820	0.46	0.24
固定资产	3 233 799	2 990 767	35.58	38.24
在建工程	167 267	73 273	1.84	0.94
使用权资产	808 450	747 692	8.89	9.56
无形资产	944 502	964 433	10.39	12.33
商誉	112 333	102 678	1.24	1.31
长期待摊费用	211 697	153 846	2.33	1.97
递延所得税资产	63 579	64 317	0.70	0.82
非流动资产合计	5 595 783	5 128 459	61.56	65.57
资产总计	9 089 423	7 821 218	100.00	100.00

垂直分析反映报表中的各个项目与项目总体之间的关系及其变动情况。垂直分析法的一般步骤是：

1.确定报表中各项目占总额的比重或百分比，其计算公式是：

某项目的比重=该项目金额/各项目总额×100%

例如：从表2-2中可以看出，新新公司2×20年年末流动资产占总资产的38.44%。

2.通过各项目的比重，分析各项目在企业经营中的重要性。一般项目比重越大，说明其重要程度越高，对企业总体的影响越大。例如，表2-2中固定资产占2×20年年末总资产的比重为35.58%，高于其他资产，流动资产中的存货和货币资金都达到了总资产的13%以上，对于企业来说，其是非常重要的资产。

3.将分析期各项目的比重与前期同项目比重进行对比，研究各项目的比重变动情况。也可将本企业报告期项目比重与同类企业的可比项目比重进行对比，研究本企业与同类企业的差异，总结取得的成绩和存在的问题。

三、趋势分析法

趋势分析法，是指根据企业连续几年或几个时期的分析资料，确定各期各有关项目的变动情况和趋势的一种会计报表分析方法。趋势分析法的一般步骤是：

1.计算趋势比率或指数。通常指数的计算有两种方法：一是定基指数法；二是环比指数法。定基指数法，是指各个时期的指数都是以某一固定时期为基期来计算的。例如，要分析新新公司2×17—2×20年营业收入的变动趋势，需要将2×18年、2×19年和2×20年会计报表中的营业收入与2×17年的营业收入相比较，计算出相应的变动比率（见表2-3和表2-4）。环比指数法，是指各个时期的指数都是以前一期为基期来计算的。例如，要分析新新公司2×18—2×20年营业收入的变动趋势，需要将2×18年的营业收入与2×17年的营业收入进行比较，得出变动倍率1.36；将2×19年的营业收入与2×18年的营业收入进行比较，得出变动倍率1.25；将2×20年的营业收入与2×19年的营业收入进行比较，得出变动倍率1.31；最后，将这3个比率加以比较。一般情况下，进行趋势分析时多采用定基指数法。

2.根据指数计算结果，评价与判断企业各项指标的变动趋势及其合理性。

3.预测企业未来的发展趋势。根据企业以前各期各项指标的变动情况，研究其变动规律，从而可预测出企业未来的发展变动情况。新新公司2×17—2×20年财务数据见表2-3。

表2-3　　新新公司2×17—2×20年财务数据　　单位：千元

年份 指标	2×20年	2×19年	2×18年	2×17年
营业收入	14 968 766	11 418 968	9 136 022	6 729 300
净利润	326 624	319 260	243 950	140 978
每股收益	1.03	1.03	0.83	0.53

根据表2-3的资料，运用定基指数法，可以编制趋势分析表，见表2-4。

表2-4　　营业收入、净利润及每股收益趋势分析表

指标	2×20年	2×19年	2×18年	2×17年
营业收入	2.22	1.70	1.36	1.00
净利润	2.32	2.26	1.73	1.00
每股收益	1.94	1.94	1.57	1.00

从表2-4可以看出，企业自2×17年以来营业收入、净利润和每股收益都在增长，特别是2×19年和2×20年。从各指标之间的关系看，净利润的平均增长速度最快，快于每股收益和营业收入的平均增长速度。企业几年来的发展趋势说明，企业的经营状况和财务状况不断改善，如果这个趋势能保持下去，其2×21年的状况也会较好。

四、比率分析法

比率分析法是会计报表分析最基本和最重要的方法。正因为如此，有人甚至将会计报表分析与比率分析等同起来。比率分析法实质上是将影响财务状况的两个相关因素联系起来，通过计算比率反映它们之间的关系，借以评价企业财务状况和经营状况的一种会计报表分析方法。例如，流动比率就是将流动资产与流动负债相比计算而得的，其计算公式如下：

流动比率=流动资产/流动负债

2×20年12月31日，新新公司持有的流动资产为3 493 610 000元，持有的流动负债为5 366 644 515元，因此，流动比率为0.65。比率分析法以其简单明了、可比性强等优点在会计报表、报告分析实践中被广泛采用。在今后的章节中，将详细介绍各种常用比率。

五、因素分析法

因素分析法是指依据分析指标与其影响因素之间的关系，按照一定的程序和方法，确定各因素对分析指标差异影响程度的一种技术方法。因素分析法是企业经营活动分析，特别是成本分析最重要的方法之一。因素分析法根据其分析特点可分为连环替代法和差额计算法两种。

（一）连环替代法

连环替代法是因素分析法的基本形式，有人甚至将连环替代法与因素分析法看成同一概念，即连环替代法就是因素分析法，或因素分析法就是连环替代法。连环替代法的名称是由其分析程序的特点决定的。为了正确理解连环替代法，首先应明确连环替代法的一般程序或步骤。

1.连环替代法的程序。连环替代法的程序由以下五个步骤组成：

（1）确定分析指标与其影响因素之间的关系。确定分析指标与其影响因素之间

关系的方法，通常是指标分解法，即将经济指标在计算公式的基础上进行分解或扩展，从而得出各影响因素与分析指标之间的关系式。例如，对于总资产报酬率指标，要确定它与影响因素之间的关系，可将其按下式进行分解：

$$总资产报酬率=息税前利润/平均资产总额\times100\%$$

$$=\frac{销售净额}{平均资产总额}\times\frac{息税前利润}{销售净额}\times100\%$$

$$=\frac{总产值}{平均资产总额}\times\frac{销售净额}{总产值}\times\frac{息税前利润}{销售净额}\times100\%$$

=总资产产值率× 产品销售率×销售（息税前）利润率

分析指标与影响因素之间的关系式，既说明了哪些因素影响分析指标，又说明了这些因素与分析指标之间的比例关系及排列顺序。如上式中影响总资产报酬率的有总资产产值率、产品销售率和销售利润率三个因素，它们都与总资产报酬率呈正比例关系，它们的排列顺序为：首先是总资产产值率；其次是产品销售率；最后是销售利润率。

（2）根据分析指标的报告期数值与基期数值列出两个关系式（或指标体系），确定分析对象。如对总资产报酬率而言，两个指标体系是：

基期总资产报酬率=基期资产产值率×基期产品销售率×基期销售利润率

实际总资产报酬率=实际资产产值率×实际产品销售率×实际销售利润率

分析对象=实际总资产报酬率−基期总资产报酬率

（3）进行连环顺序替代，计算替代结果。所谓连环顺序替代，就是以基期指标体系为计算基础，用实际指标体系中的每一因素的实际数依次替代其相应的基期数，每次替代一个因素，替代后的因素被保留下来。所谓计算替代结果，就是在每次替代后，按关系式计算其结果。有几个因素就替代几次，并相应确定计算结果。

（4）比较各因素的替代结果，确定各因素对分析指标的影响程度。比较替代结果是连环进行的，即将每次替代所计算的结果与这一因素被替代前的结果进行对比，二者的差额就是替代因素对分析对象的影响程度。

（5）检验分析结果。检验分析结果即是将各因素对分析指标的影响额相加，其代数和应等于分析对象。如果二者相等，说明分析结果可能正确；如果二者不相等，则说明分析结果一定错误。

连环替代法的程序和步骤是紧密相连、缺一不可的，尤其是前四个步骤，任何一步出现错误，都会产生错误结果。

连环替代法的具体应用详见第十一章“如何运用杜邦分析体系进行综合财务分析”。在运用杜邦分析体系进行综合分析时，可采用因素分析法进行影响因素分析。

2.应用连环替代法时应注意的问题。连环替代法作为因素分析法的主要形式，在实践中应用比较广泛，但是，应用连环替代法的过程中必须注意以下四个问题：

（1）因素分解的相关性问题。所谓因素分解的相关性，是指分析指标与其影响因素之间必须真正相关，即有实际经济意义。各影响因素的变动确实能说明分析指标差异产生的原因。这就是说，经济意义上的因素分解与数学上的因素分解不同，不是在数学算式上相等就行，而要看其经济意义。例如，将影响材料费用的因素分解为下面两个等式，从数学上看其都是成立的：

材料费用=产品产量×单位产品材料费用

材料费用=工人人数×每人消耗材料费用

但是，从经济意义上说，只有前一个因素分解式是正确的，后一因素分解式在经济上没有任何意义。因为工人人数和每人消耗材料费用到底是增加有利还是减少有利，无法通过这个式子说清楚。当然，有经济意义的因素分解式并不是唯一的，一个经济指标从不同角度来看，可分解为不同的有经济意义的因素分解式。这就需要我们在因素分解时，根据分析的目的和要求，确定合适的因素分解式，以找出所分析指标变动的真正原因。

（2）分析前提的假定性。所谓分析前提的假定性是指分析某一因素对经济指标差异的影响时，必须假定其他因素不变，否则就不能分清各单一因素对分析对象的影响程度。但是实际上，有些因素对经济指标的影响是共同作用的结果，共同影响的因素越多，这种假定的准确性就越差，分析结果的准确性也就会降低。因此，在因素分解时，并非分解的因素越多越好，而应根据实际情况，具体问题具体分析，尽量减少对相互影响较大的因素进行再分解，使之与分析前提的假设基本相符；否则，因素分解过细，从表面看有利于分清原因和责任，但是在共同影响因素较多时，反而会影响分析结果的正确性。

（3）因素替代的顺序性。前面谈到，因素分解不仅因素确定要准确，而且因素排列顺序也不能交换。这里要特别强调的是，因素分解不能遵循数学上的乘法交换律，因为分析前提的假定性导致在进行因素分解时，按不同顺序计算的结果是不同的。那么，如何确定正确的替代顺序呢？这是一个在理论上和实践中都没能得到很好解决的问题。传统的方法是依据数量指标在前、质量指标在后的原则进行排列，现在也有人提出依据重要性原则排列，即主要的影响因素排在前面，次要的影响因素排在后面，但是无论采用何种排列方法，都缺少坚实的理论基础。正因为如此，许多人对连环替代法提出异议，并试图加以改善，但至今仍无公认的解决方法。一般来说，替代顺序在前的因素对经济指标影响的程度不受其他因素影响或影响较小，排列在后的因素中含有其他因素共同作用的成分，从这个角度来看，为分清责任，将对分析指标影响较大的，并能明确责任的因素放在前面可能要好一些。

（4）顺序替代的连环性。连环性，是指在确定各因素变动对分析对象的影响时，都是将某因素替代后的结果与该因素替代前的结果进行对比，一环套一环。这样既能保证各因素对分析对象影响结果的可分性，又便于检验分析结果的准确性。因为只有连环替代并确定各因素影响额，才能保证各因素对经济指标的影响之和与分析对象相等。

（二）差额计算法

差额计算法是连环替代法的一种简化形式，当然也是因素分析法的一种形式。差额计算法作为连环替代法的简化形式，其因素分析的原理与连环替代法是相同的。其区别只在于分析程序，差额计算法比连环替代法更简化，即它可以直接利用各影响因素的实际数与基期数的差额，在其他因素不变的条件下，计算各个因素对分析指标的影响程度，或者说差额计算法是将连环替代法的第三步骤和第四步骤合并为一个步骤来进行操作的。

这个步骤的基本点就是：确定各因素实际数与基期数之间的差额，并在此基础上乘以排列在该因素前面各因素的实际数和排列在该因素后面各因素的基期数，所得出的结果就是该因素变动对分析指标的影响数。

应当指出，应用连环替代法应注意的问题，在应用差额计算法时同样要注意。除此之外，还应注意的是，并非所有连环替代法都可按上述差额计算法的方式进行简化，特别是在各影响因素之间不是连乘的情况下，运用差额计算法必须慎重。

综合练习题

单项选择题

1.会计报表分析的起点是（　　）。

A.搜集财务信息　　B.企业战略分析

C.会计报表项目分析　　D.财务业绩分析

2.企业战略分析包括（　　）。

A.企业竞争策略分析　　B.盈利分析

C.会计报表项目分析　　D.宏观经济分析

3.下列不属于定期报告的是（　　）。

A.月度报告　　B.季度报告　　C.中期报告　　D.年度报告

4.将企业当期的财务状况信息与反映企业前期或基期财务状况的信息进行对比，观察企业各项经营业绩或财务状况的变动情况的分析方法是（　　）。

A.水平分析法　　B.垂直分析法　　C.趋势分析法　　D.比率分析法

5.通过计算各个项目占总体的比重或结构来反映企业当期财务状况的分析方法是（　　）。

A.水平分析法　　B.垂直分析法　　C.趋势分析法　　D.比率分析法

6.根据企业连续几年或几个时期的分析资料，确定各期各有关项目的变动情况和趋势的会计报表分析方法是（　　）。

A.水平分析法　　B.垂直分析法　　C.趋势分析法　　D.比率分析法

7.将影响财务状况的两个相关因素联系起来，通过计算比率反映它们之间的关系，借以评价企业财务状况和经营状况的会计报表分析方法是（　　）。

A.水平分析法　　B.垂直分析法　　C.趋势分析法　　D.比率分析法

8.趋势分析法通常有两种方法：一是定基指数法；二是环比指数法。各个时期都以某一固定时期为基期来计算指数的方法是（　　）。

A.定基指数法　　B.环比指数法　　C.垂直分析法　　D.因素分析法

9.依据分析指标与其影响因素之间的关系，按照一定的程序和方法，确定各因素对分析指标差异影响程度的技术方法是（　　）。

A.水平分析法　　B.垂直分析法　　C.趋势分析法　　D.因素分析法

10.债权人要进行企业偿债能力分析，必须选择反映偿债能力的指标或反映流动性的指标进行分析。下列指标中，不属于反映偿债能力的指标的是（　　）。

A.流动比率　　B.速动比率　　C.资产负债率　　D.总资产收益率

判断题

1.对会计报表进行分析可以降低投资风险。（　　）

2.会计报表信息能够反映收益信息，是可信赖、低成本和有效力的信息来源，因此可以取代其他信息来源而成为了解企业的唯一信息来源。（　　）

3.得出综合评价结论是财务报告分析的关键步骤，结论的正确与否是判断会计报表分析质量的唯一标准。（　　）

4.正确选择与计算财务指标是正确判断与评价企业财务状况的关键所在。（　　）

5.趋势分析法将企业当期的分析数据直接与前期进行对比，得出变动量和变动率。（　　）

6.环比指数是指各个时期的指数都是以某一固定时期为基期来计算的。（　　）

7.连环替代法就是因素分析法。（　　）

8.分析指标与其影响因素之间只要在数学算式上相等就行。（　　）

9.连环替代法中，因素分解不仅因素要确定准确，而且因素排列顺序也不能交换。（　　）

10.差额计算法和连环替代法原理是一样的。（　　）

分析题

1.会计报表分析的基本步骤是什么？

2.举例说明水平分析法、垂直分析法、趋势分析法、比率分析法和因素分析法分别适用何种情况的分析和决策。

第三章
如何进行企业战略分析

引例

瑞安航空于1985年创立，总部设在爱尔兰的都柏林，是欧洲第一家采用低成本战略的航空公司。瑞安航空的成本要比欧洲航空业平均成本低30%，其平均每个员工服务的旅客数也高于欧洲航空业平均水平40%。虽然到2007年为止，瑞安航空在整个欧洲航运市场所占份额还不到6%，但其年平均利润率却超过20%，就算是西南航空也只有15%的年平均利润率，而整个欧洲航空业则只有近6%的年平均利润率。那么，瑞安航空是如何做到这些的呢?

首先是其有着超强度的成本控制。瑞安航空采用了直线式的管理模式。瑞安航空的高级管理人员非常少，随着公司规模的扩大，其只是增加了飞机、飞行员、乘务员等。瑞安航空内部的人称，无论是谁，都能够在5分钟内联系到公司的管理人员，而这大大提高了效率，节省了管理人员的高额薪酬。同时，瑞安航空大部分购买的是二手飞机。另外，其在机舱的安排方面，将座位间距压缩至76公分；取消座椅后面难以清洗的清洁袋；不铺设地毯，也没有靠垫和机窗遮阳板。在飞机的利用率方面，瑞安航空是行业当中最高的，它的飞机一天能够执行8个班次的航班，而一般的航空公司的飞机只能执行4到5个班次，这就使其减少了飞机的数量，也就降低了其采购飞机的成本。据统计，瑞安航空服务每位乘客所需要的平均成本是1.5美元，竞争对手则平均要22美元左右。此外，瑞安航空的人力成本非常低，其员工常常身兼数职，比如空姐，在起飞前其要核对登机号，起飞后要售卖餐饮和免税商品，降落之后还要对机舱进行打扫。瑞安航空不提供任何的免费食品和刊物，如需要乘客只能自己购买。瑞安航空运用网上直销的方式降低了销售成本，同时也加强了对渠道的控制。

其次是其有着创新的业务模式。瑞安航空在飞机上增设了诸如赌博、游戏等收费服务项目，致使很多赌博和游戏爱好者都喜欢乘坐瑞安航空的飞机。瑞安航空的飞机本身成了巨大的广告牌，其坐椅背后的托盘上也有着各式各样的广告。在瑞安航空的网站上，除了有合作者的广告外，也有如保险、理财服务等广告。瑞安航空还与一些酒店和租车公司合作，只要旅客在瑞安航空的网站预订酒店或租车，瑞安航空就能得到分成。瑞安航空还为其旅客配备了移动通信服务并收取佣金。这些创新的业务模式，使瑞安航空获得了巨大的成功，其甚至超过了西南航空，被称为“世界上最赚钱的航空公司”。

资料来源　张媛，董成杰．航空公司低成本战略研究——基于瑞安航空的案例研究［J］．会计之友，2010（7）．

第一节　战略分析是会计报表分析的起点

在明确会计报表分析目的，搜集整理财务信息的基础上，企业战略分析成为会计报表分析的新起点。企业要生存和发展就必须适应环境的变化，适应环境变化的核心是适应市场需求的变化。能否更好地满足市场需求并适应其变化，决定着企业相对于竞争对手而言是否具有优势以及在何种程度上具有优势，从而决定了企业的生存与发展。企业战略的实质是谋求通过更好地满足市场需求，建立和保持企业的整体竞争优势，从而使企业得以生存并不断发展。不明确企业的战略，就不能理解和解释会计报表数据的合理性，就无法根据会计报表分析所获得的各种指标进行科学的决策。

所谓企业战略分析，其实质在于通过对企业所在行业或企业拟进入行业的分析，明确企业自身地位及应采取的竞争战略，以权衡收益与风险，了解与掌握企业的发展潜力，特别是企业创造价值或盈利方面的潜力。企业的价值取决于其超出资本成本的资本回报能力。企业价值目标能否实现，盈利潜力能否增加取决于企业的行业选择和竞争定位（或竞争战略）。其是企业历史业绩分析和企业前景分析的基础。通过企业战略分析，可确定企业的利润动因和主要风险，进而正确评估企业运作的可持续性，并对企业未来经营做出合理的预测。因此，企业战略分析是会计报表分析的起点、导向和基础，通过企业战略分析，会计报表使用者能深入地了解企业的经济状况和经济环境，从而进行客观、正确的报表分析。

第二节　怎样进行企业战略分析

企业战略分析通常包括行业分析和企业竞争策略分析。

一、怎样进行行业分析

任何一家企业的发展必然要受其所处的经济环境的影响和约束，不会长期严重脱离其行业的整体发展水平，因此，进行行业分析可以了解企业的行业地位和发展前景，增加对会计报表真实性判断的准确性，提高决策的科学性。

报表使用者在对企业进行行业分析时，首先要查找和阅读企业会计报表附注，关注其中的企业主营业务的行业范围，为行业分析打下基础。企业可根据证监会公布的《上市公司行业分类指引》，依据上市公司的主营业务对企业进行行业分类。

在对行业进行划分的时候，划分得越细致，分析的结果就越准确，因为一个行业中各个子行业的财务状况可能会有较大的差异，如同为汽车行业，农用车、商用车、家用车和机械车辆的利润率就存在差异。另外，还要关注企业主营业务的变化，对不同时期的企业确定其所属的相应的行业。越来越多的企业进行多元化经营，其业务涉及多个行业，这给行业分类造成了困难。对于跨行业经营的企业，要注意分析其营业收入的主要来源，以确定其所属行业。在企业主营业务涉及多个行业且份额都较大的情况下，应将其不同的主营业务部分归于不同的行业，在行业分析中予以区别对待。对于没有明显主营业务之分的企业，则可将其归于综合类，以保持同业比较的一致性。

行业分析的着眼点在于分析行业的盈利水平与盈利潜力，因为不同行业的盈利能力和潜力大小是不同的，并且是有规律的和可以预测的。影响行业盈利能力的因素很多，归纳起来主要分为五类：一是行业生命周期；二是行业竞争程度；三是市场议价能力；四是行业地位；五是法律和政策环境（如图3-1所示）。

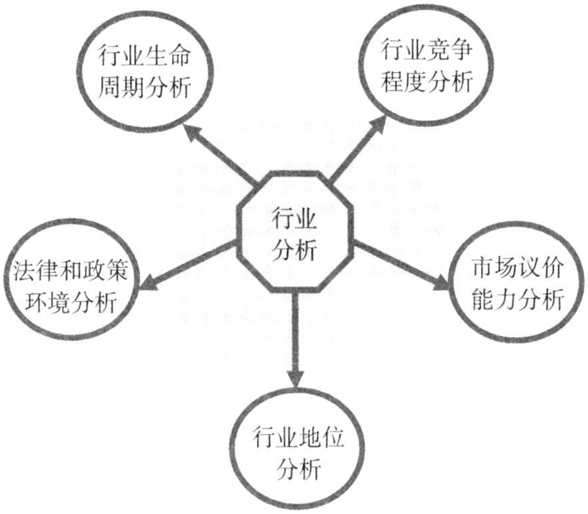

图3-1　行业盈利能力因素分析

（一）行业生命周期分析

一个行业具有自己的生命周期，行业的生命周期（如图3-2所示）一般分为导入阶段、成长阶段、成熟阶段和衰退阶段。对行业的生命周期划分可以运用一些行业统计数据，如竞争程度、进入成本等。成长阶段的进入成本和竞争程度相对较低，而成熟阶段的进入成本和竞争程度相对较高。一般来说，如果行业进入衰退阶段，除非出现新产品或者进行行业结构调整，否则整个行业中的企业都会面临困境。处在不同行业生命周期的企业具有不同的投资意义，对关注现金流量的投资者而言，处于成熟阶段的行业一般都具有较为稳定的现金流；而对一些更加关注收益和打算进行战略投资的投资者来说，处于成长阶段的企业可能更具吸引力。此外，对企业所处行业生命周期的分析有助于了解该行业的发展前景以判断企业的发展前景。如果企业所属行业处于成长阶段，则其财务状况就会有进一步改善的空间；如果是处于衰退阶段，即使目前财务状况尚好，企业也存在潜在的财务风险。

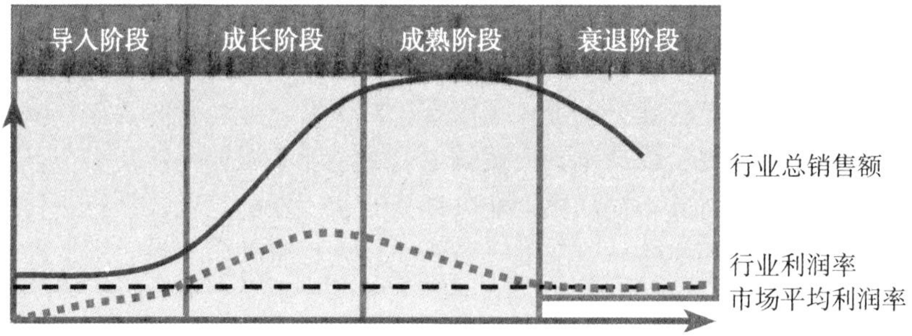

图 3-2　行业生命周期

（二）行业竞争程度分析

一个行业的竞争程度和盈利能力主要受三方面因素的影响：一是现有企业竞争程度；二是新加入企业竞争威胁；三是替代产品或服务威胁。该类分析如图 3-3 所示。

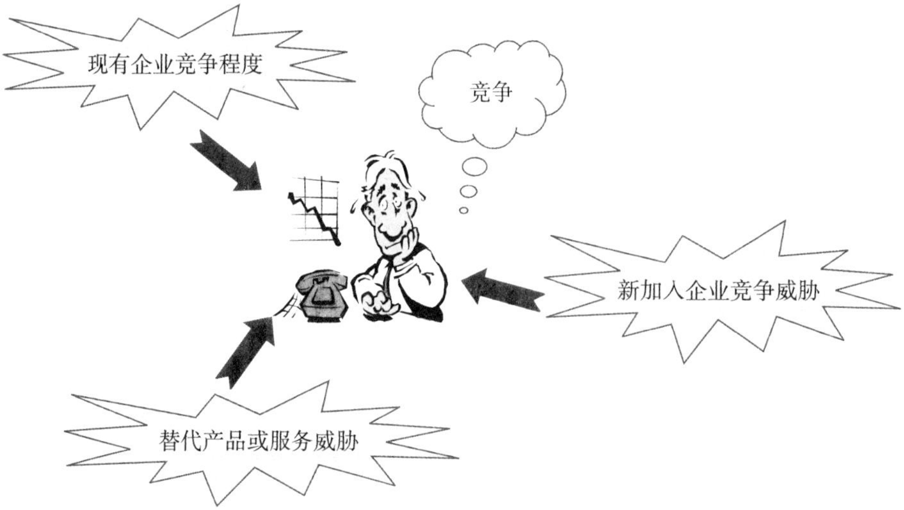

图 3-3　行业竞争程度分析

1.现有企业竞争程度分析。在大多数行业中，现有企业的竞争程度往往影响着行业的平均盈利水平，通常竞争程度越高，价格越接近边际成本，盈利水平也越低。

阅读提示　边际成本，是指每增加 1 单位产量所引起的总成本的增加额。

行业现有企业的竞争程度分析应从影响行业竞争的因素入手，现有企业竞争程度分析通常包括以下内容：

（1）行业增长速度分析。如果某行业增长迅速，那么现有企业就不必为自身发展而相互争夺市场份额；相反，在缓慢增长或者停滞的行业中，现有企业在本行业中谋求生存和发展的唯一办法就是争夺竞争对手的市场份额。在这种情况下，企业间的激烈竞争是不可避免的。

（2）行业集中程度分析。一个行业中企业的数量及规模，决定了该行业的集中程度。这种集中程度影响着企业调整定价和其他竞争措施的力度。如果行业市场份额主要集中在少数企业手中，即集中程度高，那么其竞争度较低；反之，则竞争度较高。例如，美国饮料行业基本由可口可乐和百事可乐控制，它们可以心照不宣地进行合作以避免破坏性的价格竞争；反之，如果行业内众多企业处于分庭割据的状态（如我国的服装制造业），价格竞争通常是十分残酷的。

（3）差异程度与替代成本分析。同行业内企业间要避免正面的价格竞争，关键在于其产品或服务的差异程度，差异程度越大，竞争程度越低。当然，差异程度与替代成本相关，当替代成本较低时，企业将被迫进行价格竞争。

（4）规模经济性分析。如果同一行业中存在其他类型的规模经济，那么企业规模将是一个企业成长和发展的决定性因素。具有规模经济性的行业往往其固定成本与变动成本之比较高，即固定成本较大，企业势必积极降低价格以充分利用现有生产能力。此时，企业为争夺市场份额而进行的价格竞争就比较激烈，民航业即是一个典型例证。

（5）退出成本分析。当行业生产能力大于市场需求，而行业退出成本又较高时，势必引起企业间激烈的价格竞争。企业为了充分发挥自身的生产能力，只能被迫降低价格。如果行业退出成本较低，则竞争将减弱。

2.新加入企业竞争威胁分析。当某行业平均利润率超过社会平均利润率（行业取得超额利润）时，该行业必然面临新企业加入的威胁。影响新企业加入的因素许多，主要有：

（1）规模经济性因素。如果一个行业中存在大型的规模经济，新加入的企业一开始就必须投巨资构建强大的产销能力，否则就不得不承担企业效益达不到行业的平均效益所产生的风险。无论哪种情况出现，新加入企业在同现有企业竞争的开始阶段便处于成本劣势。规模经济的要求几乎体现在一家企业的每一个经营环节中。

（2）先入优势因素。在竞争上，新进入企业与行业现有企业相比，往往是处于不利地位的。在很多情况下，先加入的企业倾向于阻碍其他企业的加入。例如，先加入的企业能够有机会制定行业标准，获得丰富的行业经验，可以与有限的原材料供应商签订独家协议，还可以在某些受管制行业中获得数量有限的政府许可。特别是当消费者开始普遍使用现有产品而且替代成本很高时，先入优势将变得更加明显。例如，微软公司的DOS和后来的Windows操作系统的使用者想改用其他软件产品时，就不得不面临替代成本较高的问题，这使得其他软件公司很难再上市推广另一种操作系统以取代现有的操作系统。

（3）销售网与关系网因素。现有分销渠道的有限能力和发展新渠道的高成本也是企业进入其他行业的一个巨大障碍。企业要在其他行业中生存与发展，就必然打入该行业现有企业已建立的销售网与关系网。因此，该行业中现有企业的销售网与关系网的规模将影响新企业进入的难易程度。

（4）法律障碍因素。许多行业的法规制约着新企业的加入。例如，技术密集型行业的专利权和版权，广播和电信行业中存在的许可证进入限制等。因此，行业的法律限制程度直接影响新企业进入的难易程度。

对处在成熟阶段的行业来说，新加入企业的竞争威胁相对要小一些，因为这个时期的行业竞争激烈，进入成本较高。而在分析处于成长阶段的行业的竞争程度时，就要充分考虑来自新加入企业的竞争威胁了。一般来说，竞争激烈的行业中，各个企业间各项财务指标趋于一致，一家企业很难长期处于领先地位。而在处于成长阶段的行业中，由于竞争程度不高，企业有可能由于技术领先等原因在财务指标上领先。对一些打算进行经营业务行业结构调整的企业来说，分析其即将进入的行业的竞争程度以及进入成本，是分析其结构调整策略是否正确、判断其能否成功的关键。

3.替代产品或服务威胁分析。替代产品或服务对行业竞争程度具有重要影响。替代产品或服务，是指能够满足消费者同一需要的不同产品或服务，包括不同类产品或服务、不同品牌的竞争产品或服务和同一品牌的不同价位的产品或服务等。当行业存在许多替代产品或服务时，其竞争程度加剧。手机、电脑经常发生价格大战，就是因为其替代产品过多。相反地，如果替代产品或服务较少，则竞争较弱。消费者在选择替代产品或服务时，通常会考虑替代产品或服务的效用和价格两个因素。如果替代效用相同或相似，价格竞争就会变得比较激烈。在某些情况下，替代产品的威胁不是来自消费者主动转向另一种产品，而是来自科技的发展使他们对现有产品的需求下降。例如，移动硬盘、U盘存储技术的发展，使消费者逐渐减少了对光盘的消费需求。

（三）市场议价能力分析

虽然行业竞争能力是行业盈利能力的决定性因素，但行业实际盈利水平的高低，还取决于本行业企业与供应商和消费者（客户）的议价能力。

1.企业与供应商的议价能力分析。影响企业与供应商议价能力（又称“卖方议价能力”）的因素主要包括：

（1）供应商的数量对议价能力的影响。当企业的供应商越少，导致可供选择的产品或服务越少时，供应商的议价能力就越强；反之，企业的议价能力就越强。

（2）供应商的重要程度对议价能力的影响。供应商对企业的重要程度取决于其所供应的商品对企业所生产的产品的影响程度。如果供应商所供应的商品是企业产品的核心部件且替代商品较少，则供应商的议价能力较强；反之，企业就具有更强的议价能力。

（3）单个供应商的供应量对议价能力的影响。单个供应商对企业的供应量越大，往往对企业的影响与制约程度就越大，其议价能力也就越强；反之，企业的议价能力就越强。

2.企业与客户的议价能力分析。决定企业与客户议价能力（又称“买方议价能力”）的因素许多，如替代成本、产品差异、成本与质量的重要性、客户数量等。其中，基本的决定因素有两个：价格敏感度和相对议价能力。价格敏感度决定买方讨价还价的欲望有多大，相对议价能力决定买方能在多大程度上成功地压低价格。

（1）价格敏感度的影响。消费者的价格敏感度是指由产品或服务价格变动所引起的产品或服务需求量的变化。价格敏感度取决于产品的差别程度及替代成本水平。产品差别越小，替代成本越低，价格敏感度就越强，客户的议价能力也越强。另外，客户对价格的敏感度还取决于企业的产品对客户的成本构成所产生的影响程度。如果企业的产品对客户产品的成本构成所产生的影响较大（如软饮料生产商所使用的包装材料），那么客户会对企业的产品价格十分敏感，也会更关心是否有成本较低的替代产品；反之，客户对价格的敏感度会下降。当然，该产品对客户产品质量的影响程度也是该产品的价格能否影响客户购买决策的一个重要的决定因素。

（2）相对议价能力的影响。价格敏感度虽然会对价格产生影响，但实际价格还取决于客户的相对议价能力。即使买方对价格很敏感，但如果他们没有更多的选择不得不买的话，其相对议价能力就较弱。买方的议价能力还受下列因素影响：相对于供应商数量的买主数量、单个买主的购买量、可供买方选择的替代产品数量、买方选择替代产品的成本、买方逆向合并的威胁等。

（四）行业地位分析

一个企业无论处于何种行业，分析其行业地位对了解其竞争力、发展状况进而分析其财务状况都有着重要的意义。一个企业的行业地位主要体现在以下四个方面：

1.市场占有率和市场覆盖率。一个企业的竞争力最终体现在市场表现上，而其市场占有率和市场覆盖率则是最强有力的指标，一系列表现优异的财务指标必须有一定的市场占有率和市场覆盖率作为支撑。

市场占有率=产品销售量/同种产品市场销售总量

市场覆盖率=产品行销地区数/同种产品行销地区总数

两个指标的组合可产生如下四种分析结论：

（1）市场占有率和市场覆盖率都比较高。这说明企业产品销量和广度在同行业中占有优势地位，产品竞争力较强。

（2）市场占有率低而市场覆盖率高。这说明企业销售网络比较完善，但产品竞争力可能不强。

（3）市场占有率高而市场覆盖率低。这说明企业产品在一定范围内竞争力较强，但其大范围内的竞争优势并不强，企业产品往往是地方性的或生活必需品，这种企业是比较有竞争潜力的。

（4）市场占有率和市场覆盖率都低。在这种情况下，企业产品前途不佳。

2.技术领先度。在技术上的领先度，尤其是在行业核心技术上的领先度决定了企业的行业地位。无论是对于传统的工业企业，还是对于新兴的高科技企业，技术上的领先和创新是其价值增长的主要驱动因素。

3.生产规模。一般而言，处于行业领先地位的企业规模较大，但是生产规模大并不必然导致行业领先。企业生产规模的扩大可能会产生积极的规模效应，但同时也要注意其有可能导致管理上的失控以及费用的增加等问题。

4.管理团队。一个良好的管理团队对企业的发展起着不可替代的加速作用，它意味着企业生产效率的提高，对成本费用的有效控制，甚至还有可能意味着为完全释放其管理效率而进行的一系列兼并活动。评价管理团队的优劣，应注重以下三点：

（1）要看管理团队从事经营管理工作的欲望。管理层人员应有一种强烈的、从事经营管理工作的欲望，其群体中每个人都应有影响他人的欲望，也有与下属人员共同努力以取得成果的欲望。这样的管理团队是富于竞争意识和充满活力的团队。

（2）要看管理团队的沟通协调能力。团队成员间融洽的关系是协同作战的前提条件，领导的艺术恰恰在于沟通协调。一个过分强调等级意识或靠冷漠管理来维持领导威严的管理者难有好的管理能力。当然，沟通并不限于团队内部，也包括和企业外部的各种组织，如顾客、供应商、政府部门、社团等的沟通。

（3）要看管理层经营管理的专业能力。单靠一两个人是无法经营好一个企业的，所以要注意培养整个企业管理团队的专业能力。另外，管理团队的知识结构要合理，生产、销售、财务等方面的业务知识，都要知晓。

决定企业行业地位的还有一系列重要因素，诸如企业的品牌等都对企业的发展起着重要的作用。在对企业的行业地位进行分析时，可以进一步分析企业的竞争力和风险，这对之后进行具体的财务分析有着一定的指导作用。如果企业的行业领先主要体现在市场占有率上，那么其销售收入以及销售增长率应该领先；如果企业在技术上领先，那么在成本的控制以及销售收入上应该有所体现。优秀的管理团队应该带来费用上的节约、财务工作上的成功以及企业价值的增加。

（五）法律和政策环境分析

相关政策环境对一个行业的发展有着重要的影响，同时其也影响着企业的生存环境，并直接或者间接地反映在企业的会计报表中。如果企业属于法律和政策限制的行业，则企业的发展必然受到其巨大的消极影响；相反，如果企业属于国家鼓励发展的行业，则其可能享受诸如政策、税收等多方面的支持，也会得到许多“额外”的盈利。

二、怎样进行企业竞争策略分析

行业分析为我们指明了如何进入某行业以及在该行业中保持竞争优势所要考虑和注意的问题。而企业竞争策略分析的关键在于企业如何根据行业分析的结果，正确选择企业的竞争策略，从而使企业保持持久的竞争优势和高盈利能力。一家企业的利润水平不仅受其产业结构的影响，而且受企业在行业中的定位策略的影响。企业进行竞争的策略有许多种，最基本的竞争策略有两种，即低成本竞争策略和产品差异策略。

（一）低成本竞争策略分析

在基础产品和服务行业，低成本竞争策略通常是企业取得竞争优势最有效的方法。当所处行业替代产品威胁较小、新企业进入威胁较大时，企业往往愿意选择低成本竞争策略。低成本优势不但能使企业获得超出行业平均水平的收益率，而且可以迫使竞争对手因不能忍受过低的收益率而逐步退出该行业，邯钢就是采用低成本竞争策略的典型例证。企业要使其成本低于同行业其他企业（取得低成本优势），就要在降低成本方面下工夫。企业降低成本的方法有以下五种：

（1）优化企业规模，降低产品成本。

（2）改善资源利用率，降低产品成本。

（3）运用价值工程，降低产品成本。

（4）提高与供应商的议价能力，降低采购成本。

（5）强化管理控制，降低各项费用。

阅读提示 低成本竞争策略是指企业以较低的成本提供与竞争对手相同的产品或服务。这时，企业可以以较低的价格与竞争对手竞争市场份额。

（二）产品差异策略分析

采用产品差异策略，其成本虽有所增加，但只要不超过消费者愿意支付的最高价格，就可以使企业免受各种竞争作用力的威胁，从而形成竞争优势。

阅读提示 产品差异策略是指企业通过其产品或服务的独特性与其他企业竞争，以争取在相同价格或较高价格的基础上占据更大的市场份额，取得竞争优势与超额利润，即要比竞争对手更好地满足消费者某个特定方面的需求。

产品或服务差异包括：较高的产品或服务质量、较多的产品或服务类别、良好的销售或售后服务、独特的品牌形象等。

企业采用产品差异策略，必须做好以下工作：

（1）明确企业独特的产品或服务将满足哪部分消费者的需求。

（2）使企业的产品或服务差异（特色）与消费者的需求完全一致。

（3）企业提供的差异产品或服务，其成本应低于消费者愿意接受的价格。

要做好这些工作，企业要在新产品的研究与开发、工程技术革新和市场开拓等方面进行投资，同时还要鼓励企业员工的创造与革新精神。

应当指出，传统的竞争策略分析者认为，低成本竞争策略和产品差异策略是相互排斥的，而处于两种策略共同作用下的企业是危险的。实际上，成功的企业在选择某一竞争策略时，不应完全忽视另一种竞争策略，即追求产品服务或差异时，不能忽视成本；追求低成本时，不能完全忽视产品或服务差异。以追求差异为目标的企业必须在可承受的产品成本的基础上获得差异优势。同样，成本领先者也必须在质量和服务等方面与竞争对手不相上下，否则其无法取胜。另外，重大技术和业务方式的变化很可能使高质量的服务和低价格结合起来。

阅读提示 应该注意的是，一个企业选择了某种竞争策略并不会自动获得竞争优势。要取得竞争优势，企业必须具备实施并保持所选定策略的能力。无论是哪种策略都要求企业具备基本能力，并以适当方式规划企业的价值链。基本能力，是指企业所拥有的经济资源。价值链，是指企业将投入转换为产出的各类环节及经济活动的组合。企业的基本能力、价值链的独特性和竞争对手模仿的难易程度，决定了企业的竞争优势能否长久保持。

行业的结构因素是企业盈利与否的主要决定因素，它是行业分析和竞争策略分析的前提与基础。然而，我们必须清楚地认识到，各行业的利润水平不同，行业内各企业的利润水平也存在很大的差异。有一种观点认为，对竞争优势的分析应首先着眼于对企业现有资源和核心能力的分析，然后评价由于市场机会可能产生的潜在利润，并且根据对机会与利润的评价结果来选择相应的战略。如果企业没有实际的核心竞争力，那么由市场机会带来的较高的盈利水平是不能长久保持的。因此，分析一家企业的核心竞争力对把握该企业是否具有持续的竞争优势是很重要的。

综合练习题

单项选择题

1.报表使用者在对企业进行行业分析时，首先要查找和阅读（　　）。

A.资产负债表　　B.利润表　　C.现金流量表　　D.会计报表附注

2.关于行业生命周期分析，下列说法错误的是（　　）。

A.一般行业的生命周期分为导入阶段、成长阶段、成熟阶段和衰退阶段

B.处于成熟阶段的行业其进入成本和竞争程度都较低

C.处于成熟阶段的企业一般都具有较为稳定的现金流

D.处于衰退阶段的企业，即使目前财务状况尚好，也存在财务风险

3.不属于现有企业竞争程度分析内容的是（　　）。

A.行业增长速度分析　　B.行业集中程度分析

C.先入优势分析　　D.规模经济性分析

4.下列说法正确的是（　　）。

A.如果供应商的产品是企业产品的核心部件，则供应商的议价能力增强

B.企业的供应商越多，供应商的议价能力就越强

C.单个供应商对企业的商品供应量，对其议价能力没有影响

D.产品差别越小，替代成本就越低，客户的议价能力也就越弱

5.下列不属于影响企业与供应商议价能力的因素的是（　　）。

A.供应商的数量　　B.供应商的重要程度

C.单个供应商的供应量　　D.产品差别

6.下列不属于影响企业与客户议价能力的因素的是（　　）。

A.替代成本　　B.盈利能力

C.成本与质量的重要性　　D.客户数量

7.反映一个企业的竞争力最强有力的指标是（　　）。

A.市场占有率和市场覆盖率　　B.技术领先度

C.生产规模　　D.管理团队

8.表明企业销售网络比较完善，但产品竞争力可能不强的组合是（　　）。

A.市场占有率和覆盖率都比较高　　B.市场占有率低而市场覆盖率高

C.市场占有率高而市场覆盖率低　　D.市场占有率和覆盖率都比较低

9.产品或服务差异不包括（　　）。

A.较好的产品或服务质量　　B.较多的产品或服务类别

C.较低的产品或服务成本　　D.独特的品牌形象

10.下列各项中，既是盈利性的主要决定因素，也是行业分析和竞争策略分析的前提和基础的是（　　）。

A.行业的结构因素　　B.基本能力

C.价值链的独特性　　D.竞争对手模仿的难易程度

判断题

1.行业分析的着眼点在于分析行业的盈利水平与盈利潜力。（　　）

2.行业内企业竞争程度越高，价格越接近边际成本，盈利水平也就越低。（　　）

3.行业内企业产品或提供服务的差异程度越大，竞争程度越低。（　　）

4.具有规模经济性的行业往往其固定成本与变动成本之比较小，企业势必积极降低价格以充分利用现有生产能力。（　　）

5.一般来说，竞争激烈的行业中各个企业的各项财务指标各不相同，一家企业也很难长期处于领先地位。（　　）

6.价格敏感度决定了买方能在多大程度上成功地压低价格。（　　）

7.即使买方对价格很敏感，但若他们没有更多的选择，不得不买的话，其相对议价能力也是比较弱的。（ ）

8.市场占有率低而市场覆盖率高，表明企业产品在一定范围内竞争力较强，但其大范围内竞争优势并不强。（ ）

9.政策环境对一个行业的发展有着重要的影响，这种影响可直接或者间接地体现在企业的会计报表中。（ ）

10.低成本竞争策略和产品差异策略是相互排斥的。（ ）

分析题

1.在进行会计报表分析之前，为什么要进行企业战略分析？

2.举例说明如何进行行业分析。

3.举例说明如何进行企业竞争策略分析。

第四章 资产负债表分析

引例

罗技国际公司（Logitech International），是全球著名电脑周边设备供应商。2016年4月19日，美国证券交易委员会对其近5个年度在三大方面的违规会计处理进行了披露。

会计舞弊手段一：虚增资产

2010年10月，罗技国际公司推出名为“Revue”的全球首款Google TV机顶盒产品。产品起初上市时，市场售价高达299美元，销售量却不尽如人意。11月末，公司财务部门、销售部门以及有关高管人员就已经意识到该产品定价过高的问题。此外，大量无法售出的产品积压在库，而且对外购买零部件的账款未付。但在其2010年的财务报告中，罗技国际公司提出，其已对完工产品进行了成本与可变现净值孰低的测试，并得出无须进行任何调整或减值的结论。与此同时，对于积压在库的商品，罗技国际公司在未将有关定价调整计划告知其独立审计师的情况下，“秘密”商议降价方案，并计划在2011年第一个财务季度将其降价至249美元，在2011年第三个财务季度再降价至199美元。在2011年年末，其仍未做出任何有关减值确认。之后，独立审计师进行审查时，罗技国际公司才调整其财务报告，以未来产品会降价至249美元为依据，进行了220万美元的减值，但这样的存货减值准备计提也是不够的。类似地，罗技国际公司在2013年摊销其无形资产时，采用了摊销不足的方法以虚减费用。

会计舞弊手段二：隐藏费用

罗技国际公司2009年在独立审计师的建议下，开始在其报告中加入产品质保责任费用，并建立了费用的计算模型，然而从一开始，这一计算模型就有很大的缺陷。无论罗技国际公司将其产品保修期定为3个月还是10年，这一模型都计算出同样的应计质保费用。先后有两位高级会计师发现该问题。然而，时任罗技国际公司财务副总裁的Doktorczy拒绝修改该模型。就这样，错误的会计计量方式与管理层的层层压制与隐瞒，使罗技国际公司将这一潜在风险隐藏了1年半之久。2012财务年度末，罗技国际公司隐藏了2 000万美元的预计负债，2013年则为1 700万美元，最终达到了粉饰报表的目的。

会计舞弊手段三：违规确认收入

罗技国际公司在美国地区的销售主要以批发给经销商和大额零售为主，GAAP规定“批发出售”形式的收入在其发出产品时加以确认。为了刺激销售，罗技国际公司不仅为达到采购限额的批发销售商提供奖励折扣，而且对于季末大额一次付清的逾期发票亦给予折扣。罗技国际公司还将其超额库存商品销售给批发商，并允许批发商在无法售出产品时进行退货。从实质上看，罗技国际公司并未真正销售产品，而只是将产品转移储存，这仅仅是一种“寄售”或“筹资”行为，而不应确认收入。为减少经销商的过剩库存，罗技国际公司采取填塞分销渠道的典型舞弊做法：寻找买家低价处理存货，再以其他方式弥补经销商的损失。罗技国际公司与经销商之间以原始发票价格确认交易收入，私下里罗技国际公司帮助经销商积极寻找最终用户，并以低于原始发票的订单价格将其转移给经销商。在这个过程中，经销商会因差价形成损失，针对这部分损失，一方面，罗技国际公司通过给予经销商逾期发票的支付折扣来弥补其超额库存和运输成本；另一方面，其借助期后退货来减少经销商的过剩库存。如此一来，罗技国际公司违规确认收入并利用填塞分销渠道刺激销售。在2009财务年度，罗技国际公司夸大的营业收入就达到1620万美元。

资料来源　肖博. 罗技国际公司舞弊案例分析［J］. 财会学习，2017（10）.

第一节　什么是资产负债表

一、资产负债表所表达的含义

从资产负债表的名称可以看出，资产负债表就是反映企业资产、负债和所有者权益状况的报表，也称财务状况表。例如，资产总额是多少；流动资产有多少；非流动资产有多少；在这些资产里面，有多少是借来的，又有多少是企业所有者投资的。这些仅仅是资产和负债的绝对金额，而且还是一个个孤立的数字，因此，要通过对会计报表的分析从中得出更多的有用信息。

严格意义上的财务状况至少包括三层意思：一是关于资产、负债和所有者权益的构成情况及其合理性；二是关于流动性，其通常是指资产的流动性，也就是资产变成现金的能力；三是关于财务弹性，即企业应付意外情况的能力，如自然灾害、计划外的投资机会等。值得注意的是，资产负债表是一个时点报表，也有人将其比喻为企业财务活动的快照。时点报表有如下三个特点：

1.不同时点的报表项加起来是没有意义的，我们不能把一年12个月的资产负债表的各个项目全部相加，来计算企业1年的总资产和总负债。时点报表所反映的数据是企业资产、负债的存量，也就是说，时点报表反映的是企业继续持有资产（或负债）的数字。

2.时点报表中的每一个数字都是某一个时刻的数字，是随着企业数以万计的日常交易而不断变化的。今天企业的银行存款是1 000万元，明天其可能就会成为1 100万元或者是800万元，这个数字时时刻刻都在变化。时点报表上的数字只能反映报表时刻的情况，过了那一时刻就是另外的情况了。所以，资产负债表上的日期不仅有年月，还有日，因为它只反映截至某一天，企业有多少资产，有多少负债。如果想了解企业上一年拥有的资产或负债的情况，就应查找该企业上一年年底（上一年的12月31日）资产负债表上的数字；想了解企业这个月的资产或负债情况，就应相应地查找企业该月月底的相关账目。

3.既然资产负债表反映的是某一时刻的数据，那么它所反映出的资产和负债就代表企业目前所拥有的、未来可以使用的资产和目前所承担的、未来将要偿还的债务。

二、资产负债表的基本格式

我国一般采用账户式资产负债表，即资产负债表分为左方和右方，左方列示资产各项目，右方列示负债和所有者权益各项目，资产各项目合计等于负债和所有者权益各项目合计（参见附录中新新公司的资产负债表）。根据《企业会计准则》，我国企业资产负债表的各个项目应按照流动性排列。对于资产和负债，流动性有着不同的含义。资产的流动性是指资产的变现能力，也就是说资产变成现金的能力。资产的变现能力越强，流动性就越强；反之，流动性就越差。例如，货币资金本身就是现金，其不存在变现的问题，所以它在资产负债表中位列第一；而应收票据和应收账款可以在比较短的时间里转换成现金，所以在资产负债表中，其排在货币资金的后面；相比之下，原材料、产成品、库存商品等转变成现金的时间要更长一些，所以其要靠后排。负债的流动性是指负债偿还期限的远近。偿还期越近的负债，流动性越强；反之，偿还期越长的负债其流动性越差。因此，短期借款要比长期借款在资产负债表中，排得更靠前。

为什么资产负债表中的各项内容要按照流动性由强到弱的顺序排列呢？一般认为，这是一种传统习惯。在19世纪股票市场兴起前，企业的资金来源主要为银行借款，而银行最关心的是企业的偿债能力，因此对企业流动资产的充裕程度十分关注。为了满足银行的要求，企业在编制资产负债表时便习惯性地将流动资产排在前面，并进一步形成了将资产负债表中的各项内容按照流动性由强到弱的排列顺序进行报送的习惯。

资产负债表里包括两个时间数字：年初余额和期末余额。年初余额是去年年底的数据。期末余额是编制资产负债表当期期末的数据，如果是月度报表，就是该月月末的数据；如果是季报，就是该季度期末的数据；如果是年报，就是该年年末的数据。这样做的好处是便于比较，这样的资产负债表叫作比较资产负债表，也就是将两个不同时点的数据放在同一张资产负债表里（实际上是两张资产负债表的组合，一张是当年的，一张是上一年的）。

三、资产负债表的平衡

在资产负债表中，“资产总计”中的数据和“负债及所有者权益总计”中的数据应该是相等的，这就是我们所说的会计平衡，其表现形式是资产负债表两边总计数相等，用会计公式表示为：

资产=负债+所有者权益

会计的这种平衡来源于企业的经济活动。企业的运营必须有一定的物质基础，也就是我们所说的资产，企业的任何资产都有其特定来源。总体来说，资产的来源分为两种：一种是借来的；另一种是所有者（股东）投入的。可以说，企业的资产不是通过负债形成的，就是通过所有者（股东）的投入形成的。因此，资产总是等于负债加所有者权益。所有者（股东）投资是为了赚钱，赚来的钱当然应分给所有者，但为了赚钱，就要投入成本，成本也应算在所有者的账上。也就是说，如果企业赚钱了，资产自然就会增加，同时所有者的财富（所有者权益）也相应增加，资产负债表两边同时等额增加，又形成了新的平衡。资产负债表与利润表的关系如图4-1所示，从图中我们可以看出，所有者权益的期末余额中包含了本期取得的净利润。

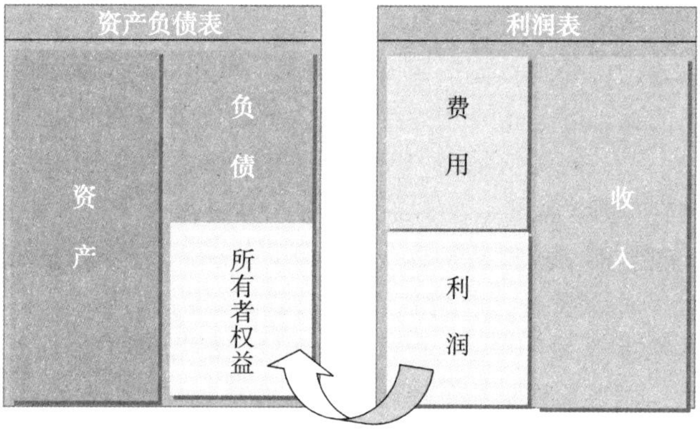

图4-1　资产负债表与利润表的关系

第二节　什么是资产

一、资产的含义

通俗地说，资产就是财产物资，如房屋、土地、机器设备、存货、现金等，但是严格地说，我们不能把财产物资与会计上的资产完全等同起来，是资产的东西不一定就是财产物资。例如预付的房屋租赁费，钱已经付出去了，肯定已经不是企业的财产物资了，但是在会计上，仍然将其划分为资产（长期待摊费用）。此外，如专利权、商标权、土地使用权等，虽然从一般意义上讲，并未被看作财产物资，但在会计上，这些无形资产却是重要的资产。还有一种情况，就是某些被看作财产物资的东西（如办公室中的文具、台灯等），已经在会计上作为办公费用处理了，尽管正在使用，也不被视为资产了。再有，如果一项资产提完折旧后仍在使用，可以说它是企业的财产物资，但是在会计上它已经不再是企业的资产了。

资产的定义是一个会计理论问题。在会计上，资产有着严格的定义，《企业会计准则——基本准则》第二十条规定："资产是指企业过去的交易或者事项形成的、由企业拥有或者控制的、预期会给企业带来经济利益的资源。"判断一项资产是否归属于企业，有以下三条标准：

首先，资产是由企业过去的交易或者事项形成的。企业过去的交易或者事项包括购买、生产、建造行为以及其他交易或者事项。预期在未来发生的交易或者事项不形成资产。例如，已经发生的固定资产购买交易才形成资产，而计划中的固定资产购买则不形成资产。

其次，资产是由企业拥有或控制的。判断某项资源是否是企业的资产，主要是判断企业对该项资源是否拥有所有权或控制权。如果不能拥有或无法控制某项资源，则企业不能将该项资源视作其资产。例如，若企业不能通过自创并申请成功、购入等方式拥有或控制某项专利权，那么企业就不能将该项专利权视作其资产。又如，经营租入的固定资产，由于企业对其既无所有权又无控制权，因而不能将其作为企业的资产。对于某些由特殊方式形成的资产（如融资租入固定资产），虽然企业对其不具备所有权，但能够控制它，按照实质重于形式的原则，也应当将其作为企业的资产。

最后，资产预期会给企业带来经济利益。所谓预期会给企业带来经济利益，是指很可能直接或者间接导致现金和现金等价物流入企业。如果某项目不能给企业带来经济利益，那么该项目不能作为企业的资产。资产导致经济利益流入企业的方式有很多种，例如，单独或与其他资产结合起来为企业创造经济利益，换取其他资产，用于偿付债务等。

二、资产的计价

资产计价的意思是：在会计账簿上记录资产数额，这是一件看起来容易做起来难的事情。在我们的日常生活中，许多商品的价格几乎天天都在变化，例如，生产用的原材料、设备等。一台设备去年购买的时候花了10万元，那么会计记账时，这台设备的账面价值就是10万元。如果今年同样的设备价格涨到13万元，那么，会计需不需要把这台设备的账面价值调整到13万元呢？再如，去年买的水泥今年还没有用完，其价格是每吨150元。今年又买了同样的水泥，每吨160元，都存放在仓库里。那么，在领用水泥的时候计算成本，是按照每吨150元计算，还是按照每吨160元计算呢？其实，这些统统属于会计的理论问题。

企业会计准则规定："企业在对会计要素进行计量时，一般应当采用历史成本，采用重置成本、可变现净值、现值、公允价值计量的，应当保证所确定的会计要素金额能够取得并可靠计量。"多数情况下，资产采用历史成本计价，但是在特定情况下，可采用其他四种方法对资产计价。例如，有的企业在购买固定资产时，约定在一个比较长的时期（如5年）内支付的价款，实质上具有融资性质，这时会计可以将购买固定资产总价款的现值作为固定资产的成本记账；像长期股权投资、投资性房地产、生物资产、股票等资产，则可采用公允价值计价。用可变现净值法计价的资产较少，例如，一般情况下，可以采用成本与可变现净值孰低法对外报告企业拥有的存货价值；但是在物价显著变动时期，存货也可以用重置成本来计价。

阅读提示

《企业会计准则——基本准则》第四十二条规定：

1. 历史成本：在历史成本计量模式下，资产按照购置时支付的现金或者现金等价物的金额，或者按照购置资产时所付出的对价的公允价值计量。负债按照因承担现时义务而实际收到的款项或者资产的金额，或者承担现时义务的合同金额，或者按照日常活动中为偿还负债预期需要支付的现金或者现金等价物的金额计量。

2. 重置成本：在重置成本计量模式下，资产按照现在购买相同或者相似资产所需支付的现金或者现金等价物的金额计量。负债按照现在偿付该项债务所需支付的现金或者现金等价物的金额计量。

3. 可变现净值：在可变现净值计量模式下，资产按照其正常对外销售所能收到现金或者现金等价物的金额扣减该资产至完工时估计将要发生的成本、估计的销售费用以及相关税费后的金额计量。

4. 现值：在现值计量模式下，资产按照预计从其持续使用和最终处置中所产生的未来净现金流入量的折现金额计量。负债按照预计期限内需要偿还的未来净现金流出量的折现金额计量。

5. 公允价值：市场参与者在计量日发生的有序交易中，出售一项资产所能收到的或者转移一项负债所需支付的价格。

在会计上，很多情况下并不能明确地限定企业发生的每项经济事项应该如何记录。因此，企业的会计人员对于企业发生的经济事项采用何种会计处理方法具有一定的选择权。这种选择权意味着会计人员应当具有一定的职业判断力。而且，会计核算要以保证会计信息质量为前提。首先，我们来了解一下我国企业会计准则就会计信息质量给出的相关规定。《企业会计准则——基本准则》规定，会计信息质量要符合可靠性、相关性、可理解性、可比性、实质重于形式、重要性、谨慎性和及时性等八项原则。

1. 可靠性原则。企业提供的会计信息，必须以实际发生的交易或事项及可证明经济业务真实发生的合法凭证为依据，如实反映企业的财务状况、经营成果和现金流量，做到内容真实、数字准确、项目完整、手续齐备、资料可靠。可靠性是对会计核算及会计工作的基本要求。坚持可靠性原则，就是要求在会计核算时，客观地反映企业的财务状况、经营成果和现金流量，保证会计信息的真实性；就是要求在进行会计核算时，正确运用会计的原则和方法，准确反映企业的实际情况；就是要求所提供的会计信息具有可验证性，以核实其是否真实。例如，生产经营用的厂房要求采用历史成本来计价，并反映在资产负债表（固定资产）上，而没有采用厂房的公允价值计价，就反映了会计的可靠性原则。

2.相关性原则。相关性原则也称有用性原则，是指企业提供的会计信息应当与会计报表使用者的经济决策需要相关，以有助于会计报表使用者对企业过去、现在或者未来的情况做出合理的评价或者预测。

3.可理解性原则。可理解性原则，是指企业的会计核算和编制的会计报表必须清晰明了，便于理解和使用。提供会计信息是为了方便使用者利用会计信息进行决策。要利用会计信息，就必须了解会计信息的内容，理解会计信息的意义，这就要求企业的会计核算和提供的会计报表必须清晰明了，从而方便具备一定会计知识的信息使用者理解和使用。

4.可比性原则。可比性原则要求企业的会计核算应当按照国家统一的会计制度的规定进行，使所有企业的会计核算都建立在相互可比的基础之上。尽管不同的企业可能处于不同的行业、不同的地区，其经济业务的发生可能处于不同的时点，但只要是相同的交易或事项，就应当采用相同的会计处理方法，以便于比较、汇总和分析，为管理决策提供必要的会计信息。

5.实质重于形式原则。实质重于形式原则要求企业将交易或事项的经济实质（而不仅仅是按照其法律形式）作为会计核算的依据。在实际工作中，会计的交易或事项的外在法律形式有时候并不总能完全反映其经济实质。例如，以融资租赁方式租入的固定资产，会计人员在进行会计处理时，就必须依据其经济实质，而不能只根据其法律形式进行核算和反映。

6.重要性原则。重要性原则，是指企业在会计核算中，对发生的交易或事项应当区别其重要程度，采用不同的核算方法进行处理。这里所讲的重要性，在很大程度上依赖于会计专业人员的职业判断。从性质的角度，如果某一会计事项可能对决策产生重大影响，其就属于重要项目；从数量的角度，如果某一会计事项的数量达到一定规模，就可能对决策产生影响而成为重要项目。在会计核算中，坚持重要性原则，就是要对影响经济决策的重要经济业务予以充分、准确的披露，进行重点核算，并在会计报表中做出重点说明。对于不太重要的会计事项，在不影响会计信息真实性的前提下，可适当简化、合并，并加以反映。

7.谨慎性原则。谨慎性原则又称稳健性原则，是指在会计处理中对某一会计事项有多种不同的处理方法可供选择时，应尽可能选择一种不会导致企业虚增利润的做法。企业的经营活动充满着风险和不确定因素，因此，要求会计人员在进行职业判断时，保持必要的谨慎，充分估计各种风险和损失。在会计核算工作中，坚持谨慎性原则，就是既不高估资产或收益，也不低估负债或费用。例如，对预计可能发生的费用和损失，根据有关制度的规定，及时计提各种资产减值（跌价）准备，就反映了会计的谨慎性原则。

8.及时性原则。及时性原则要求企业的会计核算应当及时进行，不得提前或延后。

在上述这些原则的基础上，会计人员在具体的核算准则的指导下，才能进行包括购置资产等在内的各种经济活动的确认和计价。

第三节　怎样分析资产项目

在分析企业的资产时，我们应该先认识到：

1.资产实质上体现了企业的获利能力或产生经济利益的能力。从这个意义上讲，企业控制的资产越多越好。企业资产的经济规模越大，企业的获利能力或者效益就越好。国际上的大公司所独立控制的资产通常价值几千亿美元，甚至更多，道理就在这里。过去我们的企业资产规模较小，经济效益较差。近年来，国家提倡企业间的并购和联合，以扩大企业的资产规模，提高经济效益，就是因为资产的规模某种程度来说体现了企业未来的经济效益水平。

2.资产体现了企业独立的控制权，但不体现企业的所有权。这至少有三层含义：一是资产不是以所有权为前提的，也就是说，资产不体现企业的所有权，在资产上看不到所有权的影子。因此，严格地说，“国有资产”的说法是不准确的，应该将其称作“国有资本”，国家投入的仅仅是资本，其控制权仅体现在资本上。二是企业资产应当由企业的管理者通过建立合理的法人治理结构来控制和管理。按照《中华人民共和国公司法》的要求，公司应当设立完整的法人治理结构，这个治理结构的基本框架是“董事长领导下的三会制”。所谓“三会”，是指公司董事会、监事会和以经理为首的经理会。公司的资产由“三会”分工协作，共同治理，其中董事会拥有对资产及其运作的决策权，监事会负责监督资产的决策和使用，经理会负责对资产的经营管理和日常控制。三是资产的使用和控制不受所有者的直接干预。据此，政府尽管是出资人和所有者，但对于国有企业的经营和运作也不应该直接干预。只有在企业经营管理行为违反国家的经济和社会政策，违反法律和社会公德时，政府才有权干预企业对自身资产的决策和使用。

3.会计上的资产只体现了企业控制的一部分资源，而不是企业控制的全部资源。企业实际上控制的资源有很多种，例如硬资源和软资源，有形资源和无形资源，人力资源和非人力资源，单独辨认资源和不可单独辨认资源，现实资源与潜在资源等。但是，按照会计上的要求，列入资产负债表的资产必须是可以用货币计量的那部分资产。至于那些无法用货币计量的或者现在还没有找到理想的计量方法予以计价的资源（如人力资源等），并没有在资产负债表中体现或反映。

一、流动资产

（一）什么是流动资产

在资产负债表中，流动资产是排在第一位的。什么是流动资产呢？具体来讲，符合下列条件之一的资产就应作为流动资产计量：①预计在企业正常营业周期中变现、出售或耗用的资产；②主要为交易目的而持有的资产；③预计在自资产负债表日起一年内变现的资产；④自资产负债表日起一年内，用于交换其他资产或清偿负债的能力不受限制的现金或现金等价物。流动资产主要包括货币资金、交易性金融资产、应收及预付款项、存货等。所谓营业周期，就是指企业完成一个经营循环（从现金到现金的循环）所需要的时间，生产制造企业的经营循环如图4-2所示。大多数企业的经营周期是一年，但有的企业由于产品生产周期较长（例如造船厂，一艘万吨巨轮很难在一年内制造完成），它的流动资产就不能以一年为界来划分，其可能是两年，或者更长时间。流动资产对企业来说，就相当于我们平时居家过日子所用的柴米油盐，它是满足企业日常经营需要的资产。企业每日都离不开一定的资金来维持其正常的运转，像固定资产、长期股权投资等这些企业长期占用并且具有特定用途的资产，是不能拿来用于企业日常周转的，用于企业日常经营活动的资产只能是流动资产，例如购买的原材料、买卖的商品、发放的工资、支付的差旅费、偿还的到期债务等。显然，没有流动资产，企业就无法运转。就好比一个家庭，把全部的钱都存在银行的定期储蓄账户里或者拿去买股票，那么其日常生活就无法维持，家人就得饿肚子，所以其手头上总要留一些现钱，以备日常开支。企业的流动资产越多，其在总资产中所占的比重越大，说明企业资产的流动性越高，一般地，可容许的资产负债率的适度规模也就越大。但是，如果流动资产太多，又会造成资源的浪费以及资产使用效率的下降。

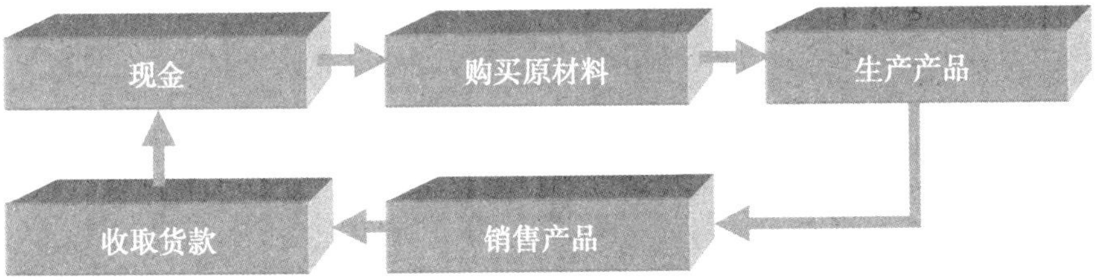

图4-2 生产制造企业的经营循环

（二）流动资产各项目

1.货币资金。在资产负债表里，“货币资金”列第一项，它的流动性最强。那么，货币资金包括哪些内容呢？总体来说，资产负债表中的“货币资金”就是未来企业可以支配使用的现金，包括库存现金、银行存款和其他货币资金。由于现金的流动性及其在企业日常经营中的重要作用，现金管理就显得特别重要。从企业内部来看，现金管理主要有两个方面的内容：一是现金计划；二是现金控制。现金计划的目的是通过某些方法和程序来保证企业将有足够的现金用于清偿债务，并可将多余的现金用于投资，其主要内容是现金预算。现金控制是根据企业内部控制制度的基本要求设计的，用于保证现金的安全和有效运用的制度。现金控制可分为现金收入控制和现金支出控制。现金收入控制应当保证现金自收到时起到存入银行时止的这段时间内均处于安全状态。现金支出控制应当保证只有经过批准的款项才能支出。按照有关规定，凡是不能用现金进行交易的经济业务均应通过银行结算。为了及时发现银行存款中可能存在的问题，企业应当在每月月末及时核对银行对账单，了解未达账项，及时处理工作中的差错。

其他货币资金包括外埠存款、银行汇票存款、银行本票存款、信用证存款和在途货币资金等。外埠存款，是指企业因零星采购商品而汇往采购地银行采购专户的款项；银行汇票存款，是指企业为取得银行汇票，按照规定存入银行的款项；银行本票存款，是指企业为取得银行本票，按照规定存入银行的款项；信用证存款，是指企业存入银行作为信用证保证金的款项；在途货币资金，是指企业与其所属单位或上级单位间的汇解款项。

货币资金有极强的流动性，因此，一般来说，一个企业的货币资金越多，说明企业的支付能力越强，财务弹性越大，货币资金的盈利性越差。从这个意义上说，并不是企业的货币资金越多越好。与此同时，企业中货币资金的交易最为频繁，这会导致企业对货币资金的需求量不断变化，因此，企业应该根据自身实际情况的变化，保持合理的资金拥有量。在分析企业货币资金的时候，要从以下几方面入手：

首先，分析货币资金规模的合理性。企业的货币资金规模过大，占总资产的比重过高，反映企业资金使用效率较低，这会降低企业的盈利能力；反之，企业的货币资金规模过小，占总资产的比重过低，则意味着企业缺乏必要的货币资金，这可能会影响企业的正常经营。分析企业货币资金规模的合理性，需要结合企业的下列因素进行：第一，资产规模与交易量。一般说来，企业资产规模越大，交易量越大，处于货币形态的资产就越多。第二，筹资能力。如果企业有良好的信誉，筹资渠道通畅，就没必要持有大量的货币资金，因为货币资金的盈利性通常较差。第三，运用货币资金的能力。如果企业经营者运用货币资金的能力较强，则企业货币资金规模可维持较低的水平。第四，行业特点。处于不同行业的企业，其货币资金合理规模存在差异，有的甚至差别很大。一家企业的货币资金持有量是否合理，要看这些货币资金是否能够同时满足企业日常交易的需要，能否合理应对突发事件，能否满足把握投资机遇的需要以及即期支付（例如发放现金股利、偿还到期债务）的需要等。企业的资金只要能满足以上需要即可。

其次，分析货币资金变动的合理性。企业货币资金发生变动，可能基于以下原因：第一，销售规模的变动。企业销售规模发生变动时，其货币资金规模也会随之发生变动，二者之间具有一定的相关性。第二，信用政策的变动。如果企业采用严格的信用政策，提高现销比例，可能会导致货币资金规模变大。第三，为大笔的现金支出做准备。当企业准备派发现金股利，偿还将要到期的巨额银行借款，或者准备集中购货时，就会加大企业的货币资金规模。但这种需要是暂时的，货币资金规模会随着企业现金的支出而缩减。

最后，分析货币资金周转速度。分析货币资金持有量是否合理时，可以根据企业货币资金的周转速度来进行判断。货币资金的快速周转，是企业提高货币资金使用效率的关键，如果企业的货币资金周转速度下降，则说明企业的资金管理和运用存在问题。货币资金周转速度可用货币资金周转率指标来衡量，其公式如下：

$$\text{货币资金周转率}=\frac{\text{每期实际收到的销售款}}{\text{平均货币资金持有量}}$$

从公式可以看出，企业要提高货币资金周转率，有两个途径：一是扩大销售，同时要加快销售款的回笼；二是充分利用闲置资金，以降低货币资金持有量。

2.交易性金融资产。交易性金融资产主要是指企业为交易目的持有的可转换债券、基金、股票等资产。以交易为目的是指上述资产预期持有期在一年以内，如预期持有期超过一年，则将被划归到“其他非流动金融资产”中。

交易性金融资产是以公允价值计量的，其公允价值的变动计入当期损益。例如，企业以近期内出售赚取差价为目的从二级市场上购入的股票、债券、基金等，应列入“交易性金融资产”。每年年末，会计人员应将交易性金融资产的公允价值与账面价值的差额记入“公允价值变动损益”，并最终计入利润表，影响当期利润。按照原来的会计准则，如果市价比成本低，那么上市公司的证券类投资就必须计提减值准备，计入当期损益，并最终降低当期利润；如果市价比成本高，而公司并没有抛售该投资以实现收益，那么计算出来的“账面收益”就不能计入当期损益，也就不能调高利润。而企业会计准则规定，交易性金融资产的账面盈利也可以成为净利润。比如，从2006年年末到2008年年初，股市一度牛气冲天，在这种背景下，很多持有大量股票的上市公司将交易性金融资产的账面价值按公允市价调整后，虚增了巨额的利润。

案例：兰州黄河

兰州黄河（000929）2013年第三季度的净利润为1 539.19万元，增幅高达1 009.95%。可是，兰州黄河2013年7~9月的综合毛利率仅为34.80%，去年同期则为39.77%，下滑明显。为何其净利润增长却如此惊人？

原来在2013年第三季度里，公司有超过1 096.94万元的“公允价值变动收益”。兰州黄河并没有说明这部分“公允价值变动收益”来自何处，不过，公司期末尚持有招商银行、大秦铁路等多家上市公司的股票，相信“公允价值变动收益”就来自于这些股票的市值变动。扣除这部分收益，兰州黄河的净利润仅为661.30万元，同比仅增长3.72%。

资料来源　许金民. 短炒兰州黄河，王亚伟获利出逃［EB/OL］.［2013-10-23］. http://www.nbd.com.cn/articles/2013-10-23/781749.html.

阅读提示

现行的企业会计准则划分交易性金融资产的条件是：

（1）取得该金融资产的目的，主要是为了近期内出售。

（2）属于进行集中管理的可辨认金融工具组合的一部分，且有客观证据表明企业近期采用短期获利方式对该组合进行管理。在这种情况下，即使组合中有某个组成项目持有的期限稍长也不受影响。

（3）属于衍生工具。

企业会计准则划分直接指定为以公允价值计量且其变动计入当期损益的金融资产的条件是：

（1）该指定可以消除或明显减少由该金融资产的计量基础不同而导致的相关利得或损失在确认和计量方面不一致的情况。

（2）企业的风险管理或投资策略的正式书面文件已载明，该金融资产组合等，以公允价值为基础进行管理、评价，并向关键管理人员报告。

那么，什么样的资产会成为“直接指定为以公允价值计量且其变动计入当期损益的金融资产”呢？举个例子，甲公司为一家大型企业，作为乙公司IPO时的战略投资者，其拟购入2亿股股票，每股发行价为5元，需筹集10亿元资金。如果甲公司通过发行债券筹集资金10亿元，年利率为6%，则每年利息费用为6 000万元，计入当期财务费用。如果该股票发行后，上市时股价为每股8元，则甲公司股票公允价值为16亿元，公允价值增加6亿元（16－10）。按照一般计算，将购买股票取得的收益6亿元扣除利息费用0.6亿元后，得到净收益5.4亿元。但是，如果将股票作为可供出售金融资产，则6亿元应计入其他综合收益，列示在资产负债表，而利息费用6 000万元计入财务费用，列示在利润表，利润表中反而亏损了6 000万元。这就是由“计量基础”不同导致的不能正确评价业绩，为此，应将该股票归于“直接指定为以公允价值计量且其变动计入当期损益的金融资产”，这样利润表中就能反映5.4亿元的业绩了。

通过投资获得交易性金融资产是企业的一种理财策略，当企业拥有过多的货币资金，存在银行拿利息又太不合算时，就可以通过买股票、基金等形成流动性强、易于交易的投资，以获得更高的收益。交易性金融资产是现金的后备来源，因此，与货币资金一样，企业的交易性金融资产越多，其支付能力和财务适应能力就越强。不过，交易性金融资产与货币资金又有所不同。比较而言，交易性金融资产的风险要大于货币资金，尤其在证券市场尚不完善的时期。因此对于持有交易性金融资产的企业来说，应当注意防范风险，以增强资产的变现能力。对交易性金融资产的分析，应注意以下几点：

（1）分析交易性金融资产持有的目的与报表金额的特点。交易性金融资产持有的目的就是通过短期的购入、售出有关证券来获利，其所使用的资金则是上市公司暂时闲置的货币资金。因此，交易性金融资产具有容易变现、持有时间较短、盈利与亏损难以把握等特点。因此，在报表中，交易性金融资产具有金额经常波动、投资收益与亏损易变等特点。

（2）交易性金融资产成本的确定。按照企业会计准则的规定，交易性金融资产的取得成本，应当按照公允价值计量，相关交易费用应当直接计入当期损益。相关交易费用包括支付给代理机构、咨询公司、券商等的手续费和佣金及其他必要支出，不包括融资费用、内部管理成本及其他与交易不直接相关的费用。一般情况下，交易性金融资产的公允价值就等于市价，即证券市场上挂牌的交易价格，在具体计算时，应将会计期末证券市场上的收盘价格作为市价。

（3）企业是否利用金融资产的类别划分来“改善”其流动比率。我们在以后的学习中将会发现，企业流动资产与流动负债之间的对比关系非常重要。在会计上，流动资产减流动负债后的差额被称为营运资金或营运资本，流动资产与流动负债的比率被称为流动比率。学术界通常认为，企业的流动比率维持在2∶1左右较为理想。因此，一些企业为了“改善”其流动比率，往往会将本该属于非流动资产项目的一部分资产人为地划分为流动资产。

阅读提示　如何判定企业是否存在这种操纵行为呢？我们可以通过下列途径来发现上市公司可能存在上述操纵行为：

（1）从交易性金融资产的数量看，交易性金融资产具有金额经常波动的特点。跨年度不变且金额较为整齐的“交易性金融资产”极有可能是非流动资产，比如企业购买的长期债券等。

（2）从其实际营运资金的运作情况看，企业将非流动资产人为地划拨到交易性金融资产，只能改变流动比率，不可能改变企业的现金支付能力和其他流动资产项目的变现能力。企业的流动比率状况好与现金支付能力差本身就是企业发生操纵行为的信号。

（3）从投资收益的情况看，交易性金融资产收益具有盈亏不定、笔数较多等特点，而非流动资产，如债权投资等项目的收益一般具有固定性、业务笔数较少等特点。如果投资收益的构成出现异常情况，则其是对企业发生操纵行为的又一佐证。

3.衍生金融资产。衍生金融资产，又称“金融衍生产品”或“金融衍生工具”，是指价格随基础金融产品的价格变动的派生金融产品。金融衍生工具是在货币、债券、股票等传统金融工具的基础上衍化和派生的，以杠杆和信用交易为特征的金融工具。

目前，拥有衍生金融资产的企业并不多，但该类资产价值波动较大，风险较高，如果企业有较大规模的该类资产，投资者需保持谨慎。衍生金融资产包括：

（1）期货合约：由期货交易所统一制定的、规定在将来某一特定时间和地点交割一定数量和质量实物商品或金融商品的标准化合约。

（2）期权合约：合同的买方支付一定金额的款项后即可获得的一种选择权合同。证券市场上推出的认股权证，属于看涨期权；认沽权证则属于看跌期权。

（3）远期合同：合同双方约定在未来某一日期以约定价值，由买方从卖方处购买某一数量的标的项目的合同。

（4）互换合同：合同双方在未来某一期间内交换一系列现金流量的合同。按合同标的项目的不同，互换可以分为利率互换、货币互换、商品互换、权益互换等。

4.应收票据。应收票据，是指其他企业因为欠债而签发的在未来某一时间兑付的商业汇票。例如，甲企业向乙企业销售商品，其价值500万元，乙企业没有现钱，暂不能付款，于是乙企业向甲企业签发了一张票据，票据上注明价款为500万元。这样，甲企业就拥有了500万元的应收票据。应收票据与应收账款一样，都是因向其他企业销售商品或提供劳务而形成的他人欠款，但是，票据的法律效力同应收账款相比要更强一些，收款的可能性更大，因此，其流动性强于应收账款，在资产负债表中的排名要靠前一些。

应收票据可以向银行贴现，也就是把应收票据扣除一定的利息后换成现金。贴现的时候，持票人要在票据的背面签字，这叫“背书”。背书后，当签发票据的人（出票人）到期不能承付时，背书人就要替出票人付款，这叫“承担连带责任”。例如，前面说到的甲企业收到乙企业的票据后，急着用钱，就可以到银行去贴现，银行扣除利息后（假定是20万元），把剩下的480万元交给甲企业，如果乙企业在票据到期后，没有能力还钱给银行，那么甲企业就不得不向银行支付500万元。可以说，企业拿应收票据到银行完成贴现后，实际上就有了潜在的债务。如果出票人如期还债，企业就没有问题；如果出票人不能还债，企业的潜在债务就真实地发生了。资产负债表中的“应收票据”是扣除了已经贴现的定额应收票据后的金额，因此为了全面反映企业的情况，这种可能发生的负债要在会计报表的附注中反映，并注明应收票据是否已经贴现等具体情况。

5.应收账款。应收账款，是指企业因赊销产品或提供服务而形成的应收款项，是各种企业拥有的一项很常见且非常重要的资产。赊销是销售商品的一种促销手段，出售商品而不立即收款，实际上就是向购货方提供了一笔无息贷款，是对双方都有好处的事。但是，应收账款的信用风险比较大，如果购货企业的信誉好，到时就能收回货款；如果遇到信誉不好的企业或者购货企业倒闭，款项就很难收回了。所以，如果企业将应收账款的全部金额列示到资产负债表中，这个数字就不可靠了。为了如实地反映企业实际能够收回的款项，会计上一般要预先估计一部分可能收不回来的钱，这部分钱叫作“坏账准备”，预先提取的坏账应记入当年利润表中的“信用减值损失”，这称为“备抵法”。按照会计制度的要求，每个企业都要在年末分析各项应收款项的可收回性，并预计可能产生的坏账损失。对预计可能发生的坏账损失，应计提相应的坏账准备。企业计提坏账准备的方法由企业自行确定，企业应当制定计提坏账准备的政策，明确计提坏账准备的范围、提取方法、账龄的划分和提取比例等。坏账准备计提方法一经确定，不得随意变更。如需变更，应当在会计报表附注中予以说明。在确定坏账准备的计提比例时，企业应当根据以往的经验、债务单位的实际财务状况和现金流量等相关信息予以合理估计。除有确凿证据表明该项应收款项不能够收回或收回的可能性不大外（例如债务单位因撤销、破产、资不抵债、现金流量严重不足、发生严重的自然灾害等原因导致停产而在短时间内无法偿还债务以及3年以上无法收回应收款项等情况），不能全额计提坏账准备，例如当年发生的应收款项、计划进行重组的应收款项、与关联方发生的应收款项、虽已逾期但无确凿证据表明不能收回的应收款项等。很多企业的应收账款等应收或预付项目金额巨大，相应的坏账准备的金额对于企业利润的影响也是“举足轻重”的，因此对于应收或预付项目的坏账准备，应予以格外关注。

利用应收账款进行利润操纵，是很多企业舞弊的常见手段之一，本书第九章第一节将对应收账款的舞弊进行分析。

6. 应收款项融资。应收款项融资，是指以公允价值计量且其变动计入其他综合收益的应收票据和应收账款等。该项目填列的资产与应收票据和应收账款填列的资产的区别是，应收票据和应收账款的资产是按照成本填列的，而应收款项融资中的应收票据和应收账款可以取得公允价值，不用提取“坏账准备”，同时其公允价值变动计入其他综合收益，并不影响净利润。

7. 预付款项。预付款项，是指企业按照购货合同的规定预付给供应单位的款项，体现的是一种普通的商业信用和资金的无偿占用。预付账款的数额取决于市场环境。一般来说，在卖方市场环境中，多数产品供不应求，预付账款的机会较多。而在买方市场环境中，多数产品供过于求，商品积压，预付账款发生的可能性较小。与应收账款类似，预付账款也是企业粉饰会计报表的“好工具”，我们将在本书的第九章第二节详细讲述如何分析和解决预付账款中存在的“问题”。

案例：康得新

康得新全名为康得新复合材料集团股份有限公司，股票代码002450。康得新于2001年8月成立，是深圳中小板上市公司。康得新有三大主要业务，分别是以预涂材料和光电材料为核心的新材料业务，以SR、3D、大屏触控为核心的智能显示业务，以及碳纤维业务。康得新的全年营业收入从2007年的1.64亿元攀升到2010年的5.24亿元，4年间涨幅近219.51%，显示出良好的发展态势。2011年上市后，康得新的股价不断攀升，2017年在蓝筹牛市中创下历史新高，涨幅达27倍，其一度被誉为“中国的3M”和“千亿白马股”。

据查实，康得新2015—2018年虚增的利润分别为23.81亿元、30.89亿元、39.74亿元、24.77亿元，虚增利润占其实际披露利润的比重从2015年的144.65%上升到2018年的722.16%，占比之高令人震惊，其因119亿元的造假金额被称为“A

股史上最大造假企业”。2019年1月23日开市起，康得新一夜之间变“ST康得新”，15万股民为之震惊，其股价跌至3.52元/股，跌幅达80%。康得新的财务造假主要涉及虚构收入、虚增预付账款、虚构货币资金、隐瞒关联担保情况、隐瞒募集资金使用等。

康得新主要在两方面虚构预付账款：其一是通过自己的关联方虚构业务、虚构账款；其二是串通供应商等虚增预付账款。康得新在2012年之后不再公开供应商的名单。作为2010年其第三大供应商的北京中海天朗国际贸易有限公司，有媒体走访后发现其注册地址实为康得新控股股东康得投资集团总部“康得大楼”，可见康得新在通过注册空壳公司的方式虚构预付账款。

资料来源：宋夏云，等. 康得新财务造假案例分析［J］. 财务管理研究，2019（2）.

8.其他应收款。其他应收款，是指企业除应收票据、应收账款、预付账款、长期应收款等以外的其他各种应收及暂付款项，以及应收股利和应收利息。应收股利，是指企业应收取的现金股利和其他单位分配的利润。企业购买的股票等交易性金融资产，在持有期间被投资单位宣告的、尚未发放的现金股利或利润等均被列在资产负债表的“应收股利”栏目中。应收利息，是指企业因交易性金融资产、债权投资、其他非流动金融资产、发放贷款、存放中央银行款项、拆出资金、买入返售金融资产等而产生的，应收取但尚未收到的利息。其他各种应收及暂付款项主要包括以下三项内容：一是各项借支款项，例如职工预借的差旅费、购买办公用品预支的零星款项；二是下属单位或外单位临时性小额借款；三是不经常发生的应收款，如罚款、押金等。大多数情况下，企业职工的各项借款最终会形成各种费用，但是由于费用的实际数额一时无法确定，所以将其作为其他应收款处理。其他应收款常常被戏称为“垃圾箱”，意思就是说，企业经常把一些处理不了的项目，统统归到其他应收款里。在利润操纵方面，其他应收款也帮助企业处理了很多“棘手”的问题。本书第九章第三节将详细讲述其他应收款是如何成为企业费用的“垃圾箱”的。

9.存货。什么是存货呢？通俗地讲，存货就是企业将用于日常生产经营的库存物资（但是不包括基建的钢材、水泥等工程物资）。生产制造企业的存货通常包括原材料、在产品、半成品、产成品、委托加工物资、周转材料等。会计报表中的存货数字就是将这些项目汇总后得来的（当然还要经过一些会计处理）。企业存货的多少，往往直接反映企业产品的市场状况和企业存货的管理水平。如果企业的存货所占的比重过高，造成存货积压，不但提高了仓储和保管的成本，而且占用了企业的周转资金，增加了财务风险。因此，要特别关注企业对于存货的管理。当然，存货也不是越少越好，存货过少，企业会因为不能及时供货而丧失销售商品的机会。企业的存货管理就是要将存货控制在一个合理的水平上。

存货是如何确认的呢？确认存货所涉及的问题是应何时将存货记录在企业的账

面上。《企业会计准则》规定的存货确认标准是：与该存货有关的经济利益很可能流入企业，并且，该存货的成本能够可靠地计量。也就是说，假设现在这笔存货出售了，如果收益归本企业所有，那么就说明本企业拥有该存货的所有权。同时，还必须有一个确定的金额。此时，无论存货“身在何处”，本企业都可以将存货确认到自己的账上。怎样为存货计价呢？需进行存货计价的方面包括：①取得存货的成本价；②发出存货的成本价；③期末库存存货的成本价。对同一批存货来说，这三项价格往往是不同的。取得存货的方式很多，常见的有自制和外购两种。取得的方法不同，成本的计算也有区别。

自制方式产生的存货，其成本包括直接材料、直接人工和制造费用等。制造费用包括生产车间管理部门的薪酬、折旧费、水电费、办公费、修理费等。制造费用是一种间接费用，是为几种产品的生产而发生的共同费用，因此应该按照一定的比例将其在各种产品之间摊销。外购的存货成本包括买价、运费、装卸费、税费、保险费等。此外，现行的企业会计准则跟以往的准则（2006年以前执行的企业会计准则）相比，扩大了借款费用资本化的范围。如果一项存货需要相当长的时间才能够达到可销售状态，那么购建或者生产这项存货的借款费用（利息等）可以计入存货的成本。这一规定可使某些企业原本计入当期财务费用的利息成为存货资产价值的一部分，从而使得当期财务费用减少，资产价值增加，进而提高企业当期的会计利润。对于那些有息负债规模巨大的上市公司来说，如房地产公司、制造业中生产周期较长的公司等，这一规定有助于其提高借款费用资本化当期公司的业绩。

案例：云南城投

云南城投（600239）2012年实现存货83.80亿元，比2011年增长了50.15%；而存货期末余额中含有的借款费用资本化的金额由2011年的3.25亿元，剧增到2012年的9.94亿元，同比增长了206.12%。显然，存货中借款费用资本化的增长幅度明显大于存货的增长幅度。

云南城投2012年存货中含有的借款费用资本化的金额占开发成本和开发产品总额的比重为11.86%，与同行业的其他公司相比偏高，荣盛发展（002146）和信达地产（600657）的这一比重仅为4.36%和3.87%。

资料来源　王军．云南城投借款费用资本化过高涉嫌虚增净利润［EB/OL］．［2013-06-06］．http：//www.capitalweek.com.cn/2013-06-06/99683018.html.

对发出存货进行计价是比较复杂的，主要的存货计价方法有先进先出法、加权平均法、个别计价法等。先进先出法，是假定先买进的存货先卖出去；加权平均法，是以所有的存货数量为权数，除以存货总成本，以所计算的加权平均价格为销售成本和存货成本的计算基础；个别计价法，是逐个认定所销售的存货的进价或成本。现行的企业会计准则取消了后进先出法（后进先出法假定后买进来的存货先卖出去），主要是因为后进先出法不能真实反映存货流转情况，国际会计准则也禁用后进先出法。如果企业由后进先出法改为先进先出法核算发出存货成本的话，在通货膨胀、存货价格不断上涨的情况下，将导致企业发出存货的成本降低，毛利增加，企业当期利润增加，期末库存存货成本增加。但如果原材料价格不断下跌，后进先出法改为先进先出法则会导致企业发出存货的成本上升，毛利率下滑，当期利润下降，期末库存存货成本减少。可见，存货计价方法的变动，会造成企业资产负债表中的存货金额和利润表中的营业成本变动，当然利润就会相应变动了。

一般来说，企业发出存货的成本确定了，期末存货的成本也将随之确定，但也会存在一些问题。例如，企业期末存货的实际成本为2 000万元，可是有证据表明当期同类产品的市场价格只有1 800万元。这样的话，如果企业仍按照2 000万元来计量存货，数字就不可靠了。按照企业会计准则，这种情况下应当采用成本与可变现净值孰低法来报告存货。如果存货的可变现净值低于成本，就应该按照更低的价格来确认其价值，这样一来，就会发生损失，也就是存货跌价损失，而这种损失会直接影响当期的利润。有些企业的存货占资产的比重很大，对于企业这样的存货项目，报表使用者要予以特别的关注，因为如果企业在存货核算的过程中做手脚，哪怕只是小小的一笔，都会对企业当期利润影响巨大。本书第九章第四节中将详细介绍存货核算中的“玄机”。

阅读提示 在可变现净值计量模式下，资产按照其正常对外销售所能收到的现金或者现金等价物的金额扣减该资产至完工时估计将要发生的成本、销售费用以及相关税费后的金额计量。例如，库存商品预计售价为80万元，估计的销售费用和相关税费为2万元，则：

可变现净值=80-2=78（万元）

《企业会计准则第1号——存货》中规定了成本与可变现净值孰低法，即资产负债表日，存货发生减值的，按存货可变现净值低于成本的差额，贷记“存货跌价准备”，借记“资产减值损失”，同时减少利润表中的利润。已计提跌价准备的存货价值以后又得以恢复的，应在原已计提的存货跌价准备金额内，恢复增加的金额，同时相应增加利润表中的利润。

案例：獐子岛（002069）：谁动了我的扇贝

2014年10月30日，獐子岛发布的三季报显示，公司当年1～9月实现营业收入19.93亿元，同比增长6.75%；归属于上市公司股东的净利润亏损8.12亿元，同比下降1 388.60%；基本每股收益为-1.14元。同时，预计公司全年实现的净利润为亏损7.7亿～8.6亿元。而公司2013年度净利润为9 694.28万元。有关公告称，公司在9月15日至10月12日的秋季抽测中发现，部分海域的底播虾夷扇贝存货发生异常。

根据这一抽测结果，决定对105.64万亩海域、成本为73 461.93万元的底播虾夷扇贝存货放弃本轮采捕，进行核销处理；对43.02万亩海域成本为30 060.15万元的底播虾夷扇贝存货计提跌价准备28 305万元，扣除递延所得税影响25 441.73万元，合计影响净利润76 325.2万元，全部计入2014年第三季度会计报表。

公司净利润由上半年盈利4 845.53万元突然变为前三季度亏损8.12亿元。只因黄海遭遇异常冷水团，公司的105.64万亩海洋牧场遭遇灭顶之灾，价值7.34亿元的底播虾夷扇贝存货只能放弃采捕，进行核销处理。公告一出，有关分析师纷纷表示“我们都惊呆了”。

獐子岛2006年9月登录中小板上市，公司位于大连獐子岛，主要业务是养殖底播虾夷扇贝、海参等海产品。作为海产品养殖企业，獐子岛第一大资产是存货，2012年1季报显示獐子岛存货占总资产的55%。存货的主要构成是消耗性生物资产，也就是播撒在海底的底播虾夷扇贝、海参等海珍品，其生长期长达3年。近几年，獐子岛存货金额不断攀升，而且公司经营活动现金流表现欠佳，投资活动现金流出不断增加，公司现金主要靠筹资活动现金流支撑。2006年6月底獐子岛上市前，其养殖海域有65.63万亩，截至2011年年底，獐子岛养殖面积增加到285万亩。公司审计最大困难在于库存盘点，獐子岛的核心资产是存货，而且是在285万亩茫茫海域底部缓慢生长的底播虾夷扇贝和海参，审计师纵有天大的本事也很难盘点清楚这些存货价值几何。

底播虾夷扇贝、海参等海珍品是参考日本海产品的播种密度进行播种的，其播种密度相对稳定，大约为5 500枚/亩。也就是说，单位面积的养殖密度没有明显变化。根据獐子岛最大供应商壹桥苗业的招股说明书上显示的苗种销售价格波动情况来看，獐子岛自上市后，底播虾夷扇贝、海参等苗种的价格约上涨10%～20%。如果养殖密度不变的话，那么单位面积的存货金额将相应上升10%～20%。2006年6月末，獐子岛播撒在海底的消耗性生物资产（亦可称“在产品”）价值2.17亿元，到了2011年年末，底播的消耗性生物资产价值17.98亿元。单位面积的存货金额增加了91%，扣除掉价格因素，那每亩播种密度至少上升了70%，这已经超越了海产品播种的极限。因此，有分析师认为，今日的獐子岛很可能成为昨日的蓝田股份，这不禁让人们回忆起当年蓝田股份虚构存货的事件。根据其经营数据推算，公司每立方米的水场里竟然养了1 000多条鱼。

资料来源　岳大攀. 獐子岛曾被质疑：会否成为又一个蓝田股份［EB/OL］.［2014-10-31］. http：//finance.ifeng.com/a/20141031/13236903_0.shtml 2014-10-31.

10.合同资产。企业根据某一项合同的约定，已向客户转让了合同规定的部分商品，具备了向客户收取相应部分货款的权利，但收取该款项还取决于企业交付其余部分商品，那么该收款权利应作为合同资产，而不是应收账款。例如，A企业与B企业签订的合同约定：A企业向B企业购买3吨鸡肉，共计价款6万元，3月份上、中、下旬分3批供货。当B企业在3月初将第一批的1吨鸡肉交付给A企业时，就有了对A企业收取1吨鸡肉价款2万元的权利，但是需要完成其余2批各1吨鸡肉的交付后才能收款。此时，B企业在进行会计核算时，就应将其记为“合同资产”（可先借记“合同结算——收入结转”，期末再结转“合同资产”）。

阅读提示

如何区分应收账款与合同资产？

应收款项代表无条件收款的权利，其收款权利的有效性只受时间流逝或者某件必定会发生的事项的影响，无其他附加条件。如果收款权利的有效性和可执行性还涉及其他条件的满足，则其属于合同资产。

11.持有待售的资产。持有待售的资产是指，企业不再持续使用，即将出售（或者非货币性资产交换）的一项非流动资产或一组流动资产与非流动资产的组合。如果企业对某项资产作出出售决议并且获得了购买方确定的承诺，或者以往有类似交易惯例可以判断该资产能够出售，同时，出售该资产能够在1年内完成，那么该项资产的账面价值就可以从固定资产等项目转出，转入“持有待售的资产”项目。

12.一年内到期的非流动资产。如果非流动资产将在1年内到期，那么就不能再算作非流动资产了，实质上它应归属于流动资产。例如，2×20年1月，企业以500万元购买的2年期债券，2×22年1月到期，那么原本这500万元一直被划分为债权投资，但是在2×22年年底的资产负债表中，应将其从“债权投资”项目转移至“一年内到期的非流动资产”中，以此表示它将在短期内变现。

二、非流动资产

（一）什么是非流动资产

非流动资产，是指变现速度慢、价值分多次转移的资产，具体是指除流动资产以外的所有资产，包括持有至到期投资、长期股权投资、投资性房地产、固定资产、生产性生物资产、递延所得税资产、无形资产等。非流动资产通常是企业长期占用或持有、具有特定用途的资产，其变现能力较差，因此，在评估企业的流动性和财务弹性时，不考虑非流动资产的因素。

（二）对非流动资产各项目的分析

1.债权投资。它是指企业持有的以摊余成本计量的长期债权投资。长期债权投资具有长期性（超过1年），通常到期日固定，回收金额固定，且企业有明确意图和能力将其持有至到期。例如，企业从二级市场上购入的1年期以上的固定利率国债、浮动利率公司债券等（注意：企业购买的股权投资因没有固定的到期日，不符合持有至到期投资的条件，所以将其不能划分为持有至到期投资）。债权投资可以计提减值准备，记为“资产减值损失”，减少当期利润。已计提减值准备的债权投资在以后的会计期间价值又得以恢复的，应在原已计提的减值准备金额内，按债权投资恢复的金额，增加当期利润。企业购入的以摊余成本计量的一年内到期的债权投资，则被记录在“其他流动资产”当中。

债权投资风险较小，稳定性较高。债权投资的质量分析，可以从以下几个方面进行：

（1）对债权投资进行账龄分析。与应收账款类似，可以将企业的债权投资按照账龄（欠账期）进行分析。一般来说，超过合同约定的偿还期越长的债权投资，其可回收性越差，质量也就越差。

（2）对债权投资进行债务人构成分析。与应收账款债务人构成分析类似，可以将企业的长期债权投资按照债务人构成进行分析。然后，在此基础上，对债务人的具体偿债能力进行进一步分析。

（3）对利润表中债权收益与现金流量表中因利息收入而收到的现金之间的差异进行分析。在债权投资收益占上市公司投资收益比重较大的情况下，上市公司有可能在其利润表所反映的投资收益中，披露债权投资产生的收益规模，但是利润表所反映的投资收益项目中，债权投资收益是按照权责发生制的要求确定的，并不与上市公司的现金流入量相对应。债权投资收益产生的现金流入将在现金流量表中以与取得利息收入产生的现金流量相对应的项目出现。在债务企业无力偿还利息的情况下，利润表中反映的债权投资收益金额就有可能大于现金流量表中反映的取得利息收入收到的现金金额。

2.其他债权投资。它是指企业持有的以公允价值计量且其变动计入其他综合收益的长期债权投资。其他债权投资具有长期性，持有期间在1年以上。债权投资和其他债权投资的区别是什么？一是计价不同，债权投资以摊余成本入账；其他债权投资以公允价值入账。二是企业管理该项金融资产的业务模式不同，简单来说，就是交易目的不同，债权投资不以交易为目的，正常情况下会持有至到期，而企业持有其他债权投资是以交易为目的的。如果企业购入的以公允价值计量且其变动计入其他综合收益的债权投资是一年内到期的，则该债权投资应被记录在“其他流动资产”项目中，作为企业的流动资产。

3.长期应收款。长期应收款，是指企业因销售商品、提供劳务或进行融资租赁（融资租赁产生的应收款项也在长期应收款中核算）等业务而产生的、收款期较长的应收款项。例如，企业在2×20年发生了一笔销售业务，销售价款为100万元，按照合同的约定分5年收款，每年20万元。企业就产生了长期应收款100万元。因为长期应收款一下子确认了大笔的资产和收入，涉及的期间也比较长，如果欠款企业破产，遇到财务困难、自然灾害等事件，就会使长期应收款无法全部收回，所以这项资产具有一定的风险。

4.长期股权投资。在市场经济条件下，企业生产经营日趋多元化，除传统的通过对原材料进行投入、加工，最终销售产品获取利润之外，企业通常还采用投资等方式拓宽生产经营渠道，提高获利能力，实现资本增值。企业对外进行的投资，可以有不同的分类：以性质划分，可以分为债权性投资与权益性投资；以持有期间划分，可以分为短期投资与长期投资；以管理层的持有意图划分，可以分为交易性金融资产、其他权益工具投资、其他非流动金融资产等。资产负债表中的长期股权投资仅指企业持有的长期股权投资。

长期股权投资主要包括三种类型：①对子公司投资，即企业以实施控制为目的对被投资单位进行的权益性投资；②对合营企业投资，即企业与其他合营方以实施控制为目的共同对被投资单位进行的权益性投资；③对联营企业投资，即企业对被投资单位具有重大影响的权益性投资。除此以外的其他权益性投资及债权性投资，都不属于长期股权投资的范围。对于第一种长期股权投资，要采用成本法核算；对于第二种和第三种长期股权投资，则要采用权益法核算。

阅读提示 控制，是指投资方拥有对被投资方的权力，通过参与被投资方的相关活动而享有可变回报，并且有能力运用对被投资方的权力影响其回报金额。相关活动，是指对被投资方的回报产生重大影响的活动，包括商品或劳务的销售和购买、金融资产的管理、资产的购买和处置、研究与开发活动以及融资活动等。重大影响，是指投资方对被投资单位的财务和经营政策有参与决策的权力，但并不能够控制或者与其他方共同控制这些政策的制定。在确定能否对被投资单位施加重大影响时，应当考虑投资方和其他方持有的被投资单位当期可转换公司债券、当期可执行认股权证等潜在表决权因素。投资企业能够对被投资单位施加重大影响的，被投资单位为其联营企业。共同控制，是指一项由两个或两个以上的参与方共同控制的安排，如各参与方均受到该安排的约束；或者两个或两个以上的参与方对该安排实施共同控制。任何一个参与方都不能够单独控制该安排，对该安排具有共同控制的任何一个参与方均能够阻止其他参与方或参与方组合单独控制该安排。投资企业与其他方对被投资单位实施共同控制的，被投资单位为其合营企业。

在成本法下，长期股权投资始终保持原始投资金额，实际收到被投资单位分派的股利时，要将其作为投资收益；在权益法下，长期股权投资的金额随着被投资单位的盈利或亏损的变化而变化，而实际收到的股利将用来冲减长期股权投资，这样，投资企业在被投资单位的长期股权投资比例将始终保持不变。

阅读提示 例如，甲企业拥有资产500万元，乙企业2×20年年初对其投资100万元，拥有了甲企业20%的股份，2×20年甲企业盈利80万元，并且分红20万元。如果按照成本法计算，乙企业2×20年年末对甲企业的长期股权投资余额仍为100万元，当年的投资收益为4万元（20×20%），计入利润；如果按照权益法计算，乙企业2×20年年末对甲企业的长期股权投资余额就变为112万元，即100万元的投资成本加上20%的甲企业发放的盈利份额再减去分得的股利（100+80×20%-20×20%），当年其投资收益为16万元，计入利润。

可见，采用成本法和权益法核算长期股权投资，对利润的影响是不同的。因此，有些企业就利用这一点，任意改变长期股权投资核算方法，以达到调节利润的目的。企业资产负债表中的“长期股权投资”项目反映企业的高风险资产，报表使用者对其要特别加以关注，本书第九章第五节中将详细介绍如何判断长期股权投资的质量。

阅读提示 《企业会计准则第2号——长期股权投资》规定：投资方对联营企业的权益性投资，其中一部分通过风险投资机构、共同基金、信托公司或包括投连险基金在内的类似主体间接持有的，无论以上主体是否对这部分投资具有重大影响，均应对间接持有的该部分投资选择以公允价值计量且将其变动计入损益，并对其余部分采用权益法核算。

5.其他权益工具投资。企业指定为以公允价值计量且其变动计入其他综合收益的非交易性权益工具投资，作为“其他权益工具投资”。例如，企业购入的在活跃市场上有报价的、准备长期持有的股票等，没有划入交易性金融资产的，可归为此类。如果某项权益工具被企业指定为其他权益工具投资，则在资产负债表日，其公允价值超过（或低于）账面价值的部分，会增加（或减少）其他综合收益，不影响当期利润（注意：这与交易性金融资产的核算是不同的）。与交易性金融资产相同的是，其他权益工具投资也是按公允价值计价的。但与交易性金融资产不同的是，其公允价值与账面价值的差额，不记入“营业利润和净利润”账户，而是记入利润表中位列于“净利润”项目之后的“其他综合收益”项目中。其不影响当期利润（注意：这与交易性金融资产的核算是不同的）。由于可供出售金融资产的价格变化幅度往往较大，因此投资风险较高，如果企业存在大量此类资产，投资者就应谨慎对待。

根据《企业会计准则第22号——金融工具确认和计量》第十九条和二十条的规定：企业在进行初始确认时，会将某金融资产指定为以公允价值计量且其变动计入其他综合收益的金融资产，或者以公允价值计量且其变动计入当期损益的金融资产，该指定一经做出，不得撤销。

6.其他非流动金融资产。其他非流动金融资产一般是在二级市场活跃性比较差的金融资产，比如，大宗商品、不动产、私募股权、农产品期货和利率互换等，这些另类投资就是其他非流动金融资产，购入时企业会将其按照公允价值记录在“其他非流动金融资产”中。企业购入的不保本不保息或保本不保息的理财产品，如果流动性较差，如不能提前赎回，则记入“其他非流动金融资产”；如果流动性较强，则记入“交易性金融资产”。

7.投资性房地产。顾名思义，投资性房地产是指企业购买和建造的房产和地产不是用来生产经营的，而是准备进行投资的（这里强调的是持有的目的）。关于投资性房地产的会计准则是一项新准则，在现行企业会计准则颁布之前，即2006年以前没有单独规范。现行准则指出，会计报表中必须单独列示“投资性房地产”项目，对该项目的处理可以采用成本模式或者公允价值模式，但应以成本模式为主导。如有确凿证据表明投资性房地产的公允价值能够持续、可靠地获得，就应当采用公允价值模式予以计量。此处需要注意的是，对于已采用公允价值模式计量的投资性房地产，不得再从公允价值模式转为成本模式。也就是说，拥有投资性房地产的企业会对相关资产重新估值，由此会带来资产账面价值的大幅增加，这使得相关会计数据更能反映近年来房地产的增值情况。这种模式下不计提折旧或减值准备，公允价值与原账面价值之间的差额计入当期损益。对于有些企业来说，这一准则的出台所带来的影响巨大，原先企业拥有的物业都被计入了固定资产，采用的是历史成本计价原则，因此，物业的升值与否，并没有体现在报表中。近几年，物业升值迅速，因此，企业一旦采用公允价值模式来计量其前几年购入的投资性房地产，必将大大提高其净资产和当期利润。

案例：中航地产

2012年3月13日，中航地产再度以涨停报收，报收价为13.81元。在A股震荡的情形下，中航地产（000043.SZ）无疑是当期的“黑马”。如从2012年1月18日底部6.46元的价格算起，中航地产股价涨幅已高达113.78%。股价飙升的同时，该公司提出“10转10派2”的股利分配方案。

尽管面临国家房地产调控，但中航地产2011年的业绩似乎没受到影响，其净利润高达5.17亿元，比上年增长92%；营业总收入为37.1亿元，比上年下降5%。收入下降的同时，何来净利润大幅飙升？原来，净利润中有2.3亿元源于投资性房地产公允价值变动产生的收益。如果不考虑公允价值变动损益的话，2011年其净利润增速仅为27%。

资料来源　晓晴. 中航地产2.3亿净利藏猫腻，公允价值评估调节利润［EB/OL］.［2012-03-14］. http：//stock.hexun.com/2012-03-14/139286460.html.

会计报表使用者要对企业投资性房地产公允价值的认定多加关注，防止企业利用公允价值操纵利润。而且随着投资性房地产的增多，特别是人民币升值和我国经济的持续发展，新会计准则实施后，肯定会引导市场更多地关注各项投资性房地产的真实价值。

8.固定资产。提起固定资产，许多人都很熟悉，例如机器、设备、房屋等。其实，固定资产的内容远不止这些。只要是符合以下两个条件的有形资产，都叫作固定资产：一是为生产商品、提供劳务、出租或经营管理而持有的资产；二是使用寿命超过1年的资产。值得注意的是，资产价值的高低已经不再作为固定资产的判断因素了。另外，固定资产还包括三个要素：①原值；②折旧；③减值准备。

固定资产原值是指固定资产的成本，外购固定资产的成本包括购买时的价款、相关税费、运输费、装卸费、安装费和专业人员服务费等；自制固定资产的成本包括所有制造该固定资产的花费。但是，投资者投入固定资产的原值，要按照投资合同或协议约定的价值确定。

折旧是指在固定资产使用寿命内，按照确定的方法，把固定资产的原值扣除其预计净残值后的金额（应计提折旧额），分摊到各个期间（如每月）的费用中去。将每个期间不同资产的折旧累加起来，就是"累计折旧"。我们知道，固定资产将连续在多个生产经营周期内"参加"企业的生产经营活动。虽然在这个过程中，固定资产的外在"形象"（物理表象）无大的变化，但其价值会因为使用而逐渐减少。这种因使用而使固定资产减少的那部分价值，就是固定资产的折旧。会计上计算折旧的方法很多，主要分为两类：一是直线法；二是加速折旧法。在计算折旧时，要明确以下几个因素：

（1）固定资产的折旧年限。我们这里所说的折旧年限，是指企业在会计上将固定资产的成本摊销到企业的费用中去所选择的年限。固定资产的折旧年限不同于其使用年限。固定资产的使用年限一般指的是其自然寿命。由于固定资产折旧年限的确定既要考虑有形损耗，又要考虑无形损耗，因此，固定资产的自然寿命一般大于固定资产的折旧年限。关于固定资产折旧年限，按照我国现行的有关制度，企业有权在财政部规定的分类固定资产的参考折旧年限区间范围内，根据企业对固定资产的使用情况自行确定。

（2）固定资产的预计净残值。预计净残值，是指假定固定资产的预计使用寿命已满并处于使用寿命终了状态时，企业将从该项资产的处置中获得的，扣除预计处置费用后的金额。在确定预计净残值时，其金额应为折现值。在企业准备出售某项固定资产时，应复核其预计净残值，在这种情况下，预计净残值应等于公允价值减去处置费用后的净额。在实际确定净残值的过程中，有一些因素是难以预计的，所以按照相关规定，固定资产的预计净残值由上市公司自主确定，但应报主管财政机关备案。

（3）企业的实际受益情况。这里所说的实际受益情况，是指固定资产所发挥的效能、运行状况、技术水平等。企业应根据实际受益情况考虑折旧额在各会计期间的分配情况。例如，很多固定资产在其投入使用的前期，技术水平高，故障率低，使用效率高，之后上述性能会逐渐减弱。因此，企业应考虑在使用前期多提折旧，在使用后期少提折旧。

一般来说，企业计算折旧的目的主要有两个：一是用于企业会计核算以及对外编报报表，以展示其财务形象和经营成果；二是出于纳税目的，计算应纳税所得额。显然上述两个目的所适用的法规并不一致（前者是会计准则，后者是税法），企业对待这两种目的的心态也不一致（前者有高估经营成果的倾向，后者则有低估经营成果的倾向）。这种不一致，往往会导致企业因不同的目的而选择不同的折旧确定方法。

在直线折旧法下，首先应选择一个分摊折旧费的标准。在实际工作中，可以有多种折旧费用分配标准，例如，按年限分摊折旧费用，相应的折旧方法可称为平均年限法；按固定资产提供的工作量来分摊折旧费用，相应的折旧方法可称为工作量法等。直线法的特点是，只要上市公司所确定的折旧费用分配标准（例如按年或按工作量进行分配）不变，折旧额就相同。这样，在其他条件相同时，固定资产折旧费就不会成为导致企业成本和利润波动的因素。

阅读提示 平均年限法，是指将固定资产的原值减去净残值后的金额以该固定资产预计折旧年限为权数平均计算折旧的一种方法。其主要特征是，各年计提的折旧额相等，累计折旧额随着使用年限呈正比例递增。其计算方法为：

固定资产年折旧额=（固定资产原值−固定资产预计净残值）÷规定的预计折旧年限

工作量法，是指将固定资产的应计提折旧总额按照该固定资产在预计折旧年限内预计完成的工作量或工作时数平均计算折旧的一种方法。工作量法具体分为行驶里程法、工作时数法和工作台班法等。

加速折旧法下，企业将在固定资产的使用前期多计提折旧，在固定资产的使用后期少计提折旧，固定资产折旧在折旧年限内会呈现逐年减少的分布形态。我国目前允许企业采用的加速折旧法有双倍余额递减法和年数总和法两种。双倍余额递减法的主要特征是：各年的折旧率是相等不变的（最后两年除外），但各年计提折旧的基数即固定资产账面净值，会随着累计折旧额的增加而递减，从而使固定资产在使用前期计提的折旧额增大，并在使用后期逐渐减少，以达到加速折旧的目的。而年数总和法的主要特征是：各年计提折旧的基数均为固定资产原值减去预计净残值，但各年计提折旧的比率将随着固定资产可使用年数的递减而成为一个递减分数。年数总和法就是依靠这一前期折旧率较大、后期折旧率逐渐减少的形式，来使固定资产在使用前期多提折旧，使用后期少提折旧，并最终实现快速折旧的目的。

阅读提示 双倍余额递减法，是指以各年年初固定资产账面净值和平均年限法折旧率两倍的折旧率来计算各年折旧额的一种方法。其计算公式为：

各年折旧额=各年年初固定资产账面净值×年折旧率

年折旧率=2÷折旧年限×100%

年数总和法，是指把各期期初固定资产尚可折旧年限除以全部折旧年限的自然逐期年数加成总数作为各期年折旧率，并乘以固定资产应计提折旧额来计算各期折旧的一种方法。其计算公式为：

折旧额=（固定资产原值-预计净残值）×折旧率

各年折旧率=各年年初尚可折旧年数÷折旧年数之和×100%

总之，在其他条件相同时，采用加速折旧法，会使企业各年利润呈现逐年递增的分布形态。加速折旧法与直线折旧法的区别在于，使用加速折旧法前期的折旧额高于使用直线法前期的折旧额，后期则相反。从较长时期看，几种方法的折旧总额相等，均等于原值减残值后的金额。在加速折旧法中，双倍余额递减法在前期（尤其是第1年）计提折旧最快。根据《中华人民共和国企业所得税法》（2018年修正）第三十二条的规定，企业的固定资产由于技术进步等原因，确需加速折旧的，可以缩短折旧年限或者采取加速折旧的方法。加速折旧方法一经确定，一般不得变更。

阅读提示 财政部和国家税务总局发布的《关于完善固定资产加速折旧企业所得税政策的通知》规定："对生物药品制造业，专用设备制造业，铁路、船舶、航空航天和其他运输设备制造业，计算机、通信和其他电子设备制造业，仪器仪表制造业，信息传输、软件和信息技术服务业等6个行业的企业2014年1月1日后新购进的固定资产，可缩短折旧年限或采取加速折旧的方法。对上述6个行业的小型微利企业2014年1月1日后新购进的研发和生产经营共用的仪器、设备，单位价值不超过100万元的，允许一次性计入当期成本费用在计算应纳税所得额时扣除，不再分年度计算折旧；单位价值超过100万元的，可缩短折旧年限或采取加速折旧的方法。对所有行业企业2014年1月1日后新购进的专门用于研发的仪器、设备，单位价值不超过100万元的，允许一次性计入当期成本费用在计算应纳税所得额时扣除，不再分年度计算折旧；单位价值超过100万元的，可缩短折旧年限或采取加速折旧的方法。对所有行业企业持有的单位价值不超过5 000元的固定资产，允许一次性计入当期成本费用在计算应纳税所得额时扣除，不再分年度计算折旧。企业在2018年1月1日至2020年12月31日期间新购进的设备、器具（除房屋、建筑物以外），单位价值不超过500万元的，允许一次性计入当期成本费用在计算应纳税所得额时扣除，不再分年度计算折旧。

资产减值是指资产的可回收金额低于其账面价值。可回收金额应根据资产的公允价值减去处置费用后的净额与资产预计未来现金流量的现值两者之间较高者确定。按照现行会计准则，如果资产发生减值，就应提取减值准备，并将其计入当期的资产减值损失，以降低当期利润。在新准则出台以前，很多上市公司利用资产减值准备的计提和冲回来调节利润。其具体做法是：盈利上升的年度，大幅计提资产减值准备，记入"营业外支出"或"管理费用"等账户，以降低利润，在利润下滑的年度再予以转回，记入"营业外收入"或"管理费用"等账户，造成盈利假象。特别是计入管理费用的减值准备，显得更加隐蔽。

针对上市公司频频出现的这种现象，2006年，《企业会计准则第8号——资产减值准备》第十七条做出了相应的调整，规定“资产减值损失一经确认，在以后会计期间不得转回”。该规定主要适用于长期股权投资、固定资产、无形资产等的减值损失。由于新准则禁止将资产减值准备转回，所以在首次执行新准则的企业中，报表使用者可以看到有些企业会大额转销资产减值准备，这些资产减值准备都是该企业以前年度为了“蓄水”而计提的，由于新准则的出台，其不得不将其提前转回。那么，大量转回减值准备所带来的影响就是企业当年的利润会大幅增加，但此时，报表使用者要清醒地意识到，这并不是当期企业的实际经营成果，而是所谓的“会计绩效”。

固定资产原值减去累计折旧就是固定资产净值；固定资产净值减去固定资产减值准备就是固定资产净额。资产负债表中的“固定资产”一栏列示的就是固定资产净额和企业尚未清理完毕的固定资产清理净损益。

固定资产清理，是指企业因报废、毁损、对外投资、非货币性资产交换、债务重组等原因转出的固定资产价值以及在清理过程中发生的费用等。例如，企业的一台设备要报废，在没有彻底处理完之前，这台设备的原值和累计折旧从其原来所在的“固定资产”账户转到“固定资产清理”账户，等到固定资产清理工作全部完成后，再将该项资产的账面净值从“固定资产清理”账户转入“营业外支出”账户，并最终计入利润表。因此，在分析该项目时，要注意该项目中各项资产的清理目的。如果属于报废、毁损的资产，那么，在分析时，就应将这一部分资产从实际的总资产中剔除。报废的资产已经不具有资产的功能了，之所以仍被列为资产项目，只是一个时间的问题。有些企业为了不影响当期利润，故意拖延对报废资产的处理，导致企业低估损失，虚增利润。对于需要清理的资产，企业应尽快处理，以此来优化资产结构。

如果企业某项资产因出售原因从固定资产中转出，则会在符合一定的条件时，转入流动资产的“划分为持有待售的资产”中，也就是说，该资产此时变成了以交易为目的、具有流动性的流动资产。

固定资产是企业最重要的资产之一，对于固定资产的分析非常关键，特别是固定资产比重较大的企业。在分析其资产质量时，对固定资产的质量分析是一个重要内容。本书第九章第六节将详细介绍如何分析和发现企业固定资产核算过程中存在的问题。

9.在建工程。在建工程比较容易理解，就是企业正在建设的各项工程以及为在建工程准备的各种物资的成本，包括工程用材料、尚未安装的设备以及有关的工器具等。完工后的在建工程要转到“固定资产”账户里。在建工程具体包括新建房屋建筑物工程、改扩建工程、大修理工程等。在我国，资产负债表中的“在建工程”项目，反映了企业期末各项未完工程的实际支出以及企业固定资产新建、改扩建、更新改造、大修理等工程的情况和规模。资产负债表的“在建工程”项目用于核算未完工的建筑安装工程已经耗用的材料、工资和费用支出，预付出包工程的价款，已经完工但尚未交付使用的建筑安装工程成本以及在建工程发生的管理费、征地费、可行性研究费、临时设施费、公证费、监理费、相关税费等。

在建工程成本中，一项十分重要的内容就是借款利息。按照我国会计制度的规定，在建工程的建造过程中发生的借款费用可以计入在建工程的成本（就是我们前面提到的借款费用资本化），而不是算在财务费用中作为当期的费用以抵减利润。换句话说，这笔费用的支付，使得资产负债表中的“在建工程”项目金额增加，而对利润表没有影响。因此，在建工程借款利息的核算问题受到相关各方的关注。新准则对于利息资本化的基本要求可以概括如下：要资本化的利息应根据实际利息成本和实际借款金额计算，如果无法分清借款的界限或建造资产所需的资金超过借款的数额，借款利息就应按照借款的加权平均利率计算。进行借款利息资本化，应同时满足如下三个条件：①建造固定资产的支出已经发生；②为使资产达到预定可使用状态的相关活动正在进行；③利息成本正在发生。只要这三个条件同时满足，利息资本化就应当继续。利息资本化停止的条件为在建工程已经竣工使用。

阅读提示

按照《企业会计准则第17号——借款费用》的规定，购建的符合资本化条件的资产是否达到预定可使用状态，可从下列几个方面进行判断：

1.符合资本化条件的资产的实体建造（包括安装）工作已经全部完成，或者实质上已经完成。

2.所购建的符合资本化条件的资产与设计要求、合同规定要求相符，或者基本相符，即使有极个别与设计、合同要求不相符的地方，也不影响其正常使用。

3.在所购建的符合资本化条件的资产上的支出金额很小或者几乎不再发生支出。

购建符合资本化条件的资产需要试生产或者试运行的，在试生产结果表明资产能够正常生产出合格产品，或者试运行结果表明资产能够正常运转或者营业时，应当认为该资产已经达到预定可使用状态。

有些企业的在建工程长期挂账，迟迟不进行完工决算，目的就是利用“在建工程”账户隐藏费用，操纵利润，其具体内容将在第九章第七节中详细介绍。

10.生物资产。生物资产是指有生命的动物和植物，分为消耗性生物资产、生产性生物资产和公益性生物资产。消耗性生物资产，是指为出售而持有的或在将来收获为农产品的生物资产，包括生长中的大田作物、蔬菜、用材林以及存栏代售的牲畜等；生产性生物资产，是指为产出农产品、提供劳务或出租等目的而持有的生物资产，包括经济林、薪炭林、产畜和役畜等；公益性生物资产，是指以防护、环境保护为主要目的的生物资产，包括防风固沙林、水土保持林和水源涵养林等。这三类生物资产的功能和用途是不同的：

（1）对于自行栽培、营造、繁殖或养殖的消耗性生物资产的成本，应当按照下列规定确定：

①自行栽培的大田作物和蔬菜的成本，按照其在收获前耗用的种子、肥料、农药等材料费、人工费等必要支出确定。

②自行营造的林木类消耗性生物资产的成本，按照其在郁闭前发生的造林费、抚育费、营林设施费、良种试验费、调查设计费及其他管护费等必要支出确定。

③自行繁殖的育肥畜的成本，按照其在出售前发生的饲料费、人工费和应分摊的间接费用等必要支出确定。

④水产养殖的动物和植物的成本，按照其在出售或入库前耗用的苗种、饲料、肥料等材料费、人工费和应分摊的间接费用等必要支出确定。

（2）对于自行营造或繁殖的生产性生物资产的成本，应当按照下列规定确定：

①自行营造的林木类生产性生物资产的成本，按照其达到预定生产经营目的前发生的造林费、抚育费、营林设施费、良种试验费、调查设计费及其他管护费等必要支出确定。

②自行繁殖的产畜和役畜的成本，按照其达到预定生产经营目的（成龄）前发生的饲料费、人工费和应分摊的间接费用等必要支出确定。

阅读提示 达到预定生产经营目的，是指生产性生物资产进入正常生产期，可以多年连续稳定产出农产品，提供劳务或出租。

（3）自行营造的公益性生物资产的成本，应当按照其达到郁闭前发生的造林费、抚育费、森林保护费、营林设施费、良种试验费、调查设计费及其他管护费等必要支出确定。

对于生物资产，我们应该注意的是，只有生产性生物资产需要计提折旧，其他生物资产均不计提折旧。公益性生物资产不能计提减值准备，其他两种生物资产可以计提减值准备。但是，生产性生物资产减值准备一经计提，不得转回，消耗性生物资产计提的资产减值准备可以转回。

11.油气资产。油气资产是油气开采企业持有的矿区权益和油气井及相关设施，但是油气资产不包括与油气开采活动相关的辅助设备及设施，这些资产属于“固定资产”。油气资产是油气生产企业的重要资产，其通常在油气生产企业的总资产中占有较大比重。

12.使用权资产。2019年实施的《企业会计准则第21号——租赁》，将使用权资产纳入资产负债表项目，用于列示承租人企业持有的使用权资产。使用权资产是指承租人可在租赁期内使用租赁资产的权利。过去，对于经营租赁的资产，是不量化为资产负债表内资产进行核算的；对于融资租赁的资产，则基于“实质重于形式原则”，将其作为固定资产进行资产负债表内核算。新准则取消承租人关于融资租赁与经营租赁的分类，要求承租人就所有租赁（选择简化处理的短期租赁和低价值资产租赁除外）确认使用权资产和租赁负债。租赁负债是指租赁期开始日尚未支付的租赁付款额的现值，列示在资产负债表的非流动负债项目中。同时，分别确认折旧和利息费用。“使用权资产”项目反映的是“使用权资产原值”减去“使用权资产累计折旧”和“使用权资产减值准备”后的净额。

13.无形资产。顾名思义，无形资产就是企业拥有和控制的没有实物形态的资产，包括专利权、非专利技术、商标权、著作权、土地使用权、特许权等，不包括不能单独辨认的资产，如商誉。此外，会计上确认无形资产还有一个先决条件，那就是要为企业带来收益。例如企业有一项专利权，尽管其是非常尖端的技术，但是如果这项专利权不能为企业创造收益，它也不能算作企业的无形资产。

如果无形资产发生减值，则需要计提减值准备，但是新准则规定，企业一旦提取无形资产减值准备，就不允许冲回。资产负债表中的无形资产是以净额列示的，新准则中增加了有关无形资产使用寿命的规定，即使用寿命不确定的无形资产不应摊销。

阅读提示 专利权，是指国家依法授予专利发明人就某一产品的造型、配方、结构、制造工艺和流程在一定期限内制造、出售或使用其发明的特殊权利；非专利技术，也称专有技术，是指那些没有申请专利、公众不知道的生产某种产品或采用某种流程或掌握某项工艺技术所需要的知识、经验、技巧的总称，它包括各种设计资料，也包括专家、技术人员、其他职工掌握的不成文经验、知识和技巧；商标权，是指将商标向政府登记而获得的可以在规定期限内独占地、排他地在商品上使用特定的名称或图案的特殊权利；著作权，又称版权，是指作者对其创作的文学、科学和艺术作品依法享有的某些特殊权利；土地使用权，是指某企业按照国家规定取得的在若干年内使用土地的权利；特许经营权，又称特许权、专营权，是指企业在某一地区经营或销售某种特定商品的权利，或是一家企业接受另一家企业使用其商标、商号、技术秘密等的权利。

大量存在的无形资产，可以说是一把“双刃剑”。一方面，企业拥有的无形资产越多，说明企业的可持续发展能力越强，竞争力也越强；另一方面，要引起我们注意的是，无形资产的贬值风险也是最高的。例如，一旦一项有着很高价值的专利技术被其他竞争企业掌握，这项专利可能瞬间就没有什么价值了。如果企业中无形资产所占的比重较大，那么企业资产“缩水”的可能性就会很大，这是在进行财务分析时应该注意的一个问题。

企业无形资产的质量，主要体现在无形资产在特定企业内部的利用价值以及将无形资产进行对外投资或转让的价值。其具体应从以下几个方面着眼：一是企业的无形资产与其他有形资产相结合时获取经济效益的潜力；二是企业无形资产被转让或出售时的增值潜力；三是无形资产用于对外投资时的增值潜力。

阅读提示　对于无形资产的核算，在会计上历来是个难点，这主要体现在以下三个方面：

1.成本难以确定。外购的无形资产（如外购专利权、商标权等）的价值的确定比较容易，按照所有必要的支出来核算就可以了。难就难在，企业自创的无形资产的成本很难准确确定。其主要原因是：如果自创无形资产的时间很长，可能是好几年，那么在这么长的时间内，自创无形资产的支出应该算在哪一年呢？如果一起开发好几个项目的话，那么应该算在哪一个具体项目中呢？另外，还有一个难题就是，自创无形资产支出的规模与企业无形资产的自创成果之间往往没有比例关系，并不是自创无形资产时的支出越多，无形资产形成的就越多，这与常规的资产建造是不同的。有的无形资产的开发研究支出很少，可是这项无形资产为企业带来的收益却很大，那么它的实际价值就很大，但是如果该项无形资产不被出售的话，在会计上就难以准确反映出来。

2.受益期难以确定。无形资产属于企业的长期资产，其成本应在其为企业带来经济利益的期间内摊销。但是，与有形的固定资产不同的是，无形资产的受益期受更多的人为及环境因素的影响而难以确定。例如，企业专利权的实际受益期不仅取决于企业所持有专利的先进性，而且还取决于企业对此专利权所做的保密工作的成功与否，以及社会上其他类似专利是否出现。在科学技术飞速发展的今天，这个问题尤为突出。受益期不确定，无形资产的取得成本就难以摊销。

3.企业实际拥有的无形资产难以全面反映。实际上，目前资产负债表中反映的无形资产仅仅是企业拥有的无形资产的一部分，有时甚至是很小的一部分。换句话说，企业所拥有的无形资产并没有全部体现在资产负债表中，原因是相当一部分无形资产尚未找到理想的或者适当的核算方法，比如人力资源、品牌、市场营销网络、企业文化等。总之，在对企业的财务状况进行全面分析与评价时，应当考虑资产负债表上无形资产的不充分性以及账外无形资产存在的可能性等因素。

与以往的会计准则相比，现行的企业会计准则对于无形资产的研究开发费用的核算发生了变化，从某种角度来说，其为企业进行利润操纵创造了新的空间，具体内容将在第九章第八节中详细介绍。

14.开发支出。开发支出，是企业在无形资产开发过程中的开发阶段支出的成本。企业在无形资产开发过程中的支出分为两类：费用化支出和资本化支出。费用化支出要记入“研发支出——费用化支出”科目，在利润表中的“研发费用”项目中列示。资本化支出要记入“研发支出——资本化支出”科目，在资产负债表的“开发支出”项目中列示。开发的无形资产达到预定的用途时，“开发支出”将转成无形资产。

阅读提示 无形资产开发需要划分为研究和开发两个阶段。研究与开发的含义有所不同。所谓研究，是为获得新的科学技术知识而从事的有计划、有创造性的调查、分析和实验活动，可以是基础性研究，也可以是应用性研究，其目的在于发现新知识，并期望利用这种知识开发出新材料、新产品或新的配方技术，或对现有产品的性能、质量做出较大改进。所谓开发，是在开始商品生产或使用前将研究成果转化为一种新产品或工艺的系列活动，包括概念的形成、样品的设计、不同产品的测试和模型的建造以及试验工厂的运行等。因此，研究是技术可行性的探索阶段，在该阶段，能否给企业带来经济效益具有很大的不确定性，风险较大；而开发是将研究成果应用于实践，将技术转化为产品的阶段，在该阶段，带来经济效益的确定性较高。

15.商誉。商誉是指企业由于地理位置优越、信誉较好、生产技术先进、经营有方、历史悠久、经验丰富或产品有特色、有秘方等原因而在经营上具有获取超额利润的能力所形成的价值。由于在现行准则中的无形资产的定义为“企业拥有或者控制的没有实物形态的可辨认非货币性资产”，因此，以往准则中属于无形资产的商誉，由于其不可辨认的性质（不能单独出售，必须于企业买卖发生时产生），在资产负债表中应单独列示。按照现行的规定，商誉仅限于企业合并过程中形成的商誉，不包括企业自创的商誉。企业内部产生的品牌、报刊名等，也不能算作无形资产。

16.长期待摊费用。长期待摊费用指企业已经发生，但不能一次性计入某一年，而需要在今后若干年内陆续摊销的费用，如开办费、经营租赁固定资产发生的改良支出等。长期待摊费用的实质是一笔已经花出去的费用，其之所以还充当“资产”的角色，是由会计核算上的权责发生制造成的。权责发生制问题是一个会计理论问题，通俗地讲，就是它要求会计核算要以经济业务是不是实际发生了为标准，这就意味着企业无论是不是实际付了钱，只要费用实际发生了，就要及时核算费用。同样，无论企业是不是收到了现钱，只要收入实际发生了，就要及时核算收入。因此根据权责发生制的要求，企业为经营租赁的固定资产发生的改良支出，其收益期可能是好几年，所以尽管钱是在某一年花的，但是不能全都算在这一年里，要在整个的收益期间分摊，没有分摊的部分，要暂时留在资产中。然而，我们要知道，长期待摊费用实质上并不是资产，它已经失去了资产的真正意义，不能为企业带来未来的经济流入，企业既不能使用它，也不能拿它去还债。所以在会计报表分析中，我们又称它为“虚资产”，它应被排除在企业实际拥有和控制的资产之外。

由于长期待摊费用并不是真正的资产，其核算的内容也是企业一项已经发生的费用，因此有些企业利用这一点，滥用这一账户，把一些本来不应该归属到此账户的费用也放了进来。其目的只有一个，就是以此来调节企业利润。第九章第九节中将详细介绍长期待摊费用如何成为企业利润的“蓄水池”。

17.递延所得税资产。递延所得税资产是由于企业会计核算和税法核算的企业所得税之间存在暂时性差异而产生的。递延所得税资产属于资产类账户，列于资产负债表中的非流动资产项目下，但是它实质上并不是一项真正的资产。我们知道，会计利润与应纳税所得额并不完全一致，引起不一致的原因至少有下列三个方面：

阅读提示 根据《企业会计准则第18号——所得税》的规定，暂时性差异是指资产或负债的账面价值与其计税基础之间的差额；未作为资产和负债确认的项目，按照税法的规定可以确定其计税基础的，该计税基础与其账面价值之间的差额也属于暂时性差异。

按照暂时性差异对未来期间应税金额的影响，将其分为应纳税暂时性差异和可抵扣暂时性差异。除因资产、负债的账面价值与其计税基础不同产生的暂时性差异外，按照税法的规定可以结转以后年度的未弥补亏损和税款抵减，也视同可抵扣暂时性差异处理。

（1）法规依据不同。会计利润的确定，主要以企业会计准则和有关财务制度为依据。其中，企业会计准则在会计利润的确定上起着主导作用。在我国，企业主要依据企业会计准则（包括基本准则和具体准则）以及企业财务通则等确认会计利润。上述各项制度均由财政部发布，对企业而言，均具有法律效力，企业必须执行。因此，会计利润的确定在不同年度之间具有较强的稳定性，它不大可能因宏观经济形势的变化而出现大幅度波动。而应纳税所得额的确定，则以税法为依据。税法的实施具有两大特点：一是与宏观经济形势，尤其是财政收支状况有重大关联；二是体现国家政策的鼓励与限制倾向。这样，不同年度企业应纳税所得额的计算既会因为税法的变化而呈现出明显的波动，也会因为企业利用税法的鼓励政策而为企业带来节税收益。

（2）信息使用者及企业的目的不同。一方面，我们已经知道，会计利润只是企业利润表的一部分，而企业会计报表的使用者主要是其所有者及债权人，由于企业对外编制、提供其会计报表的主要目的是向所有者及债权人展示其财务状况和经营成果，帮助信息使用者做出有关经济决策，使信息使用者对企业抱有信心，因此企业往往倾向于高估利润；另一方面，应纳税所得额的相关信息使用者是税务部门，对于企业而言，应纳税所得额高必然会引起企业的税务支出增加，因此企业往往利用税法的各种减免税条例及税收优惠政策尽可能地低估当期应纳税所得额，推迟或减少税务支出。

（3）对企业违规行为的约束力不同。企业在会计利润与应纳税所得额的确定两方面的违规行为，无非是未按会计准则的要求或税法的要求确定其会计利润和应纳税所得额。但是，企业在会计利润确定上的违规行为，只有极少数会最终被认定为违法行为（因为会计准则不是法律）；而对应纳税所得额确定上的违规行为，则属违法行为。对企业在确定会计利润方面违规行为的制约，主要是通过一年一度的年度报表审计来完成的；对企业在确定应纳税所得额方面违法行为的制约，则是通过经常性的税务审查来完成的。

阅读提示 会计利润又称利润总额，是指按照企业会计的口径，在利润表中确定的税前利润；应纳税所得额又称应税利润、应税收益，是指企业按照税法进行纳税申报、缴纳所得税时确定的利润额。

应纳税暂时性差异，是指在确定未来收回资产或清偿负债期间的应纳税所得额时，将导致产生应税金额的暂时性差异。该差异在未来期间转回时，会增加转回期间的应纳税所得额，即在未来期间不考虑该事项影响的应纳税所得额的基础上，该暂时性差异的转回，会进一步增加转回期间的应纳税所得额和应缴所得税金额。在应纳税暂时性差异产生当期，应当确认相关的递延所得税负债。应纳税暂时性差异通常产生于以下情况：

第一，资产的账面价值大于其计税基础。一项资产的账面价值代表的是企业在持续使用或最终出售该项资产时将取得的经济利益的总额，而计税基础代表的是一项资产在未来期间可予税前扣除的金额。资产的账面价值大于其计税基础，该项资产未来期间产生的经济利益不能全部税前抵扣，两者之间的差额需要缴税，产生应纳税暂时性差异。例如，一项无形资产的账面价值为200万元，其计税基础如果为150万元，则两者之间的差额会造成企业未来期间应纳税所得额和应缴所得税的增加。在其产生当期，在符合确认条件的情况下，应确认相关的递延所得税负债。

第二，负债的账面价值小于其计税基础。一项负债的账面价值为企业预计在未来期间清偿该项负债时的经济利益流出，而其计税基础代表的是账面价值在扣除税法规定未来期间允许税前扣除的金额之后的差额。因负债的账面价值与其计税基础不同产生的暂时性差异，本质上是税法规定就该项负债在未来期间可以税前扣除的金额（与该项负债相关的费用支出在未来期间可予税前扣除的金额）。负债的账面价值小于其计税基础，意味着该项负债在未来期间可以税前抵扣的金额为负，即应在未来期间应纳税所得额的基础上，增加应纳税所得额和应缴所得税金额，这会导致产生应纳税暂时性差异，应确认相关的递延所得税负债。

可抵扣暂时性差异，是指在确定未来收回资产或清偿负债期间的应纳税所得额时，将导致产生可抵扣金额的暂时性差异。该差异在未来期间转回时会减少转回期间的应纳税所得额，减少未来期间的应缴所得税。在可抵扣暂时性差异产生当期，应当确认相关的递延所得税资产。可抵扣暂时性差异一般产生于以下情况：

第一，资产的账面价值小于其计税基础。当资产的账面价值小于其计税基础时，从经济含义来看，资产在未来期间产生的经济利益少，按照税法的规定允许税前扣除的金额多，则就账面价值与计税基础之间的差额，企业在未来期间可以减少应纳税所得额，并减少应缴所得税，且符合有关条件时，应当确认相关的递延所得税资产。例如，一项资产的账面价值为200万元，计税基础为260万元，则企业在未来期间就该项资产可以在其自身取得经济利益的基础上多扣除60万元。从整体上看，企业未来期间应纳税所得额减少，应缴所得税也减少，形成可抵扣暂时性差异，符合确认条件时，应确认相关的递延所得税资产。

第二，负债的账面价值大于其计税基础。当负债的账面价值大于其计税基础时，负债产生的暂时性差异实质上是税法规定就该项负债可以在未来期间税前扣除的金额，即负债产生的暂时性差异=账面价值-计税基础=账面价值-（账面价值-未来期间计税时按照税法规定可予税前扣除的金额）=未来期间计税时按照税法规定可予税前扣除的金额。一项负债的账面价值大于其计税基础，意味着未来期间按照税法规定与该项负债相关的全部或部分支出可以从未来应税经济利益中扣除，减少未来期间的应纳税所得额和应缴所得税。例如，企业对即将发生的产品保修费用在销售当期确认预计负债200万元，但税法规定有关费用支出只有在实际发生时才能税前扣除，其计税基础为0；企业确认预计负债的当期相关费用不允许税前扣除，但在以后期间有关费用实际发生时允许税前扣除，使得未来期间的应纳税所得额和应缴所得税减少，产生可抵扣暂时性差异，符合有关确认条件时，应确认相关的递延所得税资产。

此外，还有一些特殊项目也会产生暂时性差异，例如，未作为资产、负债确认的项目产生的暂时性差异。某些交易或事项发生以后，因为不符合资产、负债的确认条件而未体现为资产负债表中的资产或负债，但按照税法规定能够确定其计税基础的，其账面价值与计税基础之间的差异也构成暂时性差异。如企业在开始正常的生产经营活动以前发生的筹建等费用，会计准则规定应于发生时计入当期损益，不体现为资产负债表中的资产。按照税法的规定，企业发生的该类费用可以在开始正常生产经营活动后的3年内分期摊销，可税前扣除。该类事项不形成资产负债表中的资产，但按照税法规定可以确定其计税基础，两者之间的差异也形成暂时性差异。另外，可抵扣亏损及税款抵减也可产生暂时性差异。对于按照税法规定可以结转以后年度的未弥补亏损及税款抵减，虽不是因资产、负债的账面价值与计税基础不同产生的，但本质上其与可抵扣暂时性差异具有同样的作用，均能减少未来期间的应纳税所得额和应缴所得税，可视同可抵扣暂时性差异，在符合确认条件的情况下，确认与其相关的递延所得税资产。例如，甲公司于2016年发生经营亏损4 000万元，按照《中华人民共和国企业所得税法》第十八条的规定，企业纳税年度发生的亏损，可以向以后年度结转，用以后年度的所得弥补，但结转年限最长不得超过5年。该公司预计其于未来5年期间能够产生足够的应纳税所得额用以弥补该经营亏损。该经营亏损虽不是因比较资产、负债的账面价值与其计税基础产生的，但从其性质上看，可以减少未来期间的应纳税所得额和应缴所得税，可视同可抵扣暂时性差异。在企业预计未来期间能够产生足够的应纳税所得额用以弥补亏损时，应确认相关的递延所得税资产。

由于有了会计利润与应纳税所得额之间的暂时性差异，在任一会计期间，企业的会计利润很难与应纳税所得额在数量上相等。递延所得税资产或递延所得税负债中仅包含了会计利润与应纳税所得额之间因暂时性差异而导致的所得税费用与应缴纳所得税间的差异。如果企业按会计核算的所得税比按照税法规定核算的应该缴纳的所得税少，那么就会在企业会计期末的资产负债表上形成递延所得税负债；如果企业按照会计核算的所得税比按照税法规定核算的应该缴纳的所得税多，那么就会在企业会计期末的资产负债表上形成递延所得税资产。“递延所得税资产”和“递延所得税负债”项目的设立，完全是为了协调会计利润、应纳税所得额、所得税费用和应缴纳所得税之间的暂时性差异，它们在资产负债表上并不代表实际的资产或负债。

18.其他长期资产。其他长期资产，是指企业正常使用的固定资产、流动资产以外的，由于某些特殊原因而使企业不得随意支配的资产。这类资产一经确定，未经许可的企业无权支配和使用，但仍应加强管理并单独予以核算。其内容主要包括：

（1）特准储备物资。特准储备物资，是指具有专门用途但是不用于企业生产经营的，经国家批准储备的特种物资。其中，“专门用途”一般是指国家为应付自然灾害和意外事故等所限定的特殊用途。

（2）银行冻结存款和银行冻结物资。银行冻结存款和冻结物资，是指人民法院对被执行人的银行存款和物资等财产实施强制执行的冻结措施时形成的资产。根据我国民事诉讼法的规定，被执行人拒不履行法院裁决所规定的义务时，法院有权对其银行的存款及其所持有的物资实行冻结，并通知有关的银行或企业协助执行。银行存款和物资财产从被冻结到被解除冻结，被执行人不得对其进行提取、支用或转移，但是若在规定的冻结期限内，被执行人自动履行了义务，人民法院可通知银行解冻，解冻后其存款和物资仍可正常使用。

（3）涉及诉讼中的财产。诉讼，是司法机关在案件当事人和其他诉讼参与人的参加配合下，为解决案件而依照法定程序进行的一系列活动。涉及诉讼中的财产，主要是指被司法机关查封、扣押、冻结的财产。企业不得以任何方式对这些财产进行隐藏、转移、变卖或毁损等。其他资产虽然不属于严格意义上的经济资源，但与企业未来的经济利益相联系，故应列作企业的资产，以便于未来的会计期间分摊，与将来的收益相匹配。在企业资产的总价值构成中，其他长期资产不应占过大比重，否则将严重影响企业正常的生产经营活动。

第四节　什么是负债

一、负债的含义

负债比较容易理解，一般是指企业的欠债，如各种贷款、应付的款项等。实际上，这种说法还是不够严格，会计上所说的负债的一个基本特征，就是负债会要求企业用其资产来偿还债务或者以提供服务的方式来抵偿债务。这就意味着，并不是所有应付的东西都是会计上的负债。例如，股份公司的董事会宣布发放股利时，就意味着企业有义务支付股利，这时在会计上该股利就会被确认为负债。但是，如果股份公司宣布发放的是股票股利，那么这就不是公司的负债，因为股票股利不需要用公司的资产而是用公司自己的股票来支付。企业会计准则对负债的定义是："负债是指企业过去的交易或者事项形成的、预期会导致经济利益流出企业的现时义务。"这里的现时义务，是指企业在现行条件下已承担的义务。未来发生的交易或者事项形成的义务，不属于现时义务，不应当确认为负债。会计上认定的负债，除了企业向银行或者其他机构申请的贷款外，还包括企业日常经营活动中自然形成的债务，例如应付账款、应付职工薪酬、应交税费等。

阅读提示　企业会计准则规定满足以下条件时，才能将其确认为负债：

1.与该义务有关的经济利益很可能流出企业。

2.未来流出的经济利益的金额能够可靠地计量。

二、负债的分类

负债的分类方法很多，常见的是按偿还期长短，将其分为流动负债和非流动负债。

（一）流动负债

流动负债，是指将在1年或者长于1年的经营周期内偿还的负债，如短期借款、交易性金融资产、衍生金融负债、应付票据、应付账款、预收款项、合同负债、应付职工薪酬、应交税费、其他应付款、持有待售负债、一年内到期的非流动负债等。除短期借款、交易性金融资产和衍生金融负债以外，流动负债主要是在企业日常经营过程中自然产生的。

流动负债可以按照负债金额的确定程度进一步分为三类：

（1）金额确定的负债。这类负债是指到期日期明确、金额确定的负债，如短期借款、应付票据、应付账款、预收款项、应付职工薪酬等。

（2）金额视经营结果而定的负债。其是要根据企业期末经营情况才能确定的流动负债，如应交税费等。

（3）金额无法确定，需要估计的负债。有的负债金额在编制资产负债表的时候无法确定，但是又确属负债，这就需要会计人员进行合理的估计，如因产品质量担保引起的负债。

一般来说，各项负债都有特定的债权人，而且企业要在某一时刻支付所欠的债务，也就是说欠谁的债，什么时候还都是确定的。但是，在会计上，并不是所有的负债都有特定的支付对象，如向客户预收的购货款等，这些负债会在将来某一时刻转化为收入。

（二）非流动负债

非流动负债，是指偿还期在1年以上或超过1年的一个营业周期以上的债务。与流动负债相比，非流动负债具有金额大、偿还期限长的特点，如长期借款、应付债券、租赁负债、长期应付款、预计负债、递延收益、递延所得税负债等。

第五节　企业借债的利与弊

对于一般的中国百姓来说，几乎没有人愿意欠债，但是对于企业而言，借债却有很多好处。

一、负债的好处

1.负债能为企业所有者带来更多的资本投入回报。对于企业股东来说，借债的利息率是固定的，尽管企业借债一般要承担较大风险，但相对而言，其付出的资金成本（利息）较低。如果企业不借债，而是增加股东的投入，财务风险虽然小，但付出的资金成本相对较高，因为股东会要求更高的回报。另外，借债可以使企业从“税收屏障”中受益。由于负债的利息是税前支付的，因此还能使企业获得避税的好处。

2.负债能给股东带来“杠杆效应”。由于对债权人支付的利息是一项与企业盈利水平高低无关的固定支出，因此企业的总资产收益率发生变动，会使每股收益发生幅度更大的波动，这即为财务管理中的“财务杠杆效应”。由于这种杠杆效应的存在，在企业的资本收益率大于负债利率时，所有者的收益率（权益资本收益率）能在资本收益率增加时获得更大程度的增加，因此，一定程度的负债经营对较快地提高权益资本的收益率有着重要的意义。

3.负债能使企业从通货膨胀中获益。在通货膨胀的环境中，货币贬值、物价上涨，而企业负债的偿还仍然以账面价值为标准，不考虑通货膨胀因素，这样，企业实际偿还款项的真实价值必然低于其所借入款项的真实价值，这会使企业从货币贬值中获得好处。

4.负债经营有利于企业控制权的保持。企业以发行股票等方式筹集资金，势必带来股权的分散，影响现有股东对于企业的控制权。而负债筹资在增加企业资金来源的同时，不会影响企业的控制权，有利于保持现有股东对于企业的控制。

二、负债的坏处

负债虽然能给企业的所有者带来收益上的好处，但同时又增大了经营风险，投资者对此要有清醒的认识。过度的负债经营会给企业的经营带来极大的危害，这种危害产生的根本原因在于负债经营本身所含有的风险因素。

1.“杠杆负效应”的影响。“财务杠杆效应”能有效地提高权益资本收益率，但风险与收益是一对孪生兄弟，杠杆效应同样能带来权益资本收益率的大幅下滑。当企业面临经济发展的低潮，或者其他原因带来的经营困境时，由于固定额度的利息负担，在企业资本收益率下降时，企业的权益资本收益率会以更快的速度下降。

2.无力偿付债务风险。企业负有到期偿还债务的法定责任，如果企业用负债进行的投资项目不能获得预期的收益，或者企业整体的生产经营和财务状况恶化，又或者企业短期资金运作不当等，这些因素不仅会使负债经营造成上述的权益资本收益率的大幅下降，而且还会使企业面临无力偿债的风险。其结果不仅会导致企业资金紧张，影响企业信誉，严重的还可能导致企业破产。

3.再筹资风险。负债使企业的负债率增大，从而对债权人的债权保证程度降低，这就在很大程度上限制了企业以后增加负债筹资的能力，使其未来筹资成本增加，筹资难度加大。

由此可见，负债对于企业来说犹如带刺的玫瑰，其有利方面主要体现在可以增加公司收益，能较快地提高每股收益水平和增加资本结构的弹性；不利方面主要体现在具有财务风险、偿债风险等。因此，企业要选择一个合理的负债结构，这是企业有效经营的重要决定因素之一。

第六节　怎样分析负债项目

一、流动负债

（一）什么是流动负债

流动负债是企业1年内要偿还的债务，还债的方式通常是用流动资产，或者新的流动负债来抵偿。例如，企业向银行借的短期借款，要在1年内用现金来还，则其属于流动负债；因为购买原材料而欠的货款也要在1年内用现金来还，其也是流动负债；但是用偿债基金来偿还的非流动负债中，1年内到期的部分就不属于流动负债了。如果非流动负债到期时以公司股票来抵偿，那么它也不属于流动负债；如果非流动负债中一年内到期的部分要用流动资产来偿还，那么它就属于流动负债。

流动负债与非流动负债一定要划分清楚，这关系到对企业财务状况能否进行正确的评价和分析。如果划分不好，就很可能错误评价企业的财务状况，误导投资者。例如，企业目前的流动负债是2 000万元，流动资产是4 000万元，两者的比率

（流动比率）是2，这表明企业的财务状况较好。这时若有2 000万元的非流动负债到期，如果企业准备用偿债基金来偿还，就不能将这2 000万元划为流动负债。如果将这笔准备用偿债基金来偿还的到期非流动负债错误划分到流动负债中，流动负债就变成了4 000万元，流动比率变成了1，那么分析的结论就会变成企业财务状况不好。这样一来，很可能影响企业向银行或其他金融机构申请贷款。

（二）流动负债各项目

1.短期借款。短期借款，是指企业从银行或其他单位借入的，期限在1年以内的各种借款，包括短期流动资金借款、结算借款、票据贴现借款，以及企业借入的借款期在1年或长于1年的一个经营周期以内的新产品试制借款、引进技术借款、进口原材料短期外汇借款等。这些借款都是为了满足日常生产经营的短期需要而举借的，其利息费用作为企业的财务费用，计入当期损益。

短期借款数量的多少往往取决于企业生产经营和其他业务活动对流动资金的需要量、现有流动资金的沉淀和短缺情况等，企业应结合对借款的使用情况以及使用效果分析该项目。一定数量的短期借款是企业经营所必需的，但如果数量太大，超出企业的偿债能力，就会对企业的持续发展带来不利影响。短期借款适度与否，可以根据企业流动负债的总量、目前的现金流量状况和对未来1年内的现金流量的预期来确定。在一个现金流量较差的企业里，过多的短期借款将会增加企业的财务风险。

企业的短期借款发生变化，其原因不外乎两大方面：生产经营的需要；企业负债筹资政策出现变动。具体来说可能是：

（1）流动资产资金需要，特别是临时性需要发生变化。当季节性或临时性资金需要产生时，企业可能通过短期借款来满足其资金需要；当这种季节性或临时性需要消除时，企业就会偿还这部分短期借款，从而造成短期借款的变动。

（2）节约利息支出。一般来讲，短期借款的利率低于长期借款和长期债券的利率，因此短期借款相对于长期借款来说，可以减少利息支出。

（3）调整负债结构和财务风险。企业增加短期借款，就可以相对减少对长期负债的需求，使企业负债结构发生变化。相对于长期负债而言，短期借款具有风险大、利率低的特点，负债结构变化将会引起负债成本和财务风险发生相应的变化。

（4）增加企业资金弹性。短期借款可以随借随还，有利于企业对资金存量进行调整。

短期借款增加，则意味着企业的利息负担会大大加重；反之，若短期借款减少，则利息负担会有所减轻。

2.交易性金融负债。交易性金融负债，是指企业持有的以公允价值计量且其变动计入当期损益的金融负债，和直接指定为以公允价值计量且其变动计入当期损益的金融负债，如企业为短期融资发行的、计划于短期内赎回的证券。

3.衍生金融负债。衍生金融工具分为部分资产和负债，同一个衍生金融工具，资产负债表日公允价值是正的，就是衍生金融资产；资产负债表日公允价值是负的，就是衍生金融负债。

4.应付票据。应付票据，是指企业因赊销交易而签发的允诺在不超出1年的期限内按票据上规定的日期支付一定金额的银行承兑汇票和商业承兑汇票。在我国，应付票据仅限于商业汇票，其包括商业承兑汇票和银行承兑汇票。商业汇票有一定的承兑期限（最长不超过6个月），在承兑期限内由交易双方商定具体的承付日期。如果是分期付款，则应一次签发若干张不同期限的汇票。我国现行的《银行结算办法》规定，只有合法的商品交易，如购买原材料、销售产品等，才能签发商业汇票。企业间发生提供劳务等非商品交易业务时，禁止使用商业汇票。资产负债表中应付票据项目反映的是尚未到期付款的应付票据的面额。

由于应付票据是企业签发并承诺在指定日期付款的票据，其比一般的商业信用（应付账款）具有更大的约束力，其还款的压力也更大，因此它的排名要先于应付账款。

5.应付账款。应付账款，是指企业因赊购原材料等物资或接受劳务供应而应付给供应单位的款项。它是由购进商品或接受劳务等业务的发生时间与付款时间不一致造成的。一般说来，凡是购进商品的所有权转到企业（买方企业）时，或企业实际使用外界提供的劳务时，就需要确认应付账款并予以入账。由于现金折扣的存在，在处理应付账款的现金折扣问题时，一般有净价法和总价法可供选择。在净价法下，现金折扣作为当期的财务费用；在总价法下，现金折扣是购货成本的抵扣账户，在计算销售成本时，应从当期购货总额中扣除。

应付账款同应付票据一样，是因商品交易而产生的，其发生变动的原因有：

（1）企业销售规模的变动。当企业销售规模扩大时，会增加存货需求，使应付账款等债务规模扩大；反之，会使其降低。

（2）充分利用无成本资金。应付账款是因商业信用产生的一种无资金成本或资金成本极低的资金来源，企业在遵守财务制度、维护企业信誉的条件下对它加以充分利用，可以减少其他筹资方式的筹资数量，从而节约利息支出。

（3）提供商业信用企业的信用政策发生变化。如果其他企业放宽信用政策和收账政策，企业应付账款的规模就会大一些；反之，就会小一些。

（4）企业资金的充裕情况发生变化。企业资金相对充裕时，应付账款的规模就小一些；当企业资金比较紧张时，其就会影响应付账款的清偿。在市场经济条件下，应付账款的发生是正常的，但如果超过信用期的应付账款的数额太大且拖欠的时间太长，企业的信用就会恶化，因此企业应对应付账款加以重点管理。

6.预收款项。预收款项，是指企业商品销售尚未发生或劳务尚未提供时，向购货方收取的货款或定金。例如，企业收到销货订单的同时收取的定金、预收商品包装物的押金、长期建筑合同开出的发票中超过成本部分的金额等。它需在收款后1年或长于1年的营业周期内用约定的商品、劳务或出租资产来抵偿。如果企业收取款项后，没有按照约定的条件提供商品或劳务，就必须退还预收款项并赔偿由此给客户造成的损失。预收款项一般被列为流动负债，如果有特别合约约定，企业不可在1年或长于1年的营业周期内用提供商品、劳务来清偿债务，那么企业应将该项预收账款列为非流动负债。如果企业的产品处在卖方市场，企业就可能有较多的预收款项。

7.合同负债。合同负债，是指企业根据某一项合同的约定，从供应商处取得合同规定的部分商品，具备向供应商支付相应部分货款的能力，但能否顺利支付该款项还取决于供应商能否交付其余部分商品，因此该支付货款的义务就形成了合同负债。例如，A企业与B企业签订的合同约定：A企业向B企业购买3吨鸡肉，共计价款6万元，3月上、中、下旬分3批供货。当B企业在3月初将第一批的1吨鸡肉交付给A企业时，其就有了对A企业收取1吨鸡肉价款2万元的权利，但是其需要完成其余2批各1吨鸡肉的交付后才能收款。此时B企业在进行会计核算时，就应将其记为“合同资产”，相应地，A企业记为“合同负债”。

8.应付职工薪酬。应付职工薪酬，是指企业为获得职工提供的服务或解除劳动关系而在1年内应给予的各种形式的报酬或补偿。职工薪酬包括短期薪酬、离职后福利、辞退福利和其他长期职工福利。短期薪酬，是指企业在职工提供相关服务的年度报告期间结束后12个月内需要全部予以支付的职工薪酬，因解除与职工的劳动关系给予的补偿除外。短期薪酬具体包括：职工工资、奖金、津贴和补贴，职工福利费，医疗保险费、工伤保险费和生育保险费等社会保险费，住房公积金，工会经费和职工教育经费，短期带薪缺勤，短期利润分享计划，非货币性福利以及其他短期薪酬。其中，带薪缺勤是指企业支付工资或提供补偿的职工缺勤，包括年休假、病假、短期伤残、婚假、产假、丧假、探亲假等。利润分享计划，是指因职工提供服务而与职工达成的基于利润或其他经营成果提供薪酬的协议。离职后福利，是指企业为获得职工提供的服务而在职工退休或与企业解除劳动关系后，提供的各种形式的报酬和福利，短期薪酬和辞退福利除外。辞退福利，是指企业在职工劳动合同到期之前解除与职工的劳动关系，或者为鼓励职工自愿接受裁员而给予职工的补偿。其他长期职工福利，是指除短期薪酬、离职后福利、辞退福利之外所有的职工薪酬，包括长期带薪缺勤、长期残疾福利、长期利润分享计划等。企业提供给职工配偶、子女、受赡养人、已故员工遗属及其他受益人等的福利，也属于职工薪酬。应付职工薪酬的额度和期限如果在正常的范围内，就不会有损企业的资金和信誉状况，但如果出现明显的拖欠职工薪酬的情况，就表明企业的信誉不良或者其资金周转出现了困难。

9.应交税费。在资产负债表中，应交税费是指截至报表编制日，企业按照税法等法律的规定应缴纳而未缴纳的各种税费。其包括增值税、消费税、所得税、资源税、土地增值税、城市维护建设税、房产税、城镇土地使用税、车船税、教育费附加、矿产资源补偿费等。缴纳税费是每个企业应尽的法定义务。如果该项目的金额过多，一般情况下说明该企业有拖欠国家税款的现象。如果该项金额为负数，则表示其为企业多缴的应当退给企业或以后年度抵缴的税费。

10.其他应付款。资产负债表上的“其他应付款”项目是会计账目中“应付利息”、“应付股利”和“其他应付款”科目的期末余额合计数。其他应付款，是指企业应付、暂收其他单位或个人的款项，如包装物的租金、应付保险费、存入保证金、应付统筹退休金等。其中，存入保证金，是指其他单位或个人由于使用企业的某项资产而交付押金（如出租、出借包装物押金），归还资产后将退还给原单位或个人的暂收款项。

应付股利，是指企业应向投资者分配，但是未实际支付的现金股利或利润，即企业的股东大会或类似机构审议批准的利润分配方案中规定分配的现金股利或利润，但是不包括董事会或类似机构通过的利润分配方案中拟分配的现金股利或利润，拟分配的现金股利或利润只在会计报表附注中披露。这里的投资者既可以是国家，也可以是其他单位以及个人。按照利润分配顺序，企业生产经营所得的净利润，应在提取各种法定公积金以后，向投资者进行分配。在股份制企业中，这种利润分配表现为股利的分派，即分红。股份公司发放股利时，按我国现行制度的规定，主要应发放现金股利。一般情况下，现金股利的发放、支付应在下一会计年度内进行。因此，这部分已宣告用现金支付的股利在支付到股东手里之前，就构成了流动负债的一部分。企业能否向投资者分配利润，取决于企业拥有的可供分配利润的规模以及企业的现金支付能力。

应付利息，是指企业按照借款合同的约定应该支付但是尚未支付的利息，包括吸收存款、分期付息到期还本的长期借款、企业债券等应支付的利息。如果企业的应付利息过多，并且期限过长，说明企业有拖欠利息的情况，这会影响企业的再贷款能力。

11.持有待售负债。持有待售负债，是指处置组中与划分为持有待售类别的资产直接相关的负债。比如，集团企业要卖掉自己的一个子公司，这个子公司既有存货、固定资产等资产项目，也有应付账款、应付职工薪酬等负债项目，达到准则规定的认定条件，这个子公司的资产就成为其“持有待售资产”，负债就成为其“持有待售负债”。需要注意的是，在资产负债表中，持有待售资产和持有待售负债不得抵销，分别作为流动资产和流动负债列示。

12.一年内到期的非流动负债。如果非流动负债在未来1年内到期，就不能再算作非流动负债了，它实质上应归属于流动负债。例如，企业2×18年1月发行的3年期债券1 000万元，2×21年1月到期。原本这1 000万元一直算在非流动负债的“应付债券”账户中，但是，在2×20年年底的资产负债表中，应将其从非流动负债转移至流动负债的“1年内到期的非流动负债”项目中，这表示企业将在短期内用现金还款。需要注意的是，从非流动负债转移至流动负债的“一年内到期的非流动负债”项目中的应付债券，是指用流动资产来偿还的债务，如果用非流动资产偿还债务，即使其在1年内将要到期，也仍然留在非流动负债中。

二、非流动负债

（一）什么是非流动负债

非流动负债，是指企业在1年或者超过1年的一个营业周期内不需要偿还的债务，包括长期借款、应付债券、租赁负债、长期应付款、预计负债、递延收益、递延所得税负债和其他非流动负债等项目。非流动负债既可以像流动负债一样为企业提供日常经营活动所需的资金，又使企业暂时没有还款的压力，因此其财务风险较小。

（二）非流动负债各项目

1.长期借款。长期借款，是指企业向银行或其他金融机构借入的、期限在1年以上的款项。长期借款一般用于企业的固定资产购建、固定资产改扩建工程、固定资产大修理工程以及企业正常生产经营活动中对流动资产的需要等方面，如目前的大修理借款、更新改造借款、出口工业品生产专项借款、进口设备人民币借款等。长期借款按其偿还方式的不同，可分为定期偿还的长期借款和分期偿还的长期借款，前者是指在规定的借款到期日一次还清借款；后者是指在借款期限内分期偿还本息，至到期日全部还清借款。资产负债表中长期借款项目反映的是企业尚未归还的长期借款本金和利息的总额。

一般来说，长期借款增加说明企业在资本市场上的信誉较好，但若企业经营不善，则可能导致未来面临较大的财务风险。同时，分析企业长期借款增加时，应特别注意是否有相应的固定资产增加，否则会导致企业资金成本过高，资金利用效率降低。另外，在分析长期借款时，应特别注意有无抵押或担保条款。

2.应付债券。应付债券，是指企业为筹集长期资金而发行的偿还期在1年以上的债券。应付债券项目也包括了优先股和永续债。优先股是享有优先权的股票。优先股的股东对公司资产、利润分配等享有优先权，其风险较小。但是，优先股股东对公司事务无表决权。什么是永续债券呢？永续债券，又称无期债券，是非金融企业（发行人）在银行间债券市场注册发行的“无固定期限、内含发行人赎回权”的债券。永续债券的每个付息日，发行人可以自行选择将当期利息以及已经递延的所有利息，推迟至下一个付息日支付，且不受任何递延支付利息次数的限制。简单地说，永续债券就是只付利息，永远不用归还本金的债券。

同增发股票相比，当投资报酬率大于债券利率时，发行公司债券可以为股东带来较大的经济利益，而且因为公司债券的利息支出属于正常的财务费用，所以可以抵免所得税。需要注意的是，如果公司债券利率高于企业投资报酬率，利息费用将成为企业的沉重负担。不论企业债券是按溢价还是按折价发行，应付债券均应按实际收到的款项入账。在资产负债表中，应付债券项目反映的是企业应付债券期末的摊余价值（不一定等于面值）和应付债券应计未付的利息的总额。

阅读提示 债券摊余价值=债券面值+（债券初始发行时入账的溢价-已摊销的溢价）或-（债券初始发行时入账的折价-已摊销的折价）

3.租赁负债。根据2019年开始施行的《企业会计准则第21号——租赁》的规定，承租人应在租入资产确认使用权资产的同时确认租赁负债，无论是经营租赁，还是融资租赁，均要在资产负债表上列示，且租赁负债的金额是租赁期开始日尚未支付的租赁付款额的现值。租赁付款额，是指租入固定资产所需支付的全部租赁费，包括租入固定资产的价款、运输费、途中保险费、安装调试费、安装尚未使用前的手续费和利息支出等。如果租赁负债将在一年内到期，则其具备了流动负债的特征，那么将被转移至流动负债的“一年内到期的非流动负债”项目中。

阅读提示 融资租赁，是指实质上转移了与资产所有权有关的全部风险和报酬的租赁。

4.长期应付款。长期应付款，即企业还没有偿还的除应付借款和应付债券以外的其他各种应付款项。一般来说，主要是采用补偿贸易方式而发生的应付引进设备款，如根据企业与外商签订来料加工、来料装配和中小型补偿贸易合同引进国外设备所发生的应付款项，在设备完成安装并投产后，按合同规定的还款方式，用应收的加工装配收入和出口产品收入归还。

此外，“专项应付款”科目也在资产负债表的长期应付款项目中合并列报。专项应付款，是指企业取得的，由政府作为企业所有者投入的具有专项或特定用途的款项。投资建造的工程项目完工以后形成长期资产，该项负债转入所有者权益中的“资本公积”项目。这实质上并不是一项真正的负债，因为企业并不具有还款的压力，它最终形成的是所有者的投资，所以在作会计报表分析时，要考虑到这一点，但是，取得这一款项的企业为数并不多。

5.预计负债。我们前面讨论的各项负债，都是企业因过去的交易引起的，在未来有明确的债权人，且支付日期和支付金额确定的负债。但是在现实的经济生活中，也可能存在另一类负债。这类负债的债务金额大小、债权人以及付款日期的确定均取决于未来不确定事项的发生与否，这类负债就是我们所说的预计负债。企业的预计负债主要包括以下几种：

（1）担保。它主要是指企业为其他单位提供的贷款担保和为自己的产品提供的产品或服务担保或承诺。企业为其他单位提供的贷款担保形成的预计负债是否发生，取决于被担保者在其贷款期满后能否清偿债务。如果被担保者在贷款到期后不能清偿债务，担保企业就必须代替被担保者清偿债务。此时，预计负债就成了真实的负债；反之，企业的预计负债将不会转化成实际负债。企业为自己的产品或服务进行担保或承诺而形成的预计负债是否发生，则取决于在质量担保期内，企业售出的产品或提供的劳务是否出现质量问题。如果出现质量问题，企业该项预计负债将由或有负债转化为实际负债。

（2）未决诉讼。有时，涉及企业的诉讼会经历较长的时间。当诉讼跨会计年度时，这种未决诉讼就成为企业的一项或有事项。企业进行诉讼活动的目的主要有两个：一是想赢；二是少输。但法院的判决并不以原告、被告的意志为转移。有些判决对企业也许是致命的，可能导致企业破产。

（3）应收票据贴现。应收票据贴现是企业以票据贴现的办法从银行或金融机构获取借款的一种方式。如果在票据到期日，出票人或付款人不能如数付款，企业作为票据的背书人负有连带责任，必须代为偿还。也就是说，企业在用应收票据向银行贴现后，就要承担或有负债的相关责任。

我国《企业会计准则第13号——或有事项》规定，企业必须按照预计项目和预计金额来确定预计负债。这样一来，会引起企业销售费用或者营业外支出的增加，同时降低当期利润。企业必然不愿意披露过多的预计负债或者对企业生存和发展具有重大威胁的或有事项，但是投资者对于企业披露的预计负债应予以高度的关注，认真分析其发生的可能性以及对企业产生的影响，以防止自身受到企业会计报表信息的误导。

6.递延收益。递延收益，是指尚待确认的收入或收益，也可以说是暂时未确认的收益，它是权责发生制在收益确认上的运用。递延收益的应用主要体现在租赁准则和收入准则的相关内容中。例如，企业收到政府财政拨款用于购买科研设备，在收到财政拨款后将其记入“递延收益”账户。待设备购买后，在该固定资产的使用期间，将“递延收益”陆续分摊到各年，同时将其计入各年的“营业外收入”。

阅读提示

递延收益和预收账款的比较。

第一，二者概念不同。递延收益是指企业尚待确认的收入，它在以后期间内，即不同时期的利润表上，分期确认为收入，带有递延性质；预收账款是指企业向购货单位预收的款项，它在商品发送时一次确认为收入，计入某一期的利润表，不带有递延性质。也就是说，递延收益和预收账款都带有预收性质，但前者需要递延，后者不需要递延。

第二，二者都属于负债，但所属明细科目不同。“递延收益”属于内部负债，一般按照资产或者收入的内容设置二级明细科目进行核算；而“预收账款”属于外部负债，一般按照债权人设置二级明细科目进行核算。

第三，二者都属于过渡性科目，但流动性不同。递延收益和预收账款，一般都是在将来转入其他资产或者收益科目。但是预收账款是在发送商品或提供劳务时一次性转为收入，因此属于流动负债；而递延收益则分期转为收入或收益，因此多属于非流动性负债。

总之，在实际工作中，应当正确地理解和运用这两个会计科目，以便正确地进行会计核算，真实地反映企业的财务状况和经营成果。

7.递延所得税负债。关于递延所得税负债的讲解，可参见本章关于递延所得税资产部分的内容，这里就不再赘述了。

第七节　什么是所有者权益

一、所有者权益的含义

阅读提示　所有者权益，是指企业资产扣除负债后由所有者享有的剩余权益。股份公司的所有者权益又称为股东权益。所有者权益的来源包括：所有者投入的资本、直接计入所有者权益的利得和损失、留存收益（盈余公积、未分配利润）等。利得，是指由企业非日常活动所形成的、会导致所有者权益增加的、与所有者投入资本无关的经济利益的流入。利得有两个去向：一是计入其他综合收益；二是计入营业外收入。损失，是指由企业非日常活动所产生的、会导致所有者权益减少的、与向所有者分配利润无关的经济利益的流出。损失也有两个去向：一是计入其他综合收益；二是计入营业外支出。所有者权益的金额取决于对资产和负债的计量，企业的所有者权益主要由实收资本（或股本）、其他权益工具、资本公积、其他综合收益、专项储备、盈余公积和未分配利润组成。直接计入所有者权益的利得和损失（资本公积），是指不应计入当期损益、会导致所有者权益发生增减变动的、与所有者投入资本或者向所有者分配利润无关的利得或者损失。

二、所有者权益与负债的区别

所有者权益和负债同属权益，都因对企业的资本投入而获得对企业资产的要求权，所有者投入的是股权资本，债权人投入的是债权资本。企业的资产总额等于负债总额加上所有者权益总额，可见，两者都能对企业的资产提出要求权。但是，所有者权益和负债之间仍然存在明显的区别，可以概括为以下三方面：

1.性质上的区别。负债是企业债权人对企业资产的要求权（债权），也是企业对债权人承担的经济责任。所有者权益是企业的投资者对企业净资产的要求权，即所有权，也是企业对投资者承担的经济责任。同时，企业对债权和所有权的满足次序不同，一般规定企业应优先满足债权，因为债权是第一要求权，且在企业清算过程中，行使对企业的剩余资产的要求权时，债权人应优先于股东。

2.权利上的区别。作为企业负债对象的债权人与企业只有债权债务关系，无权参与企业的经营管理，也不参与企业的利润分配。而作为所有者权益对象的投资者则有参与企业管理或委托他人管理企业的法定权利，同时也有参与企业利润分配的权利。

3.偿还责任上的区别。负债有规定的偿还期限，一般要求企业按规定的利率计算并支付利息，到期偿还本金。对债权人来说，预期收入的金额和时间较为固定，与企业的经营成果并无多大关系，其承担的风险相对较小。就所有者权益而言，在企业正常经营期间，只要企业不发生清算、破产或其他终止经营的情况，便无须偿还，投资者也不得要求企业返还投资。除非发生企业减资、破产清算等情况，否则企业不存在向其所有者偿还所有者权益的问题，而负债是企业必须加以偿还的债务。对投资者来说，其投资报酬与企业的经营成果有密切的关系，投资者对企业的经营活动承担着比债权人更大的风险，同时其也享受着分配企业利润的权利。在企业清算时，负债通常要优先于所有者权益向其所有者偿还。

第八节　怎样分析所有者权益项目

一、实收资本

实收资本或股本，是指企业收到的投资者实际投入企业的资本。我国于1993年7月1日开始实施的企业财务制度改革中的一项重要内容便是建立资本金制度，其实质是从法律上明确，企业必须有合法投资者的最低限额的出资方能成立。

股本的变动一般由以下原因引起：

1.公司增发新股或配股。从本质上说，这是由投资者追加投资引起的股本变化。应该注意的是，我国对企业减资有着十分严格的限制，一般情况下是不允许企业减资的。

2.可转换公司债券持有人行使转换权利，将其持有的债券转换为股票，或者债务人放弃债权重组债务，将债权转为股权。

3.盈余公积转增股本。这虽然会使股本发生变化，但是由于盈余公积也同时相应减少，因此所有者权益总额并不会发生变化。

4.以送股的形式进行利润分配，即发放股票股利。这会引起股本的增加和未分配利润的减少，但所有者权益总额将保持不变。

二、其他权益工具

“其他权益工具”项目，反映资产负债表日企业发行在外的除普通股以外分类为权益工具的金融工具的期末账面价值。对于企业发行的金融工具，分类为金融负债的，应在“应付债券”项目填列，对于优先股和永续债，还应在“应付债券”项目下的“优先股”项目和“永续债”项目分别填列；分类为权益工具的，应在“其他权益工具”项目填列，对于优先股和永续债，还应在“其他权益工具”项目下的

"优先股"项目和"永续债"项目分别填列。

三、资本公积

资本公积，是指企业收到投资者出资额超出其在注册资本或股本中所占份额的部分以及可以直接计入所有者权益的利得和损失。资本公积主要来源于资本溢价（或股本溢价）。资本溢价是股份公司在发行股票时，其股票发行价格高于其设定的股票面值的部分。企业在溢价发行股票时，其取得的收入，相当于股票面值的部分作为股本，但超出面值的溢价收入在扣除发行股票所支付的佣金和手续费等支出后（溢价净收入），作为资本公积，或是将债权转为股权时，债权超出转换后股本的部分，计入资本公积。如可转换公司债券持有人行使转换权利时，应将其持有的债券转换为股票，按股票面值和转换的股数计算的股票面值总额，记入"股本"账户，按其差额，记入"资本公积——股本溢价"账户。当然，企业收购的自己的股票成为库存股的，则要相应减少资本公积。

资本公积的用途主要有两个：①按法定程序转化为资本；②用于弥补亏损。资本公积是企业一种储备形式的资本。对资本公积的分析，可以全面反映企业资本公积的结构和形成原因，为正确决策提供可靠的依据。

四、其他综合收益

其他综合收益，是指企业根据企业会计准则的规定未在损益中确认的各项利得和损失扣除所得税影响后的净额。这部分主要内容是非经营性的资产增值，即直接计入所有者权益的利得和损失，包括可供出售金融资产中的股票公允价值升高或者降低、首次由成本法转为采用公允价值模式计量的投资性房地产产生的溢折价部分等（具体内容详见第五章第八节）。

五、专项储备

专项储备，是指处于高危行业的企业按国家规定提取的安全生产费。比如，在高瓦斯矿井进行生产作业的煤炭生产企业，属于高危行业，按照国家规定，这类煤炭生产企业可以按原煤实际产量提取一定数额的安全生产费，提取的安全生产费总额列示在期末资产负债表的"专项储备"项目中。

六、盈余公积

盈余公积，是指企业按照规定从税后利润中提取的企业留存利润。盈余公积可分为两种：一是法定盈余公积。企业须按税后利润的10%提取（非公司制企业也可按超出10%的比例提取）法定盈余公积金，在法定盈余公积已达企业注册资本的50%时，企业可不再提取法定盈余公积。二是任意盈余公积。任意盈余公积要按股东会决议的比例进行提取。此外，盈余公积还包括外商投资企业按规定提取的储备基金、企业发展基金、职工奖励及福利基金等。

新公司法颁布以前，盈余公积还包括公益金，其是按照规定的比例从净利润中提取的，用于职工集体福利设施的公益金。现行公司法已经取消了这一账户，主要是考虑到随着经济和社会形势的发展，这一核算账户已经失去了以往的作用和意义。

企业的法定盈余公积和任意盈余公积的用途主要有：

1.弥补亏损。企业发生的经营性亏损，应主要用自己的经营积累进行弥补。弥补亏损的渠道主要有三种：①用以后年度的税前利润弥补。按照规定，企业发生亏损，可以用以后年度实现的会计利润（利润总额）进行弥补，但弥补期限不得超过5年。②用以后年度税后利润弥补。超过了税收规定的税前利润弥补期限，未弥补的以前年度亏损可用所得税后利润弥补。③用盈余公积弥补。

2.增加资本。经股东会决议，企业可以将盈余公积转增为资本。在转增资本时，企业应当注意的是：①要先办理增资手续；②要按股东原有的股份比例进行结转，股份有限公司可采用发放新股或增加每股面值的方法增加股本；③法定盈余公积转增资本时，转增后留存的此项公积金应不少于注册资本的25%。

盈余公积的数量越多，反映企业的资本积累能力、亏损弥补能力、股利分配能力以及风险应对能力等就越强。

七、未分配利润

未分配利润，是企业实现的净利润在提取盈余公积和分配利润后的余额。未分配利润是所有者权益的重要组成部分，它反映企业各年累积的、可供分配给投资者的利润。按规定，当年未分配的利润可以并入以后年度进行分配。因此，这部分利润越多，说明企业当年和以后年度的积累能力、股利分配能力以及风险应对能力等就越强。

引起未分配利润项目发生变化的原因主要有两个：

1.企业生产经营活动的业绩。它包括本年度的经营活动和以前年度的经营活动，因为未分配利润是以前年度生产经营业绩积累的结果。

2.企业的利润分配政策。企业如果采取高股利分配政策，未分配利润就会减少；如果采取低股利分配政策，未分配利润就会增加。资产负债表中，该项目如为负数，则表示企业有未弥补的亏损。

综合练习题

单项选择题

1.下列资产中，流动性最强的是（　　）。

A.固定资产　　B.商誉　　C.存货　　D.应收票据

2.固定资产的账面价值是指（　　）。

A.重置成本　　B.历史成本减去累计折旧

C.净变现价值　　D.清算价值

3.专利权属于（　　）。

A.实质资产　　B.无形资产　　C.流动资产　　D.以上都不是

4.要求企业的会计核算应当按规定的会计处理方法进行，不同企业在处理相同的会计事项时，应当口径一致的原则是（　　）。

A.相关性原则　B.可比性原则　C.一致性原则　D.谨慎性原则

5.下列不属于负债项目的是（　　）。

A.“应付票据”　B.“应付账款”　C.“预付款项”　D.“预收款项”

6.普通股发行股数与每股面额的乘积为（　　）。

A.盈余公积　B.资本公积　C.普通股股本　D.外部权益股本

7.下列不属于股东权益项目的是（　　）。

A.“资本公积”　B.“股本”　C.“应付股利”　D.“盈余公积”

8.企业非日常活动所形成的、会导致所有者权益增加的、与所有者投入资本无关的经济利益的流入是指（　　）。

A.主营业务收入　B.其他业务收入　C.营业外收入　D.利得

9.下列不能引起股本变动的是（　　）。

A.增发新股或配股　B.以送股的形式进行利润分配

C.实现净利润　D.盈余公积转增股本

10.不属于法定盈余公积和任意盈余公积的用途的是（　　）。

A.弥补亏损　B.扩大生产经营　C.转增股本　D.分配股利

判断题

1.资产负债表是时点报表。（　　）

2.相关性原则要求企业的会计核算方法和程序应当前后各期保持一致，不得随意变更。（　　）

3.会计核算要求不能高估资产或收益，也不能低估负债或费用，体现了谨慎性原则。（　　）

4.货币资金越多，说明企业的支付能力越强，财务弹性越大，所以企业货币资金越多越好。（　　）

5.短期借款增加，则意味着企业的利息负担会大大加重，但同时财务风险会有所减轻。（　　）

6.企业商品销售尚未发生或劳务尚未提供而向购货方收取的货款计入预收账款。（　　）

7.确定预计负债对企业的销售费用、营业外支出以及当期利润均无影响。（　　）

8.投资者对企业的经营活动承担的风险比债权人更大。（　　）

9.公司在发行股票时，其股票发行价格高于其设定的股票面值的部分计入资本公积。（　　）

10.资本公积越多，说明企业当年和以后年度的积累能力、股利分配能力以及

风险应对能力等就越强。 （ ）

分析题

1.以某上市公司的资产负债表为例，说明资产负债表各项目所反映的内容以及资产负债表所反映的企业财务状况。

2.资产负债表有哪些局限性？

3.举例说明企业借债的利与弊。

第五章 利润表分析

引例

20世纪初，全球经济发展的重心逐步由欧洲转向美国。资本主义商品经济的快速发展和市场经济的迅速形成，使得越来越多的企业将融资的目光投向银行。随着银行贷款范围的不断扩大，银行逐渐把企业的资产负债表作为了解企业信用状况的主要依据，这种做法一直持续到20世纪30年代。1929—1933年间，资本主义世界经历了历史上最严重的经济危机，一时间，大量企业倒闭，投资者和债权人蒙受了巨大的损失。市场的价格机制、供求机制、竞争机制和风险机制的共同作用，改变了资本主义初期单纯依靠资金的实力就可以开拓市场、占据市场份额并获取暴利的局面。这促使企业的投资者和债权人从只关心企业的财务状况转变为更加关心企业的盈利水平。于是，利润表应运而生。美国政府于1933年和1934年先后颁布了《证券法》和《证券交易法》，规定在证券交易所上市的企业必须公布由注册会计师鉴证的资产负债表和利润表。财务分析也从以资产负债表为核心转向以利润表为核心，由以往推崇的"资产负债观"向"收益观"转变。

资料来源　孙茂竹. 股份制企业审计［M］. 北京：中国人民大学出版社，1994.

第一节　什么是利润表

一、利润表的含义

利润表曾经也叫损益表，它所表达的是企业一个期间的经营成果，说明企业赚了多少或是赔了多少，收入是多少，成本是多少，各种费用是多少等。利润表既反映了利润的形成过程，也体现了利润的计算过程，所以又被称作损益计算书。

利润表与资产负债表不同，它是一张时期报表。作为时期报表，它有如下两种意义：

1.不同时期的报表是可以叠加的，例如，可以把企业2×19年和2×20年的利润表中的各个项目相加，得出两年的收入、费用和利润总和。

2.时期报表中的每一个数字都是累计数，代表一定时期内已经发生的经济业务的总和。所以，时期报表中的数字是一个历史汇总数，可以说明过去一个时期的经营业绩。因此，企业会计准则指出："利润表是反映企业在一定会计期间的经营成果的会计报表。"

二、利润表的基本格式

利润表的基本格式体现了利润的计算过程，其一般有单步式和多步式两种。目前，企业会计准则要求的利润表格式是多步式，也就是将利润的形成过程反映在利润表中，从营业利润到净利润共分为三步：营业利润、利润总额和净利润。2014年7月1日实施的《企业会计准则第30号——财务报表列报》规定，在利润表中引入综合收益指标，即在利润表和合并利润表中增加其他综合收益各项目分别扣除所得税影响后的净额和综合收益总额两个项目。其他综合收益反映企业根据其他会计准则的规定未在当期损益中确认而是直接计入所有者权益的各项利得和损失（需扣除所得税影响），企业净利润与其他综合收益的合计额为综合收益。同时，其还规定在附注中详细披露其他综合收益各项目及其所得税影响。这样做，一方面与《国际会计准则》趋同；另一方面有助于投资者等报告使用者分析企业的全面收益情况（参见附录中新新公司的利润表）。

第二节　什么是收入

收入是一个使用极为普遍的名词，我们在日常生活中经常可以看到和听到，如营业收入、销售收入等。利润表中的收入内容广泛，它是企业各种收入的总和。收入一般表现为现金或者其他资产的增加，也会表现为负债的减少。

企业会计准则对收入的定义是："收入是指企业在日常活动中形成的、会导致所有者权益增加的、与所有者投入资本无关的经济利益的总流入。"这个定义是狭义的，收入具有如下基本特征：

首先，收入是在企业的日常活动中产生的，而不是在偶发的交易或事项中产生的。这里所谓的"日常活动"，是指企业为完成其经营目标所从事的经常性活动以及与之相关的其他活动。例如，工业企业制造并销售产品，商业企业销售商品，保险公司签发保单，咨询公司提供咨询服务，软件企业为客户开发软件，安装公司提供安装服务，商业银行对外贷款，租赁公司出租资产等，均属于企业为完成其经营目标所从事的经常性活动，由此产生的经济利益的总流入构成收入。工业企业出售原材料，对外投资收取利息收入、股利收入等，属于与经常性活动相关的其他活动，由此产生的经济利益的总流入也构成收入。但是，工业企业出售固定资产、无形资产等活动，不是企业为完成其经营目标所从事的经常性活动，也不属于与经常性活动相关的其他活动，由此产生的经济利益的总流入不构成收入，应当将其确认为利得。利得与收入的根本区别在于是否属于企业日常活动取得的经济利益流入。

其次，收入的取得可能表现为企业资产的增加或负债的减少，或者资产增加和负债减少两者兼而有之，并最终导致企业所有者权益的增加。

最后，因所有者投入资本产生的经济利益流入（如追加投资等），不属于企业的收入。需要注意的是，为第三方或客户代收的增值税、代收销货等款项，不能算作企业的收入。

阅读提示 企业会计准则规定："利得是指由企业非日常活动所形成的、会导致所有者权益增加的、与所有者投入资本无关的经济利益的流入。"

企业的收入是按照权责发生制的原则确认的，因此企业某一时期的收入与同一时期收到的现金是不同的概念，当然，二者的金额一般也是不相等的。它们之间的差异主要受三个因素的影响：①某年的收入不一定全部能收到现金，还有一部分是应收账款和应收票据。②现金折扣的存在。企业的应收账款如果想提前收回，就要给客户一定的现金折扣。例如，如果客户在7天内付款就给5%的现金折扣，在30天内付款就给1%的现金折扣。这样，实际收到的款项，就会比确认的收入少。③坏账问题。企业本年收入中的应收账款等部分不一定能够在以后期间全部收回，那么，就会产生对坏账的估计。如果企业坏账准备估计得不准确，利润表中披露的收入就会和实际收到的现金有出入。

案例：康芝药业

康芝药业2010年5月在深交所上市。该公司曾经是国内最大的尼美舒利制剂生产厂家，其主打产品是瑞芝清，其销售收入占公司总销售收入的80%以上。2009年，瑞芝清在儿童解热镇痛类产品中销量第一，销售额达5.56亿元。2011年上半年，在康芝药业上市仅1年后，瑞芝清被披露服用后会使患者产生不良反应。这一事件对康芝药业瑞芝清的销售产生了严重的影响，造成瑞芝清销售数量大幅减少，收入下降近70%。让人不解的是，该公司主营业务收入却没有随之发生明显的下降，其2011年依然取得了盈利。该公司前审计总监在2013年4月实名举报该公司有财务造假行为。历经1年多的调查，2014年7月，证监会对其做出了处罚决定。康芝药业财务造假手段包括：提前确认收入，应计未计期间费用，隐藏关联方和关联方交易等。具体情况如下：

第一，通过提前确认收入，虚增利润。康芝营销是康芝药业的全资子公司，2011年10月，其与云南万苹药业公司签订了OTC合作推广协议。根据协议的约定，两家公司在2011年12月15日签订了产品购销合同。但是到2011年12月29日，在没有根据推广协议投放广告业务的情况下，康芝营销就提前确认了250万元的销售收入，从而导致其当年利润虚增156.81万元。

第二，通过应计未计期间费用，虚增利润。康芝药业在2011年3月通过增资取得北京祥云51%的股权，各办事处的运营费用亦通过北京祥云下拨备用金取得。2011年和2012年间，各办事处已将备用金用于市场开发和销售，产生了销售费用，但未能取得合理票据予以核销，因此其一直挂在预付账款上。2011年年底，公司指使高管从私设的小金库账户汇款500万元到北京祥云财务副总周某的个人账户，周某利用这笔钱冲销公司的预付账款，从而使公司少计费用，并虚增利润238万元。2012年，康芝药业用同样的方式虚增利润231万元。

第三，隐藏关联方及其交易。康芝药业主打产品瑞芝清2010年销售收入为22 216.02万元，到2011年，由于受到瑞芝清不良反应事件的影响，该产品的销售收入只有6 169.73万元，下降了72%，但公司总营业收入仅下降2.45%。更让人匪夷所思的是，在瑞芝清销售收入大幅下降的情况下，其应收账款却从2010年的4 714万元，上升到2011年的11 095万元，增长幅度达到135%。进一步追究其应收账款的客户，却没有找到具体的公司名称，其只以字母表示。因此，不管是应收账款的金额还是应收账款的名称，都让人疑虑重重。通过前后比较分析，可以知道应收账款数额排在前面的广州同慧和海南中瑞都与康芝药业有着千丝万缕的联系。因此，康芝药业进行了一系列隐蔽的关联方交易，以达到财务舞弊的目的。

资料来源：王静静. 从康芝药业财务造假案例看职业怀疑在关联方交易舞弊审计中的运用[J]. 商业会计，2016（11）.

第三节　怎样分析收入类项目

收入是企业获得利润的基础，在一般情况下，企业的收入越多，利润就越多。当然，如果费用的增长速度高于收入的增长速度，收入的增加就未必会带来利润的增加。此外，收入也是判断企业规模和经营能力的重要标志。世界500强的排名依据，主要就是各企业的销售收入数据。就大、中、小型企业的划分而言，我国也是将企业销售额的多少作为主要的划分依据。在企业的经营策略中，有一种常见的现象，就是企业宁可亏损，也要确保其在市场上的销售规模和销售额。由此可以看出，销售收入体现企业的经营能力，对于企业来说，丧失经营能力，其危险程度要明显超过暂时的亏损。企业的收入来源主要有：营业收入，其中包括主营业务收入和其他业务收入，还有公允价值变动收益、投资收益、营业外收入等。在利润表上，各个收入项目是按照其对企业的重要性程度进行分类和排序的。

一、营业收入

利润表中的营业收入由两部分构成：①主营业务收入；②其他业务收入。主营业务收入是企业因销售商品或提供劳务等所取得的收入，是企业经常性经济业务产生的收入。对工业企业来说，主营业务收入是指销售产成品、自制半成品所取得的产品销售收入，以及提供工业性劳务所产生的收入；对商品流通企业而言，主营业务收入则是指商品销售收入，包括自购自销商品的销售收入、进出口业务销售收入、接受其他单位委托代销商品的销售收入，以及代购代销业务的手续费收入等。其他业务收入，是指企业因从事除主营业务活动以外的其他经营活动而取得的收入，是不独立核算的其他业务或附营业务所发生的收入，它包括出租固定资产、出租无形资产、出租包装物和商品、销售材料等所取得的收入。无论是主营业务收入还是其他业务收入，都是企业通过正常的营业活动获得的，它们共同构成企业利润的主要来源。

根据企业会计准则的规定，收入只有在经济利益很可能流入企业，从而导致企业资产增加或者负债减少且经济利益的流入额能够可靠计量时才能予以确认。可见，企业会计准则对收入的确认标准规定得比较严谨，注重交易的经济实质。例如，在商品销售的交易中，要求企业在确认收入时要判断客户是否取得相关商品的控制权，而不注重表面上商品是否已经发出；要求企业判断商品的价款能否收回，而不注重形式上是否已取得收取价款的权利等。这样就要求企业针对不同交易的特点，分析交易的实质，正确判断每项交易中所有权的主要风险和报酬实质上是否已经转移，是否仍保留与所有权相关的继续管理权，是否仍对售出的商品实施控制，相关的经济利益能否流入企业，收入和相关成本能否可靠计量等重要条件，只有这些条件同时满足，才能确认收入；否则，即使已经发出商品或已经收到价款，也不能确认收入[①]。

营业收入是利润的源泉，对于企业来说至关重要。无论是企业的所有者，还是管理者，对于企业的收入都非常关注。在对营业收入进行分析时，应从以下几个方面入手：

1.分析主营业务收入的比重。一般来说，一个企业的主营业务收入是最稳定的收入来源，其在企业总收入中所占的比重最大。如果一个企业的主营业务收入逐年下降，而营业收入却在上升，那么一种分析的结论是：该企业可能正在经营战略和经营方式上进行转型和调整；另一种考虑就是：企业可能正处在衰退阶段，其营业收入上升可能不会持久。

2.分析营业收入的经营种类分布。在从事多品种经营时，企业不同品种商品或劳务的营业收入构成及变动情况对分析和预测企业的利润具有十分重要的意义。会计报表使用者要观察占总收入比重较大的商品或劳务的变化情况，因为这些收入项目往往是企业过去和目前业绩的主要构成要素，可以通过这些收入项目的变动，来

---

① 2017年7月，财政部对《企业会计准则第14号——收入》进行了修订，将收入的确认标准由“主要风险和报酬实质上是否已经转移”改为“客户是否取得相关商品控制权”。这里所说的取得相关商品控制权，是指能够主导该商品的使用并从中获得几乎全部的经济利益。在境内外同时上市的企业以及在境外上市并采用《国际财务报告准则》或企业会计准则编制财务报表的企业，自2018年1月1日起施行；其他境内上市企业，自2020年1月1日起施行；执行企业会计准则的非上市企业，自2021年1月1日起施行。

预测企业利润的变动趋势，判断企业的发展走向和增长点。

3.分析营业收入的地区分布。如果企业为不同的地区提供产品或劳务，那么企业在不同地区的商品或劳务的营业收入构成及变动情况对分析和预测企业的利润具有重要的价值。占总收入比重大的地区是企业过去和目前业绩的主要驱动力量，可以根据各地区收入的变动情况，结合不同地区消费者对不同品牌的商品的不同偏好，来预测企业利润的变动趋势。

4.分析企业与关联方交易所获得的收入占总收入的比重。在企业形成集团化经营的条件下，集团内各个企业之间可能发生关联方交易。在2007年颁布实施的《上市公司信息披露管理办法》中，关联交易的定义是："上市公司或者其控股子公司与上市公司关联人之间发生的转移资源或者义务的事项。"这里的关联人包括关联法人和关联自然人。

具有以下情形之一的法人，为企业的关联法人：①直接或者间接控制企业的法人；②由前项所述法人直接或者间接控制的除企业及其控股子公司以外的法人；③关联自然人直接或者间接控制的，或者担任董事、高级管理人员的，除企业及其控股子公司以外的法人；④持有企业5%以上股份的法人或者一致行动人；⑤在过去12个月内或者根据相关协议安排在未来12个月内，存在上述情形之一的；⑥中国证监会、证券交易所或者企业根据实质重于形式的原则认定的其他与企业有特殊关系，可能或者已经造成企业对其利益倾斜的法人。

具有以下情形之一的自然人，为企业的关联自然人：①直接或者间接持有企业5%以上股份的自然人；②企业董事、监事及高级管理人员；③直接或者间接地控制企业的法人的董事、监事及高级管理人员；④与上述第①、②项所述人士关系密切的家庭成员，包括配偶，父母，年满18周岁的子女及其配偶，兄弟姐妹及其配偶，配偶的父母、兄弟姐妹，子女配偶的父母；⑤在过去12个月内或者根据相关协议的安排在未来12个月内，存在上述情形之一的；⑥证监会、证券交易所或者企业根据实质重于形式的原则认定的其他与企业有特殊关系，可能或者已经造成企业对其利益倾斜的自然人。

由于关联方之间的密切联系，其有可能为了提升某个企业的业绩而人为地制造一些业务。当然，有的关联方之间的交易也是企业间正常交易。但是，会计报表使用者必须关注以关联方销售为主体形成的营业收入在交易价格、交易时间等方面所形成的非市场化因素，以判断企业营业收入的合理性。

5.分析地方政府或部门利用行政手段对企业的营业收入进行扶持所产生的影响。在我国社会主义市场经济的发展过程中，地方政府或部门利用行政手段对企业营业收入产生的影响也是不容忽视的。在我国目前情况下，地方政府或部门利用行政手段支持个别企业扩大销售的情况屡见不鲜。地方政府或部门参与和扶持企业的销售活动，虽然会对企业当年的营业收入有较大的影响，但是这种违背市场经济规律的活动的危害性，投资者也应该予以考虑，地方政府或部门的各种"优惠"条件一旦没有了，企业的利润将直线下降。

很多企业为了实现它们所期望的利润，采用各种手段操纵收入，欺骗报表使用者，对此，本书将在第九章第十一节中介绍如何识别企业操纵收入的预警信号。

二、其他收益

其他收益，是指与企业日常生产经营有关的政府补助，以及企业作为个人所得税的扣缴义务人收到的扣缴税款手续费。2019年5月，财政部发布了《一般企业财务报表格式（适用于已执行新金融准则、新收入准则和新租赁准则的企业）》，其他收益作为新增利润表项目首次“亮相”。

三、投资收益

投资收益，是指企业持有的交易性金融资产、债券投资以及长期股权投资等为企业带来的收益。对于投资收益的分析，应该注意的是：

1.分析企业长期股权投资的核算方法。按照有关规定，如果采用成本法核算，企业就应按被投资单位宣告发放的现金股利或利润中属于本企业的部分计算投资收益。如果采用权益法核算，那么对于企业的投资收益，就应该根据被投资单位当期实现的净利润或经调整的净利润计算企业应享有的利润份额，而不是按企业实际分配到的利润来核算。也就是说，采用权益法核算时，企业确定的投资收益并不是真正放在企业“口袋”里的收益，这部分利得，仍然存放在被投资单位中，投资者在分析这部分内容时，要注意到这一点。另外，对于企业采取的会计政策的变动，投资者也要加以关注，因为会计政策的变动，往往会导致利润核算结果的变化，如果企业对于会计政策的变动没有正当合理的解释，那么其就有调节利润的嫌疑。

2.分析投资收益占企业总收益的比重及其变动情况。对于许多传统的企业来说，营业收入往往在企业收入中占有很大比重。但是，随着企业兼并、合并、重组等资本经营活动的增加，越来越多的现代企业将经营中心从产品生产和销售转移到对外投资。可以看到，企业中对外投资性质的资产的数额在逐年增加，其所带来的结果就是在企业的收入中投资收益的比重越来越大。从目前的市场情况来看，投资收益的稳定性还是比较差的，其存在较高的风险，因此企业的投资收益的不确定性也比较大。在分析企业财务状况时，要充分考虑到投资收益的这一特点，冷静和谨慎地判断和预测企业未来的投资收益。

“投资收益”中的明细项目“对联营企业和合营企业的投资收益”和“以摊余成本计量的金融资产终止确认收益”项目，也要在利润表中单独列示。“以摊余成本计量的金融资产终止确认收益”是企业转让金融资产等活动而产生的利得（或损失）。

四、净敞口套期收益

净敞口套期收益，是指净敞口套期下被套期项目累计公允价值变动转入当期损益的利得或现金流量套期储备转入当期损益的利得。企业在经营活动中会面临各类风险，如外汇风险、利率风险、价格风险、信用风险等。对于这些风险敞口，企业可能会选择通过金融工具产生反向的风险敞口（开展套期业务）来进行风险管理活动。其中，净敞口套期收益要单独反映在利润表中的“投资收益”与“公允价值变动收益”两个项目之间的“净敞口套期收益”项目中，而非净敞口套期收益则依旧在“公允价值变动收益”项目中反映。在财务报告中反映企业采用金融工具管理因特定风险引起的风险敞口的情况，是为了帮助报表阅读者更加清楚地了解企业在经营运行中可能存在的财务风险。

五、公允价值变动收益

公允价值变动收益，是指企业由于以公允价值计量且其变动计入当期损益的金融资产，以公允价值计量且其变动计入当期损益的金融负债，以及采用公允价值模式计量的投资性房地产、衍生工具、套期保值业务等的公允价值变动所形成的利得。在每年的年末，企业要评估以公允价值计量且其变动计入当期损益的金融资产、以公允价值计量且其变动计入当期损益的金融负债、投资性房地产、衍生工具、套期保值业务等的公允价值，如果上述各类资产比上一年增值了，即其公允价值高于账面价值，或者负债的公允价值低于账面价值，那么资产价值增加的部分和负债价值减少的部分就算作企业的收益，计入利润表。由于我国目前情况下，对于某些资产的公允价值的准确确定与评估还存在一定的困难，因此，投资者在分析这一部分收益时，应该持谨慎的态度，注意观察本期的变动额对利润总额的影响，结合市场调查情况来判断企业是否存在操纵利润的动机和行为。

六、资产处置收益

资产处置收益，是企业出售非流动资产，或者出售非流动资产和流动资产组合（不包括出售子公司）时得到的收益。此外，债务重组中，因将非流动资产抵债产生的利得，及在非货币性资产交换中，换出非流动资产产生的利得，也要一并在“资产处置收益”项目中列示。需要注意的是，这里的非流动资产不包括金融工具、长期股权投资和投资性房地产，主要是固定资产、在建工程、生产性生物资产及无形资产等。

七、营业外收入

企业的营业外收入，是指企业发生的与生产经营无直接关系的各项收入，主要包括盘盈利得、接受捐赠、罚款等利得，以及与企业生产经营无关的政府补助等。盘盈利得是指除固定资产以外的其他资产的盘盈，而固定资产的盘盈，则应作为前期差错记入“以前年度损益调整”账户。罚款收入，是指企业取得的与企业有业务往来的有关各方违反国家有关法规，依法向企业支付的罚款，包括因供应单位不履行合同而向其收取的赔偿金，因购买单位不履行合同、协议支付货款而向其索取的赔偿金、违约金等。捐赠，是指企业接受的企业以外的单位或个人使企业无偿拥有和使用的资产。政府补助，是政府根据政策向企业发放的与企业日常生产经营无关的各种补助金。如何区分哪些政府补助属于“其他收益”，哪些属于“营业外收入”呢？可以按照如下标准来判断：一是看政府补助补偿的成本费用是否属于营业利润中的项目，如果属于，则该项政府补助与日常活动相关，例如，成本费用的补贴、超税负返还、研发费用补助等。二是看该补助与日常销售等经营行为是否密切相关，例如，软件企业享受增值税即征即退的税收优惠，该税收优惠与企业销售商品的日常活动密切相关，则其属于与日常活动相关的政府补助。与日常活动无关的政府补助，通常由企业常规经营之外的原因所导致，具备偶发性的特征，例如，政府因企业受不可抗力的影响发生停工、停产损失而给予的补助等。

营业外收入的稳定性是比较差的，投资者不能根据这部分收益来预测企业未来的利润水平，在对企业的财务情况进行分析时，应排除营业外收入的影响。此外，营业外收入占总收入的比重不应过大，如果比重过大，超过了企业正常的经营收入，说明企业的盈利结构出现了问题，那么盈利的质量也是值得怀疑的。

除了对各收入类项目逐一进行分析外，报表使用者在分析收入时，还应关注如下几个方面的问题：

1.收入的确认。一是要分析收入的确认时间是否合法，即分析本期收入与前期收入或后期收入的界线是否清楚。二是分析收入确认方法的合理性，如对收入采用完工百分比法、完成合同法是否合理等。一般来说，这一分析需要借助财务报表以外的资料来进行。

2.收入的计量。例如，分析确认销售退回、折扣与折让的计量是否准确时，应根据商业折扣与现金折扣的特点，分别分析折扣的合理性与准确性，以及对企业收入的影响。要明确分析的目的是检验企业收入计量的正确性，而明确分析结果正确与否的关键在于明确分析过程中所选择的会计政策、会计方法的准确性与合理性。进行这一分析要在掌握一定的会计专业知识的基础上进行。

3.企业收入的总结构。分析企业收入时，不仅应研究其总量，而且应分析其结构及变动情况，以了解企业的经营方向和会计政策的选择。收入结构分析主要从营业收入与营业外收入、现销收入与赊销收入的结构入手。企业收入包括营业收入、营业外收入、投资收益等，营业收入中包含了主营业务收入和其他业务收入等。我们可以运用垂直分析法编制利润结构分析表，通过对收入的构成情况进行分析，了解与判断企业的经营方针、经营方向及效果，进而分析预测企业的持续发展能力。比如，2×20年，新新公司利润结构分析表（见表5-1）显示，营业成本占营业收入的比重由上年的79.27%上升到79.64%，说明企业销售商品的成本在增加，利润空间被压缩。如果一个企业的收入中，营业收入或者主营业务收入所占的比重较低或不断下降，其发展潜力和前景显然是值得怀疑的。

表 5-1　　　**2×20年新新公司利润结构分析表**　　　金额单位：千元

项目	本期金额	上期金额	本期占营业收入百分比（%）	上期占营业收入百分比（%）	本期占总收入百分比（%）	上期占总收入百分比（%）
一、营业收入	14 968 766	11 418 968	100	100	99.43	99.86
减：营业成本	11 921 108	9 051 327	79.64	79.27		
税金及附加	156 133	126 038	1.04	1.10		
销售费用	497 254	385 159	3.32	3.37		
管理费用	1 549 411	1 112 755	10.35	9.74		
研发费用	172 157	123 639	1.15	1.08		
财务费用	121 502	93 169	0.81	0.82		
加：其他收益	0	0	0.00	0.00		
投资收益	756	1 041	0.01	0.01		
净敞口套期收益（损失以"–敞号填列）	0	0	0.00	0.00		
公允价值变动收益（损失以"–"号填列）	0	0	0.00	0.00		
信用减值损失（损失以"–用号填列）	–25 336	–12 530	–0.17	–0.11		
资产减值损失（损失以"–"号填列）	–14 076	–6 961	–0.09	–0.06		
资产处置收益（损失以"–"号填列）	–2 815	–1 392	–0.02	–0.01		
二、营业利润	509 732	507 038	3.41	4.44		
加：营业外收入	85 611	16 008			0.57	0.14
减：营业外支出	17 338	37 747			0.12	0.33
三、利润总额	578 006	485 298			3.84	4.24
减：所得税费用	251 382	166 038			1.67	1.45
四、净利润	326 624	319 260			2.17	2.79

同时，我们也可以运用水平分析法编制利润变动分析表，通过对收入和费用的变动情况进行分析，重点观察对利润有重大影响且变动幅度大的收入和成本费用项目。比如，2×20年新新公司利润变动分析表（见表5-2）显示，营业成本的增长幅度（32%）大于营业收入的增长幅度（31%），说明市场竞争在加剧。

表5-2　　2×20年新新公司利润变动分析表　　金额单位：千元

项目	本期金额	上期金额	增减额	增减幅度（%）
一、营业收入	14 968 766	11 418 968	3 549 798	31.09
减：营业成本	11 921 108	9 051 327	2 869 781	31.71
税金及附加	156 133	126 038	30 095	23.88
销售费用	497 254	385 159	112 095	29.10
管理费用	1 549 411	1 112 755	436 656	39.24
研发费用	172 157	123 639	48 518	39.24
财务费用	121 502	93 169	28 333	30.41
加：其他收益	0	0	0	0.00
投资收益	756	1 041	-285	-27.38
净敞口套期收益（损失以“-敞号填列）	0	0	0	0.00
公允价值变动收益（损失以“-”号填列）	0	0	0	0.00
信用减值损失（损失以“-用号填列）	-25 336	-12 530	-12 806	102.21
资产减值损失（损失以“-”号填列）	-14 076	-6 961	-7 115	102.21
资产处置收益（损失以“-”号填列）	-2 815	-1 392	-1 423	102.21
二、营业利润	509 732	507 038	2 694	0.53
加：营业外收入	85 611	16 008	69 603	434.82
减：营业外支出	17 338	37 747	-20 409	-54.07
三、利润总额	578 006	485 298	92 708	19.10
减：所得税费用	251 382	166 038	85 344	51.40
四、净利润	326 624	319 260	7 364	2.31

此外，企业收入中的现销收入与赊销收入构成还会受企业的产品适销程度、企业竞争战略、会计政策选择等多个因素的影响。通过对二者的结构及变动情况进行分析，可以了解与掌握企业产品的销售情况及战略选择。当然，在市场经济条件

下，企业赊销业务的相关信息属于商业秘密并不会对外公开，所以进行这种分析时，需要企业的内部财务信息。

第四节　什么是费用

费用是企业在获取收入的过程中所付出的代价，表现为现金或其他资产的减少，也可以表现为负债的增加。《企业会计准则》中给费用下的定义是："费用是指企业在日常活动中发生的、会导致所有者权益减少的、与向所有者分配利润无关的经济利益的总流出。"与收入相对应，费用具有以下基本特征：

首先，费用是企业在销售商品、提供劳务等日常活动中发生的经济利益的流出，它包括销售产品的成本、支付的各种税金及附加、发生的利息费用、水电费、工资等。企业的存货盘亏损失、罚款等支出不属于日常活动的经济利益流出，因此不能归为费用，而应归入损失。费用与损失的根本区别在于是否属于企业日常活动所产生的经济利益的流出。

其次，费用的付出可能表现为企业资产的减少或者负债的增加，最终会减少企业的所有者权益。

最后，与向所有者分配利润相关的经济利益的流出不属于费用。

阅读提示　《企业会计准则——基本准则》规定："损失是指由企业非日常活动所引起的、会导致所有者权益减少的、与向所有者分配利润无关的经济利益的流出。"

同样，企业的费用也是按照权责发生制的原则确认的，因此企业某一时期的费用与同一时期支出的现金也是不同的概念，金额也往往不同。

第五节　怎样分析费用类项目

费用的实质是经济利益的流出，但这并不意味着费用对于企业来说就是一个消极的因素。俗话说，有得必有失，要在企业的经营活动中获得经济利益的流入，就必须发生各种耗费。因此，费用是企业获得经营利益所必须付出的代价。当然，在获得同样收益的条件下，付出的代价越小越好。企业发生费用支出的具体项目主要有：营业成本（其中包括主营业务成本和其他业务成本）、税金及附加、销售费用、管理费用、财务费用、资产减值损失、公允价值变动损失、投资损失、营业外支出、所得税费用等。

一、营业成本

利润表中的营业成本，是指与营业收入相关的、已经确定了归属期和归属对象的成本。以其与收入的归属关系为依据，营业成本可以分为两部分：一是主营业务成本；二是其他业务成本。在不同类型的企业里，营业成本有不同的表现形式。在制造业或工业企业里，营业成本表现为已销售产品的生产成本；在商品流通企业里，营业成本表现为已销商品成本。对于营业成本的分析，应该注意如下两点：

1.分析企业成本水平变化的影响因素。从企业利润的形成过程来看，企业的营业收入减去营业成本后的余额为毛利。企业必须先形成毛利，才有可能形成营业利润。因此，追求一定规模的毛利和较高的毛利率是企业管理者的普遍心态，也是关注企业的投资者的普遍心理期望。但是，必须指出，可以影响企业营业成本水平高低的因素，既有企业不可控的因素（如受市场因素的影响而引起的价格波动），又有企业可以控制的因素（如在一定的市场价格水平条件下，企业可以通过选择供货渠道、限制采购批量等方法来控制成本），还有企业通过成本会计系统的会计核算对企业制造成本的操控等不合理因素。因此，在对营业成本的质量进行分析和评价时，应考虑多种因素的影响。

2.将成本与相关的收入相对比，观察利润情况。在财务报表的附注中，企业往往会披露一些关于营业成本具体构成情况的信息。报表使用者可以通过将各项目的成本与其对应的收入进行比较，来分析每一项目的利润及其变动情况，观察和发现企业在各个环节和部门的成本管理中存在的问题。

二、税金及附加

税金及附加，是指企业经营活动中发生的消费税、城市维护建设税、资源税和教育费附加等相关税费，但是不包括所得税。要注意，税金及附加是在企业收入实现时，根据税法的规定计算的，无论企业是否已经实际缴纳，它们都应包括在利润表的“税金及附加”项目里。

三、销售费用

销售费用，是指企业在销售商品和材料、提供劳务的过程中发生的各种费用，包括保险费、包装费、展览费和广告费、商品维修费、预计产品质量保证损失、运输费、装卸费等，以及为销售本企业商品而专设的销售机构（含销售网点、售后服务网点等）的职工薪酬、业务费、折旧费等经营费用。

从销售费用的功能来分析，有的与企业的业务活动规模有关（如运输费、装卸费、整理费、包装费、保险费、销售佣金、差旅费、展览费、委托代销手续费、检验费等），有的与企业从事销售活动人员的待遇有关（如营销人员的工资和福利费），还有的与企业的未来发展、开拓市场、扩大企业品牌的知名度等有关。从企业管理层对上述各项费用的有效控制来看，尽管管理层可以对诸如广告费、营销人员的工资和福利费等费用采取控制或降低规模等措施，但是，这种控制或降低措施或者会对企业的长期发展不利，或者会影响有关人员的工作积极性。因此，在企业业务发展的条件下，不应片面追求销售费用的一味降低，要结合有效的管理方法，进行合理控制；否则，长期下去将有可能对企业的发展不利。此外，分析企业销售费用的增减要与销售收入的增减相联系。如果企业的销售扩大，销售费用一般会相应增加。如果销售收入不变，而销售费用增加，就有可能是企业产品销售出现了困难，企业为了刺激销售而不得不加大投入，或者是销售部门的管理出现了问题。

四、管理费用

管理费用包含的内容通常非常多，其主要是指企业为组织和管理生产、经营所发生的管理费用，包括企业在筹建期间发生的开办费、董事会和行政管理部门在企业的经营管理中发生的或者应由企业统一负担的公司经费（包括行政管理部门的职工工资及福利费、物料消耗、低值易耗品摊销、办公费和差旅费等）、工会经费、董事会费（包括董事会成员的津贴、会议费和差旅费等）、聘请中介机构费、咨询费（含顾问费）、诉讼费、业务招待费、房产税、车船税、城镇土地使用税、印花税、技术转让费、矿产资源补偿费、研究费用、排污费等。

管理费用与销售费用一样，从企业管理层对上述各项费用的有效控制来看，尽管管理层可以对诸如业务招待费、技术开发费、董事会会费、职工教育经费、涉外费、租赁费、咨询费、审计费、诉讼费、修理费、管理人员工资及福利费等管理费用采取控制或降低其规模等措施，但是，如果一味片面追求这种控制或降低，就有可能抑制企业的发展。另外，摊销费用等是企业以前各个会计期间已经支出的费用，不存在控制其支出规模的问题。这类费用的处理会更多地受到企业会计政策的影响。因此，在企业业务发展的条件下，企业的管理费用并不是越低越好。

五、研发费用

研发费用包括企业进行研究与开发过程中发生的费用化支出，以及自行开发的无形资产的摊销费用。企业进行研究与开发过程中发生的资本化支出，需要在资产负债表中的“开发支出”项目中反映。企业每年研发费用的多少，显示了企业在技术创新方面的投入情况。

六、财务费用

财务费用是企业为筹集生产、经营所需资金等而发生的筹资费用，包括利息支出（减利息收入）、外币汇兑损益及相关的手续费、企业发生的现金折扣或收到的现金折扣等，但是不包括为购建或生产满足资本化条件的资产而发生的应予资本化的借款利息支出。

对于大多数企业而言，经营期间发生的利息支出构成了企业财务费用的主体。我们知道，企业贷款利息水平的高低主要取决于贷款规模、贷款利息率和贷款期限。

1.贷款规模。概括地说，如果由于贷款规模缩减而导致计入利润表的财务费用下降，那么企业会因此而改善盈利能力。但是，我们不应立即为这种盈利能力的改善欢呼，因为企业可能因贷款规模的缩减而降低发展的速度。

2.贷款利息率和贷款期限。从企业融资的角度来看，贷款利息率的具体水平主要取决于一定时期资本市场的供求关系、贷款规模、贷款的担保条件、贷款企业的信誉以及贷款期限等。在利率的选择上，企业贷款可以采用固定利率、变动利率或浮动利率等。可见，在贷款利率中，既有企业不可控制的因素，又有企业可以选择的因素。在不考虑贷款规模和贷款期限的条件下，企业的利息费用将随着贷款利率水平的波动而波动。因此，在对企业的财务费用进行分析时，要排除因贷款利率的变动而导致的对企业财务费用的客观影响。

七、投资损失

投资损失，是指企业持有的交易性金融资产、债权投资以及长期股权投资等给企业带来的损失和费用。企业按照投资收益减投资损失后的金额列报在利润表的“投资收益”项目（损失用“-”号表示）中。

八、净敞口套期损失

净敞口套期损失，是指净敞口套期下被套期项目累计公允价值变动转入当期损益的金额，或现金流量套期储备转入当期损益的损失金额。

九、公允价值变动损失

公允价值变动损失，是指企业的以公允价值计量且其变动计入当期损益的金融资产、以公允价值计量且其变动计入当期损益的金融负债，及采用公允价值模式计量的投资性房地产、衍生工具、套期保值业务等的公允价值变动所形成的损失。在每年的年末，企业要评估以公允价值计量且其变动计入当期损益的金融资产、以公允价值计量且其变动计入当期损益的金融负债、投资性房地产、衍生工具、套期保值业务等的公允价值，如果上述各类资产比上一年减值了，即其公允价值低于账面价值，或者负债的公允价值高于账面价值，那么资产价值降低的部分和负债价值升高的部分就算作企业的损失，计入利润表，按照公允价值变动收益和损失抵减后的净值列报在利润表的“公允价值变动收益”项目（损失以“-”号表示）中。

案例：次贷危机时代，公允价值的是与非

由2007年美国次贷危机所引发的全球金融危机不仅撼动了华尔街金融巨头的生存根基，也在国际范围内引发了针对公允价值会计准则存废与否的激烈论战。

这场论战大致始于2008年3月。最先对会计界发难的是在危机中遭受重创的跨国金融巨头。它们认为，在金融危机的市场环境下，按公允价值对资产支持证券（ABS）、抵押贷款支持证券（MBS）、抵押债务权证（CDO）和信用违约互换（CDS）等金融衍生产品进行计量，会导致金融机构在账面上确认未实现且未涉及现金流量的巨额损失。这些天文数字般的账面损失，误导了投资者，诱使他们恐慌地抛售相关金融机构的股票。这种非理性的投机行为，反过来又会迫使金融机构的高管层不惜代价降低次债和其他金融产品的风险暴露头寸，结果导致本已脆弱不堪的次级债务和其他金融产品市场濒临崩溃，金融机构不得不在账上进一步确认资产减值损失或公允价值变动损失，最终引发金融产品螺旋式的价格下跌浪潮。它们声称，公允价值会计这种独特的反馈效应和顺周期效应会在金融危机中推波助澜，造成极具破坏性的恶性循环。为此，以花旗、美林、瑞银、百士通为代表的金融机构，纷纷将矛头直指公允价值会计，声称公允价值计量模式夸大了次级债务和其他金融产品的实际损失，放大了金融危机的广度和深度，并要求完全废除或暂时停止采用公允价值会计。

以美国财务会计准则委员会（FASB）和国际会计准则理事会（IASB）为代表的会计准则制定机构则认为，金融巨头抨击公允价值会计准则无非是为了转移公众的视线，为自己的过度投机和失败的风险管理寻找替罪羊。会计界认为，是金融机构放松信贷标准、毫无节制地发放住房按揭贷款制造了房地产泡沫，并通过不受监管、不透明、容易滋生道德风险的资产证券化等金融创新手法放大金融资产泡沫，才最终酿成这场灾难深重的金融危机。而会计界借助公允价值计量模式，及时、透明、公开地揭示出这些资产泡沫，才促使金融界、投资者和金融监管当局正视和化解金融风险。

经过缜密的调查研究，最终美国证券交易管理委员会（SEC）同时提出如下八项修正建议：FAS157应予以完善，但不应当被暂停；现行公允价值和市价标价法会计的要求不应被中止；FASB应采取进一步的措施完善现行公允价值的运用；应当重新审视金融资产减值会计；FASB应当对公允价值会计在运用中如何培养良好的专业判断提供进一步指引；会计准则的制定应当以满足投资者的信息需求为导向；FASB应采取额外的正式措施处理会计准则运用中遇到的实际问题；FASB应当进一步简化与金融资产和投资相关的会计处理。SEC提交的权威研究报告有助于纠正金融界和部分国会议员对公允价值的错误认识，既为公允价值正名，也为会计界洗刷了莫须有的罪名。

资料来源　黄世忠. 金融危机触发的公允价值论战［J］. 中国金融，2009（15）.

十、信用减值损失

信用减值损失，是指企业对拥有的金融工具提取的信用减值准备，比如，对应收款项、其他应收款、预收款项等金融工具的坏账准备。企业执行2017年修订的《企业会计准则第22号——金融工具确认和计量》后，发生的各类应收款项坏账准备应通过“信用减值损失”科目核算，不再通过“资产减值损失”科目核算。固定资产、无形资产、存货还是在“资产减值损失”项目中列示。

十一、资产减值损失

资产减值损失，是指企业计提的除金融工具以外的各项资产减值准备所形成的损失。按照会计的相关规定，企业年末的存货、固定资产、无形资产等资产发生减值的，应当计提资产减值准备，冲减当期利润。也就是说，这些资产的价值降低了，由此给企业带来了损失，企业当期利润也因此受到了影响。当以后的某一年，这些原来减值的资产的价值又重新提高时，按道理来说，应该将原来提取的减值准备冲回，升值的部分算作企业当期的收益，提高当期的利润。

案例：南方证券

近年来，频繁发生的券商倒闭事件从一个侧面戏剧性地反映了某些上市公司“各取所需”地计提资产减值准备和信用减值准备的乱象。截至2003年12月31日，参股南方证券的各上市公司计提投资减值准备的情况见表5-3。

表5-3　**参股南方证券的各上市公司计提投资减值准备的情况**　金额单位：亿元

股票简称	投资余额	计提金额与比例		年净利润	净资产收益率（%）
上海汽车	3.96	3.96	100	15.16	14.55
首创股份	3.96	0.59	15	4.04	9.08
东电B股	2.2	1.8	82	6.09	10.14
四川长虹	1.3	0	0	2.4	1.84
邯郸钢铁	1.1	0.52	47	6.26	8.63
万鸿集团	0.83	0.75	90	-7.68	-
海王生物	0.77	0.23	30	0.44	2.51
中原油气	0.49	0.27	55	5.22	12.16

从表5-3可以清楚地看出，对南方证券进行投资的上市公司依据各自的估计和判断，计提了长期投资减值准备（2020年以后计入信用减值准备），计提比例迥然不同，令人匪夷所思。例如，上海汽车的净资产收益率高达14.55%，竟然对其投资计提了100%的减值准备，而同样盈利状况较好的首创股份的计提比例仅为15%。计提投资减值准备的比例较高的还有盈利情况较好的东电B股和发生巨额亏损的万鸿集团。海王生物尽管业绩不佳，但其所计提的减值准备的比例并不高，经分析认为，其原因是该公司近期欲在中国香港上市。

资料来源　易茜. 减值准备合理性的案例分析［J］. 财会通讯：学术版，2005（6）.

对于资产减值准备和信用减值准备的计提，我国会计准则的规定与国际会计准则趋同，即企业应按资产可回收金额低于账面价值的部分确认减值准备。可是，对于计提金额的合理性，至今没有统一的验证标准，这就方便了利润操纵。从上述案例中我们不难看出，减值准备远不是管理层根据准则要求计算出的一个简单数字，其背后隐含着公司的经营战略、业绩目标、大股东的利益取向。

企业会计准则对资产减值准备的冲回作了严格的限制，上述规定也阻断了有些企业利用资产减值准备调节利润的道路。

十二、资产处置损失

资产处置损失，包括企业出售非流动资产或者非流动资产和流动资产组合（不包括出售子公司）的处置损失、债务重组损失和非货币性资产交换损失。非流动资产处置损失，是指转让或变卖非流动资产所取得的价款减去清理费用后的数额低于非流动资产账面净值的差额。债务重组损失，是指企业以债务重组的方式收回债权或以低于债权账面价值的现金收回债权时，其实际收到的金额与债权账面余额的差额，或者是企业作为债务人以非现金资产清偿债务时，债务的账面价值小于用来清偿债务的非现金资产的账面价值的差额。当企业以修改其他债务条件的形式进行重组时，若其未来应收金额小于重组债权账面价值，应首先冲减已计提的坏账准备，已计提的坏账准备不足以冲减的，则将其差额作为债务重组损失。非货币性资产交换损失，是指企业在进行非货币性交易时按规定应确认的损失。

十三、营业外支出

营业外支出是指企业发生的与企业生产经营无直接关系的各项支出，包括公益性捐赠支出、非常损失、盘亏损失等。其中，公益性捐赠支出，是指企业向企业以外的单位或个人无偿捐赠供对方拥有和使用的资产。非常损失，是指由自然灾害造成的各项资产净损失扣除保险赔偿金及残值以及由此造成的停工损失和善后清理费用等后的损失。盘亏损失，是指固定资产、存货或现金等发生盘亏，在报经管理层批准前，先记入“待处理财产损溢”科目中，经批准后，再转入“营业外支出”科目中的损失。

营业外支出与营业外收入一样，具有不稳定性，不能用于预测企业的未来。

十四、所得税费用

所得税是指企业在会计期间内发生的利润总额，经调整后按照国家税法规定的比率，计算缴纳的税款。利润总额减去所得税费用后的差额，即为净利润。应交所得税的计算基础虽然是利润总额，但并非简单地用利润总额的数字乘以相应的所得税税率计算得出。在很多情况下，利润总额并不等于应纳税所得额，造成两者差异的根本原因在于存在许多纳税调整因素。纳税调整因素包括收入类、扣除类、资产类等永久性和暂时性差异以及弥补亏损等。

由利润总额调整为应纳税所得额的调增部分包括：未计入利润总额的应税收入项目（收入类）；税收不允许扣除的支出项目（支出类）、超出税收规定扣除标准的支出金额（支出类）；资产损失和非流动资产的折旧、摊销、折耗金额的纳税调整项目（资产类）；企业计提的各类准备金的纳税调整；房地产开发企业按本期预售收入计算的预计利润的纳税调整；涉及特别纳税调整项目的纳税调整；等等。

由利润总额调整为应纳税所得额的调减部分包括：已计入利润总额，但税收规定可以暂不确认为应税收入的项目（收入类）；在以前年度进行了纳税调增，根据税收规定从以前年度结转过来在本期扣除的项目金额（支出类、资产类），例如，不征税收入、免税收入、减计收入，以及房地产开发企业本期结转销售收入的预售收入已按规定计算并允许调减的预计利润等。

除此之外，依据《境外所得计征企业所得税暂行管理办法》的规定，在计算缴纳企业所得税时，如果企业境外的营业机构盈利，而境内的营业机构亏损，则可以在以境外盈利弥补境内亏损后，再计算应纳税所得额。如果企业以前年度有亏损，也可以在规定的年限内补亏后再纳税。

费用对企业经营成果有着十分重要的影响，降低费用是企业增加财务成果的重要途径。但是，对于费用的深入分析，需要结合产品成本信息进行。由于成本信息是企业的商业机密，因此投资者在对费用进行分析时会受到很多限制。投资者分析企业的费用时，应注意将各费用项目的实际数与上期数或预算数进行对比，同时结合相应的收入项目，揭示各项费用变动的合理性。此外，还要根据各项费用在总费用中所占比重的大小及其变动情况，揭示企业各个经营环节的业绩和表现。

第六节　什么是利润

利润是企业在一定时期内的经营成果，利润包括收入减去费用后的净额、直接计入当期利润的利得和损失等。多步式利润表反映了利润的形成过程，它首先计算出营业利润，然后是利润总额，最后才得出净利润。计算利润的意义主要表现在以下几个方面：

1.利润是企业发展和壮大的重要源泉。从分配渠道看，企业实现的利润一是分给企业的所有者；二是留在企业内部。留在企业内部的利润的用途主要有两种：一是积累；二是消费。从根本上说，没有积累，企业就很难扩大再生产，因为除了追加投入和更多的举债之外，积累基金是企业筹资的重要来源。另外，企业偿还和支付举债的本金、利息及所有者的股息等也离不开利润。

2.利润是反映企业经营业绩最重要的指标，也是反映企业经营成果最综合的指标。它受企业生产经营各环节、各因素的影响，供、产、销各环节，人、财、物各要素等的变动无不影响着利润的变动。企业各环节和各因素的状况越好，利润就越高；反之，任何环节或因素出现问题，都会影响利润的增长。因此，利润对评价企业经营者的经营业绩至关重要。

3.利润是企业投资者制定投资决策的重要依据。无论何种投资决策，都离不开企业利润这一重要的依据或标准。利润是投资收益最重要的保障，也是企业投入资本得到保值增值的前提。

第七节　净利润是怎样计算出来的

从利润表的角度出发，净利润的计算过程如图5-1所示。净利润，是指企业所有者最终取得的财务成果，或可供企业所有者分配和使用的财务成果。利润总额是反映企业全部财务成果的指标，它不仅反映企业的营业利润，而且反映其营业外收支情况。营业利润，是指企业营业收入与营业成本、费用及税金之间的差额。它既包括主营业务利润，又包括其他业务利润。它反映了企业经常性的生产经营和投资业务的财务成果。

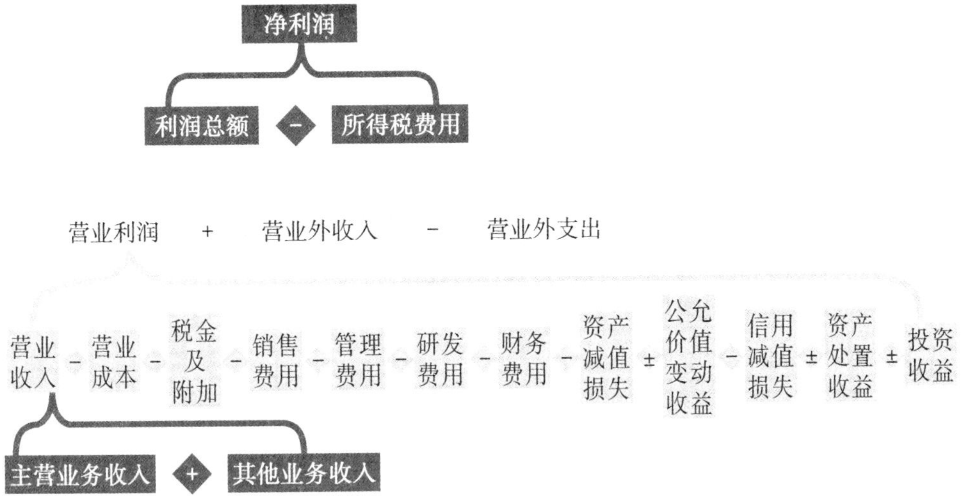

图5-1　净利润的计算过程

第八节　什么是其他综合收益

2014年修订的《企业会计准则第30号——财务报表列报》中，在利润表中正式增设“其他综合收益”和“综合收益总额”两个项目。那么，什么是其他综合收益？它包括哪些内容？

其他综合收益是指企业根据企业会计准则的规定，未在损益中确认的各项利得和损失扣除所得税影响后的净额。其他综合收益与净利润之和就是综合收益总额。“其他综合收益”科目核算的内容主要包括下面几种情况：

第一，其他权益工具投资的公允价值变动、减值及处置导致的其他综合收益的增加或减少，还包括将持有至到期投资重分类为其他权益工具投资时，重分类日公允价值与账面余额的差额部分。

第二，长期股权投资确认按照权益法核算的在被投资单位其他综合收益中所享有的份额导致的其他综合收益的增加或减少。这其中又分为两种情况：第一种情况是对合营、联营企业投资，采用权益法核算确认的被投资单位除净损益以外所有者权益的其他变动，导致的其他综合收益的增加，不是资本交易，是持有利得。因此，不论是在投资单位的个别报表还是合并报表中，均应将其归属于其他综合收益。第二种情况是对子公司投资，在编制合并报表时，只有因子公司的其他综合收益而在合并报表中按权益法确认的其他综合收益和少数股东权益的变动才是其他综合收益，子公司因权益性交易导致的资本公积或留存收益的变动使得合并报表按权益法相应确认的其他资本公积和少数股东权益的变动不是其他综合收益。

第三，企业指定为以公允价值计量且其变动计入当期损益的金融负债，由企业自身信用风险变动引起的公允价值变动；

第四，企业分类为以公允价值计量且其变动计入其他综合收益的债权投资发生的公允价值变动，以及其他债权投资信用减值准备，例如，企业按照《企业会计准则第22号——金融工具确认和计量》（财会〔2017〕7号）第十八条分类为以公允价值计量且其变动计入其他综合收益的金融资产的损失准备。

第五，自用房地产或存货转换为采用公允价值模式计量的投资性房地产，转换当日的公允价值大于原账面价值，其差额计入所有者权益导致的其他综合收益的增加，以及处置时的转出。

第六，可供出售外币非货币性项目的汇兑差额，记入“其他综合收益”科目。

第七，现金流量套期工具产生的利得或损失属于有效套期的部分，可直接确认为其他综合收益。

综合练习题

单项选择题

1.我国的企业会计准则规定，我国企业的利润表采用（　　）。

A.账户式　　B.报告式

C.多步式　　D.单步式

2.下列属于工业企业主营业务收入的是（　　）。

A.对外提供劳务收入　　B.技术转让收入

C.出租商标使用权收入　　D.销售办公楼收入

3.企业下列活动产生的收益不属于收入的是（　　）。

A.对外投资收取的股息　　B.销售原材料收到的价款

C.出租固定资产收取的租金　　D.销售固定资产取得的收益

4.下列各项中，不是分析企业的营业收入时要考虑的项目的是（　　）。

A.分析主营业务收入的比重

B.分析营业收入的经营种类分布

C.分析与关联方交易的收入占总收入的比重

D.将成本与相关收入相对比，观察利润质量

5.下列项目中，不属于企业费用的是（　　）。

A.资产清理损失　　B.产品成本

C.水电费　　D.退休员工的工资

6.“税金及附加”项目中不包括（　　）。

A.消费税　　B.教育费附加

C.所得税　　D.城市维护建设税

7.在其他条件不变的情况下，计提资产减值准备使企业当期利润（　　）。

A.增加　　B.减少

C.不变　　D.无影响

8.下列各项中，不属于“管理费用”的是（　　）。

A.诉讼费　　B.印花税

C.技术转让费　　D.捐赠支出

9.利润表中的“利润总额”项目应根据“营业利润”项目加上（　　）进行填列。

A.“其他业务利润”和“营业外收入”项目减去“营业外支出”项目

B.“营业外收入”项目减去“营业外支出”项目

C.“营业外收入”项目减去“营业外支出”和“所得税费用”项目

D.“投资收益”和“营业外收入”项目减去“营业外支出”项目

10.下列关于利润的说法，错误的是（　　）。

A.利润包括收入减去费用后的净额、直接计入当期利润的利得和损失

B.利润是反映企业经营成果最综合的指标

C.净利润是反映企业财务状况的时点指标

D.利润是企业投资者制定投资决策的重要依据

判断题

1.企业某一时期的收入与同一时期收到的现金在数额上是相等的。（　　）

2.企业为第三方代收的销货款项，属于企业的收入。（　　）

3.在对企业的财务状况进行分析时，要考虑营业外收入的影响。（　　）

4.采用权益法核算投资时，企业应按被投资单位宣告发放的现金股利或利润中属于本企业的部分计算投资收益。（　　）

5.如果营业外收入在总收入中所占的比重过大，超过了正常的营业收入，则企业的盈利质量值得怀疑。（　　）

6.分析企业的财务费用时，要考虑贷款规模、贷款利息率和贷款期限等因素的影响。（ ）

7.分析费用时，不仅要注意将各费用项目的实际数与上期数或预算数进行对比，还要看各项费用在总费用中所占比重的大小及其变动情况。（ ）

8.费用是企业获得经营利益所必须付出的代价，所以企业的销售费用和管理费用越低越好。（ ）

9.企业以债务重组的方式收回债权，或以低于应收债权账面价值的现金收回债权时，其实际收到的金额与债权账面余额的差额为债务重组损失额，记入“资产处置收益”账户。（ ）

10.净利润是反映企业全部财务成果的指标，它不仅反映了企业的营业利润，而且反映了企业的营业外收支情况。（ ）

分析题

1.以某上市公司的利润表为例，说明表中各个项目所反映的内容以及利润表所反映的企业的经营成果。

2.有人认为“利润表中的收入越多越好，费用越少越好”，请谈谈你对这句话的看法。

3.举例说明时点报表和时期报表的区别。

第六章 现金流量表分析

引例

1975年10月，美国最大的商业企业之一——W. T. Grant公司宣告破产，引起了人们的广泛关注。令人不解的是，Grant公司在破产的前1年（1974年），其营业净利润接近1 000万美元，经营活动提供的营运资金为2 000多万美元，银行提供的贷款总额达6亿美元，且在1973年年末，公司股票仍按其收益的20倍的价格出售。为什么净利润和营运资金都为正数的公司会在1年后宣告破产？为什么投资者会购买一个濒临破产的公司的股票，而银行也乐于为其发放大额贷款？问题就出在投资者和债权人未对该公司的现金流状况做深入的了解和分析。如果分析一下该公司的现金流量表，其就会发现，早在其破产前5年，即1970年，该公司的现金净流量就已为负。如果及时了解该公司的现金流状况，投资者就不会对一个现金严重短缺、毫无偿债能力的公司进行投资了。

这一事件使投资者认识到，简单地分析资产负债表、利润表或财务状况变动表已不能完全满足其投资决策的需要。他们需要了解企业的现金流状况，需要知道为什么盈利企业会走向破产，为什么亏损企业会发放股利，为什么经营净利润与经营现金净流量不相等，而这类问题均可通过分析现金流量表得到解答。

资料来源　刘淑莲. 现金流量表与企业财务状况分析［J］. 财务与会计，1998（12）.

第一节　什么是现金流量表

一、什么是现金和现金流量

现金是人们非常熟悉的概念，但是现金流量表中的现金与我们日常生活中所说的现金的概念是不同的。现金流量表中的现金是广义的，它包括现金和现金等价物。现金包括企业的库存现金以及随时可以用于支付的存款，而现金等价物是指期限短、流动性强、易于转换为已知金额的现金且价值变动风险很小的投资，如三个月的短期债券等。现金等价物虽然不是现金，但其支付能力与现金差别不大，可视为现金。

阅读提示 一般情况下，除非同时提及现金和现金等价物，否则在会计报表中提及现金时，均指现金和现金等价物。

现金流量是某一时期内企业现金流动的金额和数量。当企业从各种经济业务（如出售商品、提供劳务、出售固定资产、向银行借款等）中获得现金时，我们称之为现金流入；当企业为各种经济业务活动（如购买原材料、接受劳务、购置固定资产、对外投资、偿还债务等）付出现金时，我们称之为现金流出。现金流入量与流出量的差额，叫作现金净流量。现金流量的有关信息能够说明企业经营状况是否良好、资金是否紧缺以及企业偿付能力的大小等，对会计报表使用者而言，这些都是非常有用的信息。同时还应注意，企业中不同现金形式的转换不会产生现金的流入和流出。比如，企业从银行提取现金，是企业现金存放形式的转换，并未改变其现金流量。同样，现金与现金等价物之间的转换也不改变现金流量，比如企业将一个月前购买的有价证券变现，收回现金，这并不会增加或减少企业的现金流量。

二、什么是现金流量表

现金流量表，是反映企业在各种经营业务活动中发生的现金流入和流出的一张动态报表，是时期报表。现金流量表的最后计算结果是本期新增加的现金净流量，如果没有现金等价物，它就等于资产负债表中货币资金项目的期末余额与期初余额之间的差额。现金流量表是以收付实现制为基础编制的，这样做可以弥补资产负债表和利润表按权责发生制的原则编制而出现的不足。

三、现金流量表的基本格式

阅读提示 我国企业会计准则要求现金流量表采用直接法编制，即现金流量表分别按照经营活动、投资活动和筹资活动列报现金流量（参见附录中新新公司的现金流量表）。

直接法，是指通过现金收入和现金支出的主要类别列示经营活动的现金流量的方法。

第二节　为什么要编制现金流量表

现金流量表的作用至少有以下几个方面：

第一，现金流量表能够说明企业一定期间内现金流入和流出的原因。现金流量表将现金流量划分为经营活动、投资活动和筹资活动所产生的现金流量，并按照流入现金项目和流出现金项目分别进行反映。例如，企业当期从银行借入500万元，偿还银行利息3万元，这笔业务在现金流量表的“筹资活动产生的现金流量”项目中将被分别反映为“借款收到的现金500万元”以及“偿付利息支付的现金3万元”。因此，现金流量表能够清晰地反映企业的现金流入和流出，即现金从哪里来，又用到哪里去。这些信息是资产负债表和利润表所不能提供的。

第二，现金流量表能够说明企业支付股利的能力。企业经营的主要目的是获利。通常情况下，企业的获利情况以获得利润的多少为衡量标准。但是，企业能在一定期间内获得利润并不代表企业真正具有支付能力。在某些情况下，虽然企业利润表上反映的经营业绩很可观，但它仍会因财务困难而不能偿还到期债务，更无法支付股利。还有些企业虽然利润表上反映的经营成果并不可观，但其有足够的偿付能力，甚至能发放股利。产生这种情况有诸多原因，其中会计核算方法中所采用的权责发生制、配比原则等所含有的估计因素也是其主要原因。现金流量表完全以现金的收支为基础，消除了会计核算中由于会计估计等所产生的误差。通过现金流量表，报表使用者可以更准确地了解企业获取现金的能力和现金偿付的能力，从而使有限的社会资源流向最能产生效益的地方。

第三，现金流量表可以用来分析企业未来获取现金的能力。现金流量表反映企业一定期间内的现金流入和流出的整体情况，说明企业现金从哪里来，又用到哪里去。现金流量表中的“经营活动产生的现金流量”代表企业运用其经济资源创造现金流量的能力。“投资活动产生的现金流量”代表企业运用资金产生现金流量的能力。“筹资活动产生的现金流量”代表企业筹资获得现金流量的能力。通过现金流量表及其他财务信息，我们可以分析企业未来获取或支付现金的能力。例如，企业通过银行借款筹得资金，在本期的现金流量表中反映为现金流入，但也意味着其未来偿还借款时要流出现金。又如，本期应收未收的款项，在本期现金流量表中虽然没有反映为现金的流入，但意味着未来将会有现金流入。

第四，现金流量表可以用来分析企业投资和理财活动对经营成果和财务状况的影响。资产负债表能够反映企业某一时点的财务状况，它所提供的是静态的财务信息，并不能反映财务状况变动的原因，也不能表明这些资产、负债会给企业带来多少现金，以及企业又会用去多少现金。利润表虽然可以反映企业一定期间的经营成果，并提供动态的财务信息，但它只能反映利润的构成，并不能反映经营活动、投资活动和筹资活动给企业带来了多少现金，企业又支付了多少现金，而且利润表不能反映投资活动和筹资活动的全部事项。现金流量表提供了一定时期内现金流入和流出的动态财务信息，表明企业在报告期内从事经营活动、投资活动和筹资活动获得了多少现金，企业获得的这些现金是如何运用的，还能够说明企业资产、负债、净资产等发生变动的原因，从而对资产负债表和利润表起到补充说明的作用。可以说，现金流量表是连接资产负债表和利润表的桥梁。

第五，现金流量表能够提供不涉及现金的投资活动和筹资活动的信息。现金流量表除了反映企业与现金有关的投资活动和筹资活动外，还通过补充资料（附注）的方式提供不涉及现金的投资活动和筹资活动的信息，使会计报表使用者能够全面了解和分析企业的投资活动和筹资活动。

第三节　现金流量质量分析

如果把现金看作企业日常运作的血液，那么现金流量表就好比验血报告。企业日常运作的好坏，我们可以通过这份报告有个初步的判断。因为通过其他财务报表，投资者只能掌握企业现金的静态情况，而现金流量表却反映了企业现金流动的动态情况。

所谓现金流量的质量，是指企业的现金流量能够按照企业的预期目标进行运转的质量。具有较好质量的现金流量应当具有如下特征：

第一，企业现金流量的状态体现了企业的发展战略要求。

第二，在稳定发展阶段，企业经营活动产生的现金流量应当与企业经营活动所形成的利润有一定的对应关系，并能为企业的扩张提供现金流量的支持。

对现金流量的质量分析主要是从各种活动产生的现金流量的变化以及各种活动产生的现金流量占企业现金流量总额的比重等方面进行的。对现金流量的质量分析应从以下几个方面入手：

第一，现金流量的变化结果与变化过程的关系。不管是用直接法编制的现金流量表还是用间接法编制的附表，均会确定当期的现金流量的净变化量，并通过现金流量表中的“现金流量净增加额”项目加以反映。对任何一个企业而言，其现金流量净增加额不外乎如下三种情况：一是现金流量净增加额大于零，表现为期末现金流量大于期初现金流量；二是现金流量净增加额小于零，即期末现金流量小于期初现金流量；三是现金流量净增加额等于零，即企业期末与期初现金流量的状况相同。同样，在各类活动的现金流量变化方面，也存在上述三种对应关系。不论出现上述哪种情况，均不能简单地得出企业现金流量状况出现好转、恶化或维持不变的结论。这是因为期末数量与期初数量的简单对比，并不足以说明更多的财务状况问题。要揭示现金流量状况的变动原因，只有通过分析各因素对现金流量的影响才能得出。在分析各因素引起的现金流量变动情况时，需要分清哪些现金流量是预算或计划中已有安排的，哪些是由偶发性原因而引起的，并对实际与预算的现金流量差异进行分析。

第二，各部分现金流量与企业的经济活动的关系。现金流量表中的“经营活动产生的现金流量”“投资活动产生的现金流量”“筹资活动产生的现金流量”等项目构成了影响企业现金流量变化的主要因素。而每一部分现金流量的变化都是企业在某些方面的经济活动发生变化的结果。

一、经营活动产生的现金流量质量分析

按照企业会计准则的分类，企业经营活动产生的现金流入主要包括：①销售商

品、提供劳务收到的现金；②收到的税费返还；③收到的其他与经营活动有关的现金。经营活动产生的现金流出主要包括：①支付给职工以及为职工支付的现金；②支付的各项税费；③购买商品、接受劳务支付的现金；④支付的其他与经营活动有关的现金。

阅读提示

有关经营活动现金流量的信息，可以通过下列途径之一取得：

1.企业的会计记录。

2.根据下列项目对利润表中的营业收入、营业成本以及其他项目进行调整：

（1）当期存货及经营性应收和应付项目的变动。

（2）固定资产折旧、无形资产摊销、计提资产减值准备等其他非现金项目。

（3）属于投资活动或筹资活动现金流量的其他非现金项目。

一般来说，正常运营的企业，其经营活动现金流量净额应是正数。现金流入净额越大，资金就越充足，企业就有越多的资金用于购买材料、扩大经营规模或偿还债务。因此，充足、稳定的经营现金流量是企业生产发展的基本保证，也是衡量企业是否“健康”的重要标志。如果企业经营活动产生的现金流量小于零，就意味着企业通过正常的商品购、产、销活动所带来的现金流入量，不足以支付因上述经营活动而引起的现金流出量。企业解决这个问题的方式可能有几种：一是消耗企业现存的货币积累；二是挤占本来可以用于投资活动的现金，推迟投资活动的进行；三是在不能挤占本来可以用于投资活动的现金的条件下，进行额外的贷款融资，以支持经营活动的现金需要；四是在没有贷款融资渠道的条件下，只能采用拖延债务支付或加大经营活动引起的负债规模等办法来解决。从企业的成长过程来分析，在企业开始从事经营活动的初期，由于生产阶段的各个环节都处于磨合状态，设备和人力资源的利用率较低，材料的消耗量较高，因而导致企业的成本消耗较高。同时，为了开拓市场，企业有可能投入较多资金，采用各种手段（比如加大广告支出、放宽收账期等）将自己的产品推向市场，从而有可能使企业在这一时期的经营活动现金流量表现为入不敷出的状态。由上述原因导致的经营活动现金流量小于零，是企业发展过程中不可避免的正常状态。但是，如果企业在成熟阶段仍然出现这种状态，那么我们可以认为企业经营活动产生的现金流量的质量不高。

2019年5月，财政部发布的《一般企业财务报表格式（适用于已执行新金融准则、新收入准则和新租赁准则的企业）》中，规定“企业实际收到的政府补助，无论是与资产相关还是与收益相关，均在‘收到其他与经营活动有关的现金’项目填列”。这样一来，企业得到多少政府补助的信息就更加透明了。

经营活动产生的现金流量等于零，意味着企业通过正常的商品购、产、销活动所带来的现金流入量，恰恰能够支付因上述经营活动而引起的现金流出量，企业的经营活动产生的现金流量处于收支平衡的状态。企业正常经营活动不需要额外补充流动资金，企业的经营活动也不能为企业的投资活动以及融资活动贡献现金。但是，必须注意的是，在企业的成本消耗中，有相当一部分属于按照权责发生制原则的要求而确认的摊销成本，如无形资产、递延资产摊销、固定资产折旧等。显然，在经营活动产生的现金流量等于零时，企业经营活动产生的现金流量是不可能补偿这部分资源消耗的。也就是说，企业并没有真正实现现金流量上的收支平衡。因此，如果企业在正常的生产经营期间持续呈现这种状态，就表明企业经营活动产生的现金流量的质量仍然不高。

如果经营活动产生的现金流量大于零，但不足以补偿当期的摊销成本，就意味着企业通过正常的商品购、产、销活动所带来的现金流入量，不但能够支付因经营活动而引起的现金流出量，而且还有余力来补偿一部分当期的非现金支出的摊销成本。此时，虽然企业承受的现金流量压力比前两种状态下小，但是，如果这种状态持续下去，那么企业经营活动产生的现金流量也不可能使企业维持长期经营活动。我们仍然不能对这种状态下的企业经营活动产生的现金流量的质量给予较高的评价。

如果经营活动产生的现金流量大于零并恰好能补偿当期的摊销成本，就意味着企业通过正常的商品购、产、销活动所带来的现金流入量，不但能够支付因经营活动而引起的现金流出量，而且还有余力来补偿当期全部的非现金消耗性成本。在这种状态下，虽然企业在经营活动中所承受的现金流量压力已经减轻，但是从总体上看，这种状态仍然不能满足企业扩大投资等发展活动对货币的需要。

如果经营活动产生的现金流量大于零并在补偿当期的摊销成本后仍有剩余，就意味着企业通过正常的商品购、产、销活动所带来的现金流入量，不但能够支付因经营活动而引起的现金流出量，补偿当期全部的摊销成本，而且还有余力为企业的投资等活动提供支持。在这种状态下，企业经营活动产生的现金流量处于良好的运转状态。如果这种状态持续下去，则企业经营活动所产生的现金流量将对企业经营活动的稳定与发展起到重要的促进作用。

二、投资活动产生的现金流量质量分析

投资活动是指企业非流动资产的购建和不包括在现金等价物范围内的投资及其处置活动。这里所指的非流动资产，是指固定资产、在建工程、无形资产和其他长期资产等持有期限在1年以上或1个营业周期以上的资产。投资活动主要包括取得和收回投资，购建和处置固定资产、无形资产和其他长期资产等。

投资活动产生的现金流入主要包括：①收回投资收到的现金；②取得投资收益收到的现金；③处置固定资产、无形资产和其他长期资产收回的现金净额；④处置子公司及其他营业单位收到的现金净额；⑤收到其他与投资活动有关的现金。

投资活动产生的现金流出主要包括：①购建固定资产、无形资产和其他长期资产支付的现金；②投资支付的现金；③取得子公司及其他营业单位支付的现金净额；④支付的其他与投资活动有关的现金。

投资活动产生的现金流量是反映企业资本性支出的现金流量，分析的重点是购置或处置固定资产发生的现金流入和流出数额。根据固定资产的投资规模和性质，可以了解企业未来的经营方向和获利潜力，揭示企业未来经营方式和经营战略的发展变化。同时，还应分析投资方向与企业的战略目标是否一致，了解所投资金是来自内部积累，还是外部融资。如果投资活动产生的现金流量小于零，就意味着企业在购建固定资产、无形资产和其他长期资产、权益性投资及债权性投资等方面所支付的现金之和大于企业在收回投资、分得股利或利润、取得债券利息收入、处置固定资产、无形资产和其他长期资产时收到的现金净额之和。企业投资活动所需资金可通过以下方式筹集：①消耗企业现存的货币积累；②削减经营活动的现金消耗，挤占本来可以用于经营活动的现金；③利用经营活动积累的现金进行补充；④在不能挤占用于经营活动的现金的条件下，进行额外的贷款融资，以满足经营活动的现金需要；⑤在没有贷款融资渠道的条件下，只能采用拖延债务支付或加大投资活动引起的负债规模等方法来满足投资活动的现金需求。企业进行投资活动主要有三个目的：①为企业正常的生产经营活动奠定基础，如购建固定资产、无形资产和其他长期资产等；②出于企业对外扩张和其他发展性目的，如进行权益性投资和债权性投资等；③利用企业暂时不用的闲置资金进行短期投资，如购买交易性金融资产等，以求获得较高的投资收益。在上述三个目的中，前两种投资一般都应与企业的长期规划和短期计划相一致，第三种投资则在很多情况下是企业的一种短期理财安排。因此，对于投资活动的现金流量小于零的企业而言，如果其投资活动符合企业的长期规划和短期计划，那么这种现象表明了企业的经营活动发展和企业扩张的内在需要，也反映了企业在扩张方面的努力与尝试。

如果投资活动产生的现金流量大于等于零，就意味着企业在投资活动中的现金流入量大于等于现金流出量。这种情况的发生，可能是由于企业当期的投资回收规模大于等于投资支出规模。例如，处置固定资产的收入大于购置固定资产产生的支出，则表明企业可能正在缩小生产经营规模，或正在退出该行业，应进一步分析是由于企业自身的原因，如某系列产品萎缩，还是由于行业的原因，如该行业出现衰落趋势，亦或是由于企业在经营活动与筹资活动方面急需资金而不得不处理手中的长期资产以求变现。因此，必须对企业投资活动产生的现金流量进行具体分析。特别要指出的是，企业投资活动产生的某些现金流出，需要用企业经营活动产生的现金流入来补偿。例如，企业购建固定资产和无形资产的支出，将在使用该项固定资产或无形资产的会计期间内，用企业经营活动产生的现金流入来补偿。因此，即使在一定时期企业投资活动产生的现金流量小于零，我们也不能简单地对企业投资活动产生的现金流量的质量作出否定的评价。

三、筹资活动产生的现金流量质量分析

筹资活动是指导致企业资本及债务规模和构成发生变化的活动。筹资活动产生的现金流入主要包括：①吸收投资收到的现金；②取得借款收到的现金；③收到其他与筹资活动有关的现金。筹资活动流出的现金主要包括：①偿还债务支付的现

金；②分配股利、利润或偿付利息支付的现金；③支付的其他与筹资活动有关的现金。

筹资活动产生的现金流量大于零，意味着企业在吸收权益性投资、发行债券及借款等方面所收到的现金之和大于企业在偿还债务、支付筹资费用、分配股利或利润、偿付利息、融资租赁所支付的现金及减少注册资本等方面所支付的现金之和。在企业处于起步阶段，投资需要大量资金，而且企业经营活动产生的现金流量小于零的条件下，企业主要通过筹资活动来解决对现金的需求。因此，分析企业筹资活动产生的现金流量是否正常，关键要看企业的筹资活动是否已经被纳入企业的发展规划，其是企业管理层以扩大投资和经营活动为目标的主动筹资，还是企业因投资活动和经营活动的现金流出失控而不得已的被动筹资。如果筹资活动产生的现金流量小于零，就意味着企业在吸收权益性投资、发行债券以及借款等方面所收到的现金之和小于企业在偿还债务、支付筹资费用、分配股利或利润、偿付利息、支付融资租赁费以及减少注册资本等方面所支付的现金之和。这种情况的出现，可能是由于企业在本会计期间集中发生偿还债务、支付筹资费用、分配股利或利润、偿付利息、融资租赁等业务，或者是由于企业经营活动与投资活动在现金流量方面运转较好，有能力完成上述各项支付任务。但是，企业筹资活动产生的现金流量小于零，也可能是企业在投资和扩张方面没有更多作为的一种表现。

根据筹资活动产生的现金流量，可以了解企业的融资能力和融资政策，分析融资组合和融资方式是否合理。融资方式和融资组合直接关系到资本成本的高低和风险的大小。例如，在发生通货膨胀时，企业以贬值的货币偿还融资债务会使企业获得额外收益，但债务融资的风险较大，在经济衰退期尤其如此。如果企业经营现金流量不稳定或正在下降，问题就更严重。此外，将现金股利与企业的净利润和经营现金净流量相比较，可以了解企业的股利政策。支付股利不仅要有利润，还要有现金，选择将现金留在企业还是分给股东，与企业的经营状况和发展战略有关。通常，处于快速成长期的企业不愿意支付现金股利，而更愿意把现金留在企业内部，用于扩大再生产，以加速企业的发展。

四、现金流量的结构分析

通过运用垂直分析法，编制现金流量结构分析表（见表6-1），进一步明确现金流入的构成、现金流出的构成及现金余额的形成情况，报表的使用者可以了解企业财务状况的形成过程、变动过程及变动原因等。现金流入构成反映企业各项业务活动的现金流入（如经营活动的现金流入、投资活动的现金流入、筹资活动的现金流入等）占全部现金流入的比重及各项业务活动产生的现金流入中具体项目的构成情况，明确企业的现金究竟来自何方，要增加现金流入主要靠什么等问题。现金流出构成是指企业的各项现金流出占企业当期全部现金流出的百分比，它具体地反映了现金的用途，让报表使用者能清楚地知道企业的钱花到哪里去了，如何花的等。现金净流量结构分析是指企业的各项活动（包括经营活动、投资活动、筹资活动）所产生的现金收支金额占全部现金余额的百分比，主要反映企业现金净流量是如何形成的。

表6-1　　2×20年新新公司现金流量结构分析表　　金额单位：千元

项目	现金流入	现金流出	净流量	流入结构（%）	流出结构（%）	净流量结构（%）	内部结构（%）
一、经营活动产生的现金流量							
销售商品、提供劳务收到的现金	17 391 644			87.70			95.33
收到的税费返还	20 666			0.10			0.11
收到其他与经营活动有关的现金	831 778			4.19			4.56
经营活动现金流入小计	18 244 088			91.99			100.00
购买商品、接受劳务支付的现金		14 385 098			73.32		82.89
支付给职工以及为职工支付的现金		796 381			4.06		4.59
支付的各项税费		1 051 784			5.36		6.06
支付其他与经营活动有关的现金		1 121 439			5.72		6.46
经营活动现金流出小计		17 354 702			88.46		100.00
经营活动产生的现金流量净额			889 386			417.60	
二、投资活动产生的现金流量							
处置固定资产、无形资产和其他长期资产收回的现金净额	35 322			0.18			75.00
收到其他与投资活动有关的现金	11 776			0.06			25.00
投资活动现金流入小计	47 098			0.24			100.00
购建固定资产、无形资产和其他长期资产支付的现金		684 956			3.49		100.00
投资活动现金流出小计		684 956			3.49		100.00
投资活动产生的现金流量净额			-637 858			-299.49	
三、筹资活动产生的现金流量							
吸收投资收到的现金	6 850			0.03			0.44
取得借款收到的现金	1 436 642			7.24			93.25
收到其他与筹资活动有关的现金	97 119			0.49			6.30
筹资活动现金流入小计	1 540 611			7.76			100.00
偿还债务支付的现金		1 210 000			6.17		76.64
分配股利、利润或偿付利息支付的现金		257 781			1.31		16.33
支付其他与筹资活动有关的现金		111 008			0.57		7.03
筹资活动现金流出小计		1 578 790			8.05		100.00
筹资活动产生的现金流量净额			-38 179			-17.93	
四、汇率变动对现金及现金等价物的影响			-371			-0.17	
五、现金及现金等价物净增加额	19 831 797	19 618 819	212 978	100.00	100.00	100.00	

从表6-1中我们可以看到，企业的现金流入是以经营活动产生的现金流入为主的，占91.99%，筹资活动占7.76%；经营活动产生的现金流出占全部现金流出的88.46%，筹资活动占8.05%，投资活动仅占3.49%；企业的现金流量增加、投资活动所需资金以及部分借款的归还都依赖于经营活动的现金贡献。这说明企业现金流量结构合理，而且具有一定的稳定性。

此外，要全面了解和评价企业现金流量的合理性和变动情况，还需要将本期的现金流量结构与前期现金流量结构进行比较，观察现金流量结构的变动，同时分析不利变动和有利变动的原因，也可以与其他同类企业相比较，了解企业现金结构的合理性。

第四节　如何分析企业财务弹性

财务的实质是现金流转。所谓财务弹性，又称财务适应能力，说到底，就是企业现金流量和存量应付企业经营、偿债和投资需要的能力。这个能力越强，企业的经营和理财风险就越小，发生财务危机的可能性就越小。我们知道，利润表列示了公司一定时期实现的净利润，但没有揭示其与现金流量的关系；资产负债表提供了企业货币资金期末与期初的增减变化，但也没有揭示其变化的原因。现金流量表如同桥梁沟通了上述两表的财务信息，相比之下，现金流量表具有观察和分析企业财务适应能力和财务弹性的特殊优势。其采用的分析指标主要有现金比率、现金偿债比率、现金股利支付率、再投资比率等。

一、现金比率

现金比率是指现金及现金等价物与流动负债的比率。一般来说，现金及现金等价物与流动负债的比率越高，其短期偿债能力就越强，抵抗财务风险的能力也越强，财务适应性也就越好。现金比率用公式表示为：

$$现金比率 = \frac{现金及现金等价物}{流动负债}$$

根据新新公司资产负债表等资料，可计算与分析该企业的现金比率：

$$年末现金比率 = \frac{1\,259\,569\,873.95}{5\,366\,644\,515.05} = 0.23$$

$$年初现金比率 = \frac{1\,046\,591\,825.60}{4\,657\,711\,614.26} = 0.22$$

从计算的结果来看，2×20年年末，新新公司的现金比率为0.23，比年初的0.22有所提高，说明企业支付能力略有增强。

二、现金偿债比率

现金偿债比率反映企业当期经营活动提供的现金净流量偿还即期债务的能力。虽然企业可以用从投资或筹资活动中产生的现金来偿还债务，但是从经营活动中获得的现金应该是企业现金的主要来源。现金偿债比率用公式表示为：

$$现金偿债比率=\frac{经营活动现金净流量}{流动负债}$$

一般来说，现金偿债比率越高，企业偿还到期债务的能力就越强。

利用新新公司的现金流量表所提供的财务数据，结合该公司的资产负债表，我们可以计算该企业的现金偿债比率：

$$年末现金偿债比率=\frac{889\ 386\ 382.67}{5\ 366\ 644\ 515.05}=0.17$$

$$年初现金偿债比率=\frac{899\ 501\ 821.44}{4\ 657\ 711\ 614.26}=0.19$$

现金偿债比率表示对于企业1元钱的债务，有多少经营活动提供的现金作为偿还的保障。从计算的指标来看，我们不难发现，企业面临着到期偿还短期债务的巨大压力，而且和2×19年相比，2×20年的情况恶化了，即对于1元钱的流动负债，企业仅有0.17元的现金作为偿还的保证，仍有0.83元的缺口需要弥补。指标计算的结果表明，企业的经营活动提供的现金流量不足以偿还企业短期的债务，未来1年内，企业可能还要通过筹资活动或者投资活动来筹集资金用以还债。当然，由于企业的一部分流动负债可能具有一定的长期性，比如，新新公司的流动负债中，应付账款约占全部流动负债的38%（2 059 088 811.80÷5 366 644 515.05×100%），根据企业所处的市场环境和实际业务状况，这部分流动负债的还款压力可能并不像其他的流动负债那样大，因此企业实际的还款压力可能比通过计算得出的结果要小一些。总的来说，该企业的支付能力有限，并影响到企业的财务弹性。

三、现金股利支付率

现金股利支付率是指企业一定时期股利分配中的现金股利与同时期经营活动现金流量净额之间的比率。股利支付率能体现企业支付股利的现金来源及其可靠程度。这个比率越低，说明企业支付现金股利的能力就越强。用公式表示为：

$$现金股利支付率=\frac{现金股利}{经营活动现金流量净额}\times 100\%$$

我们知道，企业的利润有两大支撑主体：一是营业利润（经营利润）；二是投资收益。但是，在企业的投资收益中，只有成本法确认的投资出售价与购入价之差所形成的投资收益才能基本上形成等额的现金流入，权益法确认的投资收益则往往与其所对应的现金流入量相差甚远。因此，企业经营活动产生的现金流量净额就成了企业支付现金股利的主力军。也就是说，如果经营活动现金流量净额与现金股利的比率大于1，则当期企业经营活动的现金流量净额除了可以用于支付现金股利以外，还可以用于支付利息、补偿固定资产折旧和无形资产摊销等。

根据新新公司现金流量表中列示的2×19年企业经营活动产生的现金流量净额，结合“财务报表附注”第（七）部分第17条所表述的关于未分配利润的信息：“公司根据2×20年4月26日召开的股东大会审议通过的2×19年度利润分配方案（每10

股派发3.30元的现金股利），本期共派发现金股利96 927 155.49元”，可以计算企业的现金股利支付率：

$$现金股利支付率 = \frac{96\ 927\ 155.49}{899\ 501\ 821.44} \times 100\% = 10.90\%$$

新新公司向投资者支付的利润为96 927 155.49元，虽然该项支出占净利润的29.68%（96 927 155.49÷326 624 320.08×100%），但只是经营活动产生的现金流量净额的10.90%，也就是说，经营活动提供的现金足以支付投资者应得的利润。

四、再投资比率

再投资比率是指经营活动现金流量净额与资本性支出的比率。资本性支出是指维持企业现有生产能力的全部资本支出，包括对固定资产、无形资产和其他长期资产的投资支出。其计算公式是：

$$再投资比率 = \frac{经营活动现金流量净额}{资本性支出}$$

报表使用者可以根据再投资比率判断企业当期经营活动产生的现金净流量是否足以支付自身资本性支出（购建固定资产、无形资产和其他长期资产）所需要的现金。该比率越大，表示企业弥补摊销成本以及扩大生产规模的能力就越强。如果该比率小于1，就说明企业资本性支出所需的现金，除由自身经营活动提供外，还包括外部筹措的现金。

根据新新公司现金流量表提供的财务数据，可以计算企业的再投资比率：

$$2\times20年再投资比率 = \frac{889\ 386\ 382.67}{684\ 956\ 027.42} = 1.30$$

$$2\times19年再投资比率 = \frac{899\ 501\ 821.44}{594\ 347\ 896.50} = 1.51$$

新新公司2×20年再投资比率为1.30，说明企业当期经营活动产生的现金净流量足以支付购建固定资产和无形资产等所需要的现金。但是，比照2×19年的再投资比率，2×20年的再投资比率有较大幅度的下降，这表示公司扩大生产规模的能力在减弱。

总之，通过计算上述财务指标，我们可以发现，新新公司2×20年的财务弹性尚可，经营活动产生的现金净流量比较充足，在弥补固定资产、无形资产的摊销成本后，仍有剩余。但是，由于短期债务支付压力巨大，因此企业扩大生产、抓住新的投资机遇的能力受到限制。

第五节　如何通过现金流量看企业的收益质量

现金流量表中的经营活动现金流量净额反映的是企业本期经营活动中取得的现金的余额，但是它与利润表中的净利润往往不相等，其原因主要有以下两方面：

1.影响利润的事项不一定导致同时发生现金流入与现金流出。一方面，有些收入项目能够增加利润，但是没有带来相应的现金流入。例如，某企业某年的营业收入有8亿多元，而该年新增的应收账款有7亿多元，也就是说，该企业有大量的收入是应收账款，其并没有真正收到现金。这种增加收入及利润但未发生现金流入的事项，是造成利润表与现金流量表产生差异的原因之一。有的企业的应收账款管理存在薄弱环节，未及时做好应收货款及劳务款项的催收与结算工作；还有的企业依靠关联方交易支撑其经营业绩，而关联方资金又迟迟无法到位。这些情况造成的后果，都会在现金流量表中有所体现，甚至使企业经营活动几乎没有多少现金流入。而同时，企业从事经营活动总要购买物资，支付工资、水电费等费用，以及缴纳税费等，这些活动会导致大量的现金流出，从而使企业经营活动产生的现金流量净额出现负数，使企业的资金周转出现困难。另一方面，有些成本费用项目减少利润但并没有伴随着现金的流出。例如，进行固定资产折旧、无形资产摊销时，企业只是按权责发生制、配比原则的有关要求，将这些资产的取得成本在它们的使用期内进行合理分摊，并不需要付出现金。

2.由现金流量的分类造成。净利润综合反映公司经营、投资及筹资三大活动的财务成果，而现金流量表则需要分别反映经营、投资及筹资各项活动中产生的现金流量。例如，在支付经营活动中产生的借款利息时，其既会减少利润又会发生现金流出，但在现金流量表中将其作为筹资活动产生的现金流出进行列示，而不作为经营活动产生的现金流出进行反映。又如，转让短期债券投资取得净收益，既增加利润又发生现金流入，但在现金流量表中将其作为投资活动产生的现金流入进行列示，而不作为经营活动产生的现金流入进行反映。

上述两点是使经营活动现金流量净额与净利润产生差异的原因，其实也是通过间接法编制的现金流量表补充资料中要求披露的内容，现金流量表补充资料参见附录（合并会计报表重要项目第27条）的相关内容。

阅读提示 间接法，是指对经营活动引起的现金流量的确认，是以本年净利润为基础，加上不引起现金增加的费用，再减去不引起现金减少的收入，并加上营运资金中非现金项目的变化数额来完成的。

此外，近几年来，国内外企业舞弊案件频发，很多企业通过各种手段操纵利润，使投资者对企业提供的信息心存疑虑。究竟应如何保证企业会计信息的质量？研究表明，有四个方面的依据可以用于判断企业公开披露的财务信息的可靠性，如图6-1所示。

1.企业的信誉。如果一个企业多次或者计划多次发行股票和债券，那么这个企业通常希望保持其在金融市场的信誉度。因为尽管通过财务报告舞弊可以得到短期收益，但是从长期来看，企业将会为此付出很高的成本。

图6-1 企业财务信息质量的依据

2.经理人的信誉。经理人也希望保持他们自己的信誉度。特别是在经理人市场比较发达的情况下，有过不良记录的经理人在人才市场中会失去竞争优势。即使有企业肯雇用他，低信誉度的经理人所提供的企业财务报表的可信度也很可能大打折扣，这样也会使企业的信誉受到损害。

3.第三方的证明。无论是要买公司股票的股东，还是要贷款给企业的银行，都需要公司以外的第三方来证明企业提供报表的真实性和可靠性。这些第三方包括注册会计师、投资银行、保险公司等。每一个第三方都同时服务于许多客户，因此，它们在选择客户时，也会对客户的信誉度进行严格的审查，以确保自身利益的安全性。

4.法规约束力。从世界各国的实际情况来看，各国都对企业，特别是上市公司的财务报表的编制与报告内容制定了一些法规，这些法规对提供虚假信息进行了不同程度的惩罚，使企业在披露财务报表时操纵报表信息的行为或多或少地受到了限制。我国控制财务报告的法规日趋健全，对提供虚假财务信息的企业的惩处也越来越严厉。

如果企业公布的财务数据是可靠的，那么在此基础上，报表使用者可以利用现金流量表，运用财务比率进行分析，从而揭示企业盈利质量的好坏。主要的分析指标有：盈利现金比率、营业收入净现率、每股净现金流量和销售收入现金比率等。

一、盈利现金比率

盈利现金比率反映企业本期经营活动产生的现金流量净额与净利润之间的比率关系。其计算公式是：

$$盈利现金比率=\frac{经营活动产生的现金流量净额}{净利润}$$

该指标反映企业每获得1元的净利润所实现的经营活动产生的现金流量净额是多少。在一般情况下，这个比率越大，收入的收现情况越好，即盈利质量越高。如果该比率小于1，说明本期净利润中存在尚未实现的现金收入。在这种情况下，即使企业盈利，也可能发生现金短缺问题，严重时甚至会导致企业破产。

根据新新公司现金流量表所提供的财务数据，结合该公司利润表，可以计算企业的盈利现金比率：

$$2\times20年盈利现金比率=\frac{889\ 386\ 382.67}{326\ 624\ 320.08}=2.72$$

$$2\times19年盈利现金比率=\frac{899\ 501\ 821.44}{319\ 259\ 627.38}=2.82$$

从计算结果来看，新新公司两年的盈利现金比率均大于1，这表明该公司的盈利质量较好。

二、营业收入净现率

营业收入净现率是指企业经营活动产生的现金流量净额与营业收入的比率。将这一比率与企业的营业收入净利率相比较，可以考察企业的实际盈利情况。其计算公式为：

$$营业收入净现率=\frac{经营活动产生的现金流量净额}{营业收入}$$

该指标反映企业每实现1元的营业收入所发生的经营活动产生的现金流量净额是多少。这一比率如果大于营业收入净利率，就说明企业盈利质量较好；反之，则盈利质量较差。

根据新新公司现金流量表所提供的财务数据，结合利润表，可以计算企业的营业收入净现率：

$$2\times20年营业收入净现率=\frac{889\ 386\ 382.67}{14\ 968\ 766\ 420.88}=0.06$$

$$2\times19年营业收入净现率=\frac{899\ 501\ 821.44}{11\ 418\ 968\ 169.76}=0.08$$

通过计算可知，新新公司2×20年年末营业收入净利率是0.02（326 624 320.08÷14 968 766 420.88），年初营业收入净利率是0.03（319 259 627.38÷11 418 968 169.76）。通过比较可以看出，2×20年和2×19年的营业收入净现率均高于营业收入净利率，说明企业盈利质量较好。

三、每股净现金流量

每股净现金流量是指企业一个时期内的现金及现金等价物的净增加额与总股本（或者普通股股数）的比率。该指标可以反映企业投入资本获取现金的能力，也可以反映企业支付现金股利的能力。每股净现金流量的计算公式为：

$$每股净现金流量=\frac{现金及现金等价物净增加额}{总股本}$$

该指标反映了企业每1元的股本（或者每1股普通股）创造现金净流量的能力，对于以获取现金股利为主要目标的投资者来说，这一比率甚至比每股收益更为重要。

根据新新公司现金流量表所提供的财务数据，结合报表附注中关于股本的资料，可以计算该企业的每股净现金流量：

$$每股净现金流量 = \frac{212\ 978\ 048.35}{293\ 718\ 653} = 0.73$$

该指标说明，每1元的股本本期创造的现金是0.73元，低于当期每股收益1.03元。当然，企业是否能够支付现金股利以及支付多少，还要结合其他情况来分析。

四、销售收入现金比率

销售收入现金比率是指企业一个时期内销售商品、提供劳务收到的现金与销售商品和提供劳务所获得的收入的比率。我们知道，现金和信用管理是企业财务管理的重要内容，销售收入现金比率体现了企业销货收款的能力和水平，其计算公式为：

$$销售收入现金比率 = \frac{销售商品、提供劳务收到的现金}{销售收入}$$

如果该指标等于1，说明企业的销货款完全回笼；若大于1，说明企业不仅收回了当期的销货款，还部分回笼了前期的销货款。

根据新新公司现金流量表所提供的财务数据，结合利润表的有关资料（新新公司营业收入全部为销售收入），可以计算该企业的销售收入现金比率：

$$2\times20年销售收入现金比率 = \frac{17\ 391\ 643\ 972.84}{14\ 968\ 766\ 420.88} = 1.16$$

$$2\times19年销售收入现金比率 = \frac{12\ 904\ 188\ 100.06}{11\ 418\ 968\ 169.76} = 1.13$$

该指标的计算结果显示，2×20年和2×19年公司的销售收入现金比率均大于1，这说明企业不仅本期资金回笼情况较好，销售收入变现能力较强，而且很可能收回前期款项或者存在预收账款，盈利质量较好。

总之，从上述财务指标来看，新新公司盈利质量很好，净利润有现金流的支持，资金回笼不存在风险。

综合练习题

单项选择题

1.用现金偿还债券，对现金的影响是（　　）。

A.增加　　　　B.减少

C.不增不减　　　　D.属非现金事项

2.编制现金流量表的目的是（　　）。

A.反映企业某一时点的财务状况

B.反映企业的经营成果

C.评价企业的经营业绩

D.反映企业一段时间内的现金和现金等价物流入、流出情况

3.下列不属于企业经营活动所产生的现金流入的是（　　）。

A.销售商品、提供劳务收到的现金

B.收到的税费返还

C.收到其他与经营活动有关的现金

D.取得投资收益收到的现金

4.关于现金比率，下列公式中正确的是（　　）。

A.$现金比率=\frac{现金}{流动负债}$

B.$现金比率=\frac{现金及现金等价物}{流动负债}$

C.$现金比率=\frac{现金及现金等价物}{负债总额}$

D.$现金比率=\frac{货币资金}{流动负债}$

5.下列公式中，错误的是（　　）。

A.$现金偿债比率=\frac{经营活动产生的现金净流量}{负债总额}$

B.$再投资比率=\frac{经营活动产生的现金净流量}{资本性支出}$

C.$盈利现金比率=\frac{经营活动产生的现金净流量}{净利润}$

D.$每股净现金流量=\frac{现金及现金等价物净增加额}{总股本}$

6.下列选项中，不是用于判断企业公开披露的财务信息可靠性的依据的是（　　）。

A.企业的信誉

B.基层员工的信誉

C.注册会计师的审计报告

D.法规约束力

7.某公司向股东派发的2×20年的现金股利为0.6元/股，至2×20年年末，公司实现净利润150万元，经营活动现金流入量500万元，经营活动现金流出量200万元，总股本100万股，则该公司的现金股利支付率为（　　）。

A. 40%

B. 30%

C. 20%

D. 12%

8某公司2×20年实现的收入总额为2 000万元，其中营业收入1 500万元，经营活动现金流量净额120万元，净利润200万元，则其营业收入净现率为（　　）。

A.13.3%

B. 10%

C. 8%

D. 6%

9.下列各指标中，不能反映企业财务弹性的是（　　）

A.盈利现金比率

B.现金偿债比率

C.现金股利支付率

D.再投资比率

10.下列各指标中，能够反映企业运用资金产生现金流量的能力的是（　　）。

A.经营活动产生的现金流量

B.投资活动产生的现金流量

C.筹资活动产生的现金流量

D.现金和现金等价物净增加额

判断题

1. 现金流量表是反映企业在各种业务活动中发生的现金流入和流出的一张静态报表，属于时期报表。（　）

2. 投资活动产生的现金流量代表企业运用其经济资源创造现金流量的能力。（　）

3. 企业现金流量净增加额大于零，表现为期末现金流量大于期初现金流量，这表明企业现金流动状况有所好转。（　）

4. 企业投资活动产生的现金流出量，有时需要由经营活动的现金流入量来补偿。（　）

5. 现金比率表示对于企业1元钱的债务，有多少经营活动提供的现金作为偿还的保障。（　）

6. 再投资比率是指投资活动现金流量净额与资本性支出的比率。（　）

7. 现金流量表中的经营活动产生的现金流量净额与利润表中的净利润一般不相等。（　）

8. 盈利现金比率越大，企业盈利质量就越好。如果该比率大于1，说明本期净利润中存在尚未实现的现金收入。（　）

9. 营业收入净现率是指企业经营活动产生的现金流量净额与营业收入的比率。这一比率如果大于营业收入净利率，就说明企业盈利质量较好。（　）

10. 分析企业盈利质量的主要指标有：盈利现金比率、营业收入净现率、每股净现金流量和销售收入现金比率。（　）

分析题

1. 以某上市公司的现金流量表为例，说明表中各个项目所反映的内容以及现金流量表所反映的企业的现金流量情况。

2. 有人认为“现金流量表中的经营活动产生的现金净流量占全部现金净流量的比重越大越好”，请谈谈你对这种观点的看法。

3. 以某上市公司的现金流量表为例，分析企业的财务弹性。

4. 以某上市公司的现金流量表为例，分析企业的收益质量。

第七章 所有者权益变动表分析

引例

康美药业2019年所有者权益变动表爆出"A股史上最大会计差错"，令股市震惊。

2019年4月30日，作为A股市场最有名的中药企业之一——康美药业，曾经的大白马，其股价在当日开盘后，如同自由落体运动直奔跌停板而去，导致其当天市值蒸发约53亿元。究其导火线——4月29日晚间，即其年报发布日的最后一天，一直广受大众追捧的康美药业，披露了2018年年报，年报显示：公司2018年营业收入为193.56亿元，同比增长10.11%；实现净利润11.35亿元，同比下滑47.20%。在发布2018年年报的同时，康美药业还发布了一份关于所有者权益变动表中"前期差错更正"的说明公告，这份公告称公司2017年的财务报告中有299亿元的"错误"会计处理，更正后，康美药业2017年的每股收益由0.78元降至0.39元。该公告一发布，瞬间在A股市场上引爆惊雷，引起了广泛关注，22万股民瞬间沸腾了。

其实从康美药业IPO开始，直至2018年10月，就有媒体接连报道康美药业存贷双高，大股东股票质押比例高，中药材贸易毛利率远远高于同行业，其关联公司深圳博益投资发展有限公司涉嫌内幕交易、炒作康美股票等问题。果不其然，在2018年12月28日，康美药业发布公告称，公司收到中国证券监督管理委员会的《调查通知书》，因公司涉嫌信息披露违法违规，其被要求对此进行自查及配合进行必要的核查。经核查，康美药业2018年之前营业收入、营业成本、费用及款项收付等方面共有14处存在账实不符的情况，其将之归咎为会计处理差错。

资料来源　王峥钰，曾天羿．上市公司财务造假浅析——基于康美药业财务造假案的思考[J]．现代营销，2019（8）．

第一节　什么是所有者权益变动表

我们已经知道，所有者权益又称股东权益，是指企业资产扣除负债后由所有者享有的剩余权益，是企业资产中扣除债权人权益后应由所有者享有的部分。所有者权益按其来源主要包括所有者投入的资本、直接计入所有者权益的利得和损失、留存收益等，所有者权益的构成见表7-1。

表7-1 所有者权益的构成

所有者权益来源	构成
所有者投入的资本： 注册资本 资本溢价 直接计入所有者权益的利得和损失	实收资本 资本公积中的资本溢价部分 其他综合收益
留存收益	盈余公积 未分配利润

所有者权益变动表是反映构成所有者权益的各组成部分当期的增减变动情况的报表，它列示了当期损益、直接计入所有者权益的利得和损失，及由所有者或股东的资本交易导致的所有者权益的变动等项目。《企业会计准则第30号——财务报表列报》第2条规定，财务报表是对企业财务状况、经营成果和现金流量的结构性表述，其至少应当包括资产负债表、利润表、现金流量表、所有者权益（股东权益）变动表、会计报表附注。

所有者权益变动表能全面反映一定时期内所有者权益的变动情况，它不仅反映了所有者权益总量的变动，而且反映了所有者权益变动的重要结构性信息，同时分别反映了正常生产经营活动导致的所有者权益变动与非正常经营活动导致的所有者权益变动，并单列项目反映期间内向所有者分配利润的情况等。编制所有者权益变动表的主要目的是让报表使用者了解所有者权益变动的根源。

发生在所有者权益变动表上的变化，说明了其地位的提高，而且按照会计准则应用指南的要求，所有者权益变动表的列报格式也发生了翻天覆地的变化。原先的所有者权益变动表，主要按照所有者权益的组成项目来列示，其主要包括实收资本（或股本）、资本公积、法定和任意盈余公积、法定公益金（现行《中华人民共和国公司法》已取消该项目）、未分配利润。而2014年修改并于7月1日开始实施的《企业会计准则第30号——财务报表列报》规定，所有者权益变动表要根据所有者权益变动的性质，分别依据当期的综合收益总额、会计政策变更和前期差错更正的累积影响、股东投入资本和向股东分配利润、按照规定提取的盈余公积、所有者权益各组成部分的期初和期末余额及其调节情况等分析填列。会计政策变更和前期差错更正对股东权益本年年初余额的影响，在编制所有者权益变动表以前主要在会计报表附注中体现，很容易被投资者忽略。所有者权益变动表则直接列示上述两项，使会计政策变更和前期差错更正对股东权益的影响一目了然。

第二节 如何分析所有者权益变动表项目

一、会计政策变更

所有者权益变动表中的“会计政策变更”项目反映的是会计政策变更对留存收益的累积影响数。会计上要求企业应当对相同或者相似的交易或者事项采用相同的会计政策进行处理。也就是说，企业采用的会计政策，在前后各期应当保持一致，不得随意变更，除非法律法规或者会计制度等要求企业进行变更，或者有充分的变更理由使变更后的会计信息质量更高。会计估计变更，是指由于资产和负债发生了变化并且预期企业未来的经济利益和义务会发生变化时，企业对资产或负债的账面价值或者资产的折旧、摊销等进行金额上的调整。变更后的会计政策应用于变更日及以后发生的交易或者事项。

阅读提示 会计政策，是指企业在会计确认、计量和报告中所采用的原则、基础和会计处理方法。会计政策变更累积影响数，是指按照变更后的会计政策对以前各期追溯计算的列报前期最早期初留存收益应有金额与现有金额之间的差额。

对于会计政策变更和会计估计变更的分析，投资者要仔细阅读与分析附注中关于会计政策变更的性质、内容和原因，以及会计估计变更的内容和原因。同时，要关注当期和前期财务报表中因会计政策变更而受到影响的项目的名称和调整金额，还要关注会计估计变更对当期和未来期间的影响数及其对财务成果产生的影响。

二、前期差错更正

所有者权益变动表中的“前期差错更正”项目，反映的是前期差错更正对留存收益的累积影响数。前期差错，是指由于没有运用财务信息或运用了错误的财务信息，而对前期财务报表造成的省略或错报。它通常包括计算错误、应用会计政策错误、疏忽或曲解事实、舞弊产生的影响及固定资产的盘盈等。对于前期差错更正的分析，报表使用者要仔细阅读与分析附注中关于企业披露的、与前期差错更正有关的信息，如前期差错的性质、各个报告期财务报表中受影响的项目的名称和调整金额，及这些调整对该期财务成果的影响等。

三、净利润

所有者权益变动表中的本期净利润反映的是本期的收益情况，是利润表中本期各种收入扣除成本费用后的余额。

四、综合收益总额

在合并所有者权益变动表中应单独列示归属于母公司所有者的综合收益总额和

归属于少数股东的综合收益总额。综合收益是净利润和其他综合收益的总和。其他综合收益，是指企业根据会计准则的规定未在当期损益中确认的各项利得和损失，主要包括按照权益法核算的在被投资单位以后会计期间不能重分类进损益的其他综合收益中所享有的份额和按照权益法核算的在被投资单位以后会计期间在满足规定条件时将重分类进损益的其他综合收益中所享有的份额、可供出售金融资产公允价值变动形成的利得或损失、债券投资重分类为其他权益工具投资形成的利得或损失、现金流量套期工具产生的利得或损失中属于有效套期的部分、外币财务报表折算差额等。利得，是指由企业非日常活动所形成的、会导致所有者权益增加的、与所有者投入资本无关的经济利益的流入。企业的利得一般包含两种类型：一种直接计入所有者权益，也就是我们所说的资本公积；另一种不计入所有者权益而是计入当期损益，也就是我们所说的营业外收入。损失，是指由企业非日常活动所产生的、会导致所有者权益减少的、与向所有者分配利润无关的经济利益的流出。企业的损失，有直接计入所有者权益的，也有计入当期损益的。也就是说，有的损失是冲减资本公积的，有的损失则是计入营业外支出的。

五、所有者投入和减少资本

所有者权益变动表中的“所有者投入和减少资本”项目反映某一个会计期间企业的所有者新增投入的情况，包括：(1) 所有者投入的普通股；(2) 企业发行的除普通股以外分类为权益工具的金融工具的持有者投入资本的金额；(3) 股份支付计入所有者权益的金额，例如发放的股利等。

六、利润分配

所有者权益变动表中的“利润分配”项目反映某个会计期间企业利用当期的税后利润进行的提取盈余公积、提取风险准备金（金融企业）及分配股利等活动。通过对该项目的分析，投资者可以了解企业的利润分配情况，判断企业的分配政策，估计企业的分配能力。

七、所有者权益内部结转

所有者权益变动表中的“所有者权益内部结转”项目反映了企业所有者权益各项目的内部结构变动情况，如利用资本公积转增资本、利用盈余公积转增资本、利用盈余公积弥补亏损、设定受益计划变动额结转留存收益、其他综合收益结转留存收益等。要注意的是，无论该项目中的各组成部分如何变动，只能影响所有者权益的结构而无法使其总额发生改变。

阅读提示 “其他综合收益结转留存收益”项目，主要包括：(1) 企业指定为以公允价值计量且其变动计入其他综合收益的非交易性权益工具投资终止确认时，之前计入其他综合收益的累计利得或损失从其他综合收益中转入留存收益的金额；(2) 企业指定为以公允价值计量且其变动计入当期损益的金融负债终止确认时，之前由企业自身信用风险变动引起而计入其他综合收益的累计利得或损失从其他综合收益中转入留存收益的金额等。

第三节　如何分配企业利润

根据《中华人民共和国公司法》等有关法规的规定，企业当年实现的净利润，一般应当按照如下顺序进行分配：

1.弥补亏损。分配当年税后利润时，公司上年有亏损，法定公积金又不足以弥补的，应当先用当年的利润予以弥补。

2.提取法定公积金。公司制企业的法定公积金按照税后利润10%的比例提取（非公司制企业的提取比例可超过10%）。公司法定公积金累计额为公司注册资本的50%以上时，可以不再提取法定公积金。

3.按照公司章程的规定，支付特别股中的优先股股利。

4.提取任意公积金。公司从税后利润中提取法定公积金后，经股东会或者股东大会决议，还可以从税后利润中提取任意公积金（非公司制企业经类似权力机构批准后也可提取任意盈余公积金）。

5.对于公司弥补亏损和提取公积金后所剩的税后利润，一般情况下会按照股东实缴的出资比例或者持股比例进行股利分配。我国1993年颁布的《中华人民共和国公司法》的第177条和第180条规定，公司分配当年税后利润时，应当提取利润的5%~10%作为公司的法定公益金，公司提取的法定公益金用于本公司职工的集体福利。这一制度设计至少包括五个方面的含义：一是职工可以参与公司税后利润的分配；二是职工基于福利性质的利润分配权优先于股东的利润分配权；三是职工参与公司税后利润分配的比例法定化，为当年税后利润的5%~10%；四是法定公益金没有累计提取最高金额的限制，凡有利润均应提取；五是法定公益金的用途为本公司职工的集体福利。而我国现行的于2005年颁布的《中华人民共和国公司法》取消了上述要求公司提取法定公益金的制度。取消法定公益金制度，对于企业财务运作的直接影响是，有效解决了公益金长期挂账闲置的问题，提高了资金的使用效率，增加了可供股东分配的利润。特别是对于其大多数股东有现金股利偏好的上市公司而言，这无疑是特大的利好消息。

第四节　如何从所有者权益变动表看投资者收益

一、从所有者权益变动表看所有者权益变动

根据所有者权益变动表的资料和其他报表资料，可以分析企业所有者权益总额

和各具体项目的变动情况和变动趋势，以揭示变动的原因、存在的问题和差距。所有者权益变动分析，可以从所有者权益变动的数量和所有者权益变动的比率两个方面进行。

（一）所有者权益变动数量分析

所有者权益变动数量分析，主要是对前后期所有者权益总额、所有者权益具体项目进行差异额和差异率方面的分析，以了解指标的完成情况和变动趋势，从而找到企业在这方面存在的问题，并预测未来所有者权益的变化趋势。

从新新公司的所有者权益变动表来看，企业2×20年年末的所有者权益总额约为29.8亿元，比2×19年年末的27.9亿元增加了1.9亿元。其主要的变动原因是2×20年度净利润增加了3.3亿元，减去2×20年度的利润分配1.1亿元以及相关的所得税影响0.3亿元，因此，所有者权益增加1.9亿元。我们还可以通过所有者权益变动表看到，尽管企业2×20年度的所有者权益增幅比2×19年有所降低（2×19年年末与年初所有者权益差额为3.7亿元），但是这仍表明其资本在较快地增长（参见附录新新公司所有者权益变动表）。

（二）所有者权益变动比率分析

我们已经知道，比率分析是通过计算同一时点或时期相关财务指标的比值，来揭示时点财务指标与时期财务指标之间的关系及其经济意义，并借以评价企业财务状况和经营成果的一种方法。与所有者权益有关的比率有净资产报酬率、资本保值增值率、负债权益比率等，通过与行业标准的所有者权益变动比率、前期所有者权益变动比率及同行业其他企业的所有者权益变动比率等进行比较，报表使用者可以分析企业的所有者权益状况及其发展趋势。此外，报表使用者还可以根据企业多期的会计报表数据，计算所有者权益总额、所有者权益具体项目的定基发展速度或环比发展速度、定基增长速度或环比增长速度等，并借以分析企业所有者权益的发展趋势。

二、从所有者权益变动表看利润分配

利润分配分析应包括利润分配活动全面分析、利润分配项目分析和利润分配政策分析。

（一）利润分配活动全面分析

利润分配活动全面分析主要是对利润分配的规模、结构的变动情况和利润分配的变动趋势进行分析。通过分析，揭示利润分配的规模、结构和趋势变动的原因，并对其变动情况及变动的合理性作出评价。

利润分配规模及变动分析，就是要将企业本期净利润分配的各项实际数与前期的实际数进行对比，以揭示各主要分配渠道分配额的变动情况，确定其变动的原因及变动的合理性。对利润分配规模及其变动进行分析，主要是根据所有者权益变动表的数据，运用水平分析法，分析各项分配项目的变动数量和变动率。

利润分配结构，是指各分配渠道的分配额占可供分配利润总额的比重，通过结构分析可以反映利润分配项目与总体的关系及其变动情况。

利润分配趋势分析是依据企业若干会计期间的所有者权益变动表所提供的利润分配情况，选择某一会计期间的资料作为基期，设该会计期间资料中的各个项目的数额为100%，然后将其他会计期间相同项目的数据按基期项目数的百分比列示，进行序时的、连续的对比，以了解其发展变化趋势。

通过阅读与分析新新公司2×20年度所有者权益变动表（参见附录“新新公司所有者权益变动表”），我们知道，该公司2×20年的净利润是3.27亿元，是2×19年净利润（3.19亿元）的1.03倍，而2×20年的股利分配为96 927 155.49元，是2×19年的1.1倍（96 927 155.49÷88 115 595.90），这说明该公司增加了利润分配额，而且利润分配额的增幅超过了净利润的增幅。

同时，通过计算可以发现，该公司2×20年分配的股利占可供分配利润（年初未分配利润与本年分配股利之和）的11.07%（96 927 155.49÷（778 442 213.94+96 927 155.49）×100%），而2×19年新新公司所分配的股利占可供分配利润总额的12.98%（88 115 595.90÷（590 595 440.99+ 88 115 595.90）×100%），这说明企业利润分配的增长幅度低于利润积累的幅度。其原因一方面可能是企业为未来扩张积累资金，另一方面也可能是企业可分配的货币资金紧张。

（二）利润分配项目分析

利润分配项目分析主要是对企业留存收益项目和利润（或股利）分配进行分析，通过分析影响留存收益和利润（或股利）分配的因素，研究企业股利与留存收益之间比例关系确定的合理性。企业留存收益包括盈余公积金（法定盈余公积金、任意盈余公积金）和未分配利润，留存收益可以分别从法律环境、股东因素、公司因素及其他因素等方面着手进行分析。股利是公司按股东所持股份的比例分配给股东的本期或累计利润。对企业股利分配的分析可以结合企业不同生命周期、企业收益的稳定性等因素进行。

从新新公司的财务报告等资料来看，该公司的留存收益2×19年和2×20年都在快速增长。截至2×19年年末，该公司盈余公积已经达到注册资本的53%，而2×20年该企业仍按净利润的8%提取了盈余公积后才进行利润分配，这说明企业处在扩张阶段，倾向于“高积累，低分配”的分配策略，好为未来的企业规模扩张做准备。

（三）利润分配政策分析

利润分配政策分析主要是对利润分配政策和股利支付方式的选择进行分析，通过了解股利分配政策（如剩余股利政策、固定股利政策、固定股利比例政策、不分配股利政策、正常股利加额外股利政策等）、股利支付方式（如现金股利、财产股利、负债股利、股票股利等）及其优缺点，结合利润分配项目分析，评价企业选择股利政策的适当性与合理性。

从新新公司2×20年的股利分配政策看，企业采用的是现金股利政策，但是，实际发放的股利占税后利润的比重并不高，该公司2×20年发放的现金股利占2×19

年净利润的30.36%（96 927 155.49÷319 259 627.38×100%）。这这一方面可能是由于企业希望增加积累，减少现金支付；另一方面，也可能是由于资本市场的原因，企业不急于发放过多的股利。

综合练习题

单项选择题

1.可供出售金融资产的公允价值变动损益应该计入（　　）。

A.股本　　B.其他综合收益

C.资本公积　　D.盈余公积

2.长期股权投资由成本法改为权益法属于（　　）。

A.会计政策变更　　B.会计估计变更

C.会计差错更正　　D.以上都不是

3.改变固定资产折旧年限属于（　　）。

A.会计政策变更　　B.会计估计变更

C.会计差错更正　　D.以上都不是

4.企业非日常活动所发生的、会导致所有者权益减少的、与向所有者分配利润无关的经济利益的流出可能计入（　　）。

A.主营业务成本　　B.其他业务成本

C.营业外支出　　D.管理费用

5.企业利润分配的第一步是（　　）。

A.提取法定盈余公积　　B.提取任意盈余公积

C.支付优先股股利　　D.弥补亏损

6.下列项目中，属于企业的非日常经营活动利得的是（　　）。

A.营业成本　　B.营业收入

C.投资收益　　D.营业外收入

7.下列比率中，与所有者权益无关的是（　　）。

A.净资产报酬率　　B.资本保值增值率

C.总资产收益率　　D.负债权益比率

8.利润分配项目分析主要是分析企业的（　　）。

A.留存收益　　B.应付股利

C.未分配利润　　D.留存收益和股利分配

9.为了使每年支付的股利数额变动最小，企业应采用（　　）。

A.剩余股利政策　　B.固定股利政策

C.固定股利比例政策　　D.正常股利加额外股利政策

10.不属于利润分配分析内容的是（　　）。

A.利润分配活动全面分析　　B.利润分配项目分析
C.利润分配政策分析　　D.未分配利润项目分析

判断题

1.所有者权益变动表是时期报表。　（　）

2.财务报表是对企业财务状况、经营成果和现金流量的结构性表述，只需要包括资产负债表、利润表和现金流量表。　（　）

3.会计政策变更项目反映的是前期差错更正对留存收益的累积影响数。　（　）

4.所有者权益内部结转中的各项发生变动会导致所有者权益的总额发生变化。　（　）

5.公司法定盈余公积累计额为公司注册资本的50%以上时，可不再提取。　（　）

6.企业必须提取任意盈余公积。　（　）

7.企业的留存收益包括法定盈余公积金和未分配利润两部分。　（　）

8.对企业股利分配的分析要结合企业不同生命周期、企业收益的稳定性等因素。　（　）

9.支付股票股利对企业的所有者权益无影响。　（　）

10.企业处在扩张阶段时，倾向于“高积累，低分配”的分配策略。　（　）

分析题

1.以某上市公司的所有者权益变动表为例，说明所有者权益变动表中各个项目反映的内容以及该表所反映的企业所有者权益的构成和变动情况。

2.以某上市公司的所有者权益变动表为例，分析企业投资者的收益情况。

第八章 合并会计报表和分部报告分析

引例

2013年6月底，曾入狱5年多的安然（Enron）前首席财务官安迪·法斯托出现在由美国特许诈骗审查师学会（ACFE）召开的大会上，这是他在艰难的救赎之路上迈出的最为重要的一步——他要讲述自己怎样成为一个“诈骗者”，并就如今公司的做法给出令人深省的警告。

法斯托曾在78个法庭上面临诈骗指控，其大多数罪名都和安然与一系列表外机构的交易有关。法斯托在由这些机构组成的网络中起着核心作用，这些交易掩盖了安然真实的财务状况，让法斯托获利数千万美元。法斯托对听众说：“我为什么会在这里？首先我要说，我在这里的原因是我曾经犯过罪……我造成了不可估量的损失，永远也不可能弥补。但我试图通过做报告，特别是为学生或董事做报告，来帮助人们了解我为什么会做这样的事。”

法斯托说，他遭到指控的原因是“技术性违反证券法规”，但这不是“他被判有罪的主要原因”。他“最严重的罪名”是，他主导的那些交易“故意给安然制造了一个假象——让安然的财务状况看起来很良好，但实际上并不是这样”。

法斯托解释说：“会计法规和证券法规都很模糊，它们也很复杂……我在安然所做的事以及我们作为一家公司所做的事，并不是把这种复杂性和模糊性看作问题，而是把它们当作机会。”他还指出，其做法存在的唯一的问题是，“规则是否允许，或者说规则是否允许这样进行解释”。

法斯托坚称，每项交易都得到了批准——律师、会计师、管理层和董事会的批准。但他指出，安然案还是成了“有史以来最大的会计诈骗案”。他带着讽刺的口吻问道：“已经得到批准的……又怎么会成为诈骗呢？”因为它有误导性，而且他知道这一点。他说道：“我知道那样做不对，我知道我所做的事情会误导别人，但我并不认为这样做违法。我当时的想法是，游戏就是这么玩的。摆在你面前的是一套复杂的规则，而你的目标是让这些规则为你所用。这就是我犯的错误。”

安然在会计处理上的重大错误之一就是：安然未将其持有一定股份的两个“特殊目的实体”（special purpose entity，SPE，相当于安然的子公司）的资产负债情况纳入合并会计报表的范畴，却将其收益包括在了安然的业绩之内，从而隐瞒了公司的巨额债务。"安然事件"后，人们注意到了合并会计报表中存在的隐患，其也敲响了合并报表制度改革的警钟。

资料来源 ElKIND. 安然前首席财务官的忏悔［EB/OL］.［2016-07-09］. http://www.fortunechina.com/.

第一节 什么是合并会计报表

一、企业合并与合并会计报表

企业合并，是指将两个或者两个以上单独的企业合并形成一个报告主体，即一个经济实体。企业通过自身的经营和内部积累来扩大规模的速度往往是缓慢的，最直接有效的壮大方式就是收购或兼并其他企业，迅速成长，占领市场。

企业合并的方式一般有三种：创立合并、吸收合并和成立母子公司。创立合并，是两家或者两家以上的公司合并起来，成立一家新的公司。吸收合并，是由一家公司兼并另一家或几家公司，被兼并的公司将宣告解散，失去法人资格，并予以注销。吸收合并后，其中一家公司继续存在，其他公司随即解散。成立母子公司是一家公司通过取得另一家公司的多数有表决权的股份而控制其经营，前者取得控股地位，称为母公司或控股公司，后者称为子公司。这三种企业的合并方式都很常见，如图8-1所示。

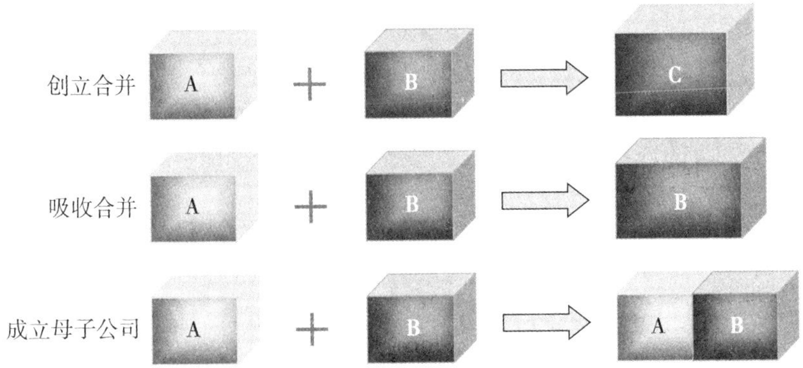

图8-1 企业合并方式

在创立合并和吸收合并的方式下，在合并之初需要处理有关企业的会计业务，合并完成之后，两家公司实际上就变成了一家公司，因此，合并后的公司在会计上称为法人实体或会计主体。而母子公司的关系则不同，尽管母公司对子公司具有控股权，但是母公司和子公司都是独立的法人实体，会计核算也相互独立。由于母公司已经控制了子公司的经营，实际上，母公司和子公司是同一个经济实体，因此必须把母公司与其子公司的会计报表合并起来，编制一套反映母子公司作为一个经济实体的合并会计报表。对于母公司的股东来说，合并报表比母公司自己的会计报表更有意义，因为股东对企业投资就是为了取得满意的回报。对于母公司的投资者来说，他们的投资回报不仅仅取决于母公司的经营状况，也深受子公司利润的影响。子公司的股东也希望知道母公司的经济实力，所以应股东们的要求，合并会计报表便产生了。合并会计报表一般包括合并资产负债表、合并利润表、合并现金流量表及合并所有者权益变动表。我们看到的上市公司的会计报表都是母公司报表与合并会计报表共同报出的报表，这是根据上市公司财务报告披露要求进行披露的。

二、企业合并的原因

企业合并主要是为了创造协同优势，也就是说，合并后主体的价值大于组成它的各个部分的价值总和。

首先，实现增长是合并最普遍的动机。一个希望通过进入新的地区性市场来实现增长的企业，可以在新的地区雇用更多的销售人员和研究人员，租用办公楼和展厅。这种通过企业自身的努力来实现增长的方式可称为内部增长或有机增长。而企业合并则是另一种实现增长的方法。与其耗费资源强行拓展新市场，不如将资源用于购买这个市场现有的企业，这是外部增长，即通过收购取得的增长。上述增长的价值在于获得经济利益，即通过收购来实现增长，必须创造出协同优势，如果单纯为增长而增长，则没有任何价值。

其次，企业合并可以通过消除重复作业来取得规模经济。要成功地取得有效的规模经济，就必须有果断的管理者和优秀的领导者。如果两个或更多的企业未能充分利用它们的资源，那么合并就可以消除过剩的生产能力，从而使生产更有效率。

再次，通过企业合并手段收购竞争对手可以减少行业竞争，并使企业取得更广泛的市场控制权。这也正是各国管理机关严格施行监管收购制度的原因。这些法规可以抑制可能出现的垄断，并限制行业中特大经营者的权力。管理部门对可能产生垄断行为的收购活动的审批，显然会在一定程度上制约旨在垄断的收购行为。

最后，企业合并可以分散经营风险。企业的产品和市场越分散，企业的整体经营风险就越低。这有利于企业开发、推广新产品，以及降低与开拓新市场有关的风险，也就是人们常说的不要把所有的鸡蛋放在同一个篮子里。尤其是在企业的核心业务具有很高的经营风险时，降低风险往往是其多元化经营的一大动机。如果一个特殊行业正处于衰退期，该行业中的企业就必须寻找替代业务，而这只能通过多元化来实现。

第二节　阅读合并会计报表时需要注意的问题

在阅读合并报表时，要关注附注中关于企业合并的说明信息，并以此来判断合并报表的信息质量，报表使用者应主要从以下几个方面入手：

一、合并前提

在根据企业会计准则编制合并会计报表时，必须具备一定的前提条件，比如：①合并会计报表应当以母公司和子公司的会计报表为基础，根据其他有关资料，按照权益法调整对子公司的长期股权投资后，由母公司编制。②母公司应当统一子公司所采用的会计政策，使子公司采用的会计政策与母公司保持一致。子公司所采用的会计政策与母公司不一致的，应当按照母公司的会计政策对子公司的会计报表进行必要的调整，或者要求子公司按照母公司的会计政策另行编报会计报表。③母公司应当统一子公司的会计期间，使子公司的会计期间与母公司保持一致。子公司的会计期间与母公司不一致的，应当按照母公司的会计期间对子公司的会计报表进行调整，或者要求子公司按照母公司的会计期间另行编制会计报表。④在编制合并会计报表时，子公司除了应当向母公司提供会计报表外，还应当向母公司提供其他有关资料，包括其所采用的与母公司不一致的会计政策及其影响金额、与母公司不一致的会计期间的说明、与母公司及其他子公司之间发生的所有内部交易的相关资料、所有者权益变动的有关资料等。编制合并会计报表的企业必须在会计报表附注中说明，在编制合并会计报表时是否已经具备了这些前提条件。假如不完全具备这些前提条件（比如确认收入的会计政策不统一，反映企业集团内部交易的资料不完整等），则编制的合并会计报表所提供的信息必然大打折扣。

二、合并范围

母公司应当将其全部子公司（包括母公司所控制的单独主体）纳入合并财务报表的合并范围。但是，如果母公司是投资性主体，则母公司应当仅将为其投资活动提供相关服务的子公司纳入合并范围并编制合并财务报表；其他子公司不应当予以合并，母公司对其他子公司的投资应当按照公允价值计量且其变动计入当期损益。如何判断母公司是否为投资性主体呢？主要有三个判断标准：①该公司是以向投资者提供投资管理服务为目的，从一个或多个投资者处获取资金；②该公司的唯一经营目的，是通过资本增值、投资收益或两者兼有而让投资者获得回报；③该公司按照公允价值对几乎所有投资的业绩进行考量和评价。三个标准同时满足，则该母公司为投资性主体。

子公司的确认是以控制为基础的，而母公司是否具有控制权主要有三个判断标准：一是投资方是否拥有对被投资方的权力；二是是否通过参与被投资方的相关活动而享有可变回报；三是是否有能力运用对被投资方的权力影响其回报金额。上述三个标准都满足，则认为母公司对子公司具有控制权。

在判断投资方是否拥有对被投资方的权力时，应当仅考虑与被投资方相关的实质性权利，包括自身所享有的实质性权利以及其他方所享有的实质性权利。但是，仅享有保护性权利的投资方不拥有对被投资方的权力。一般情况下，投资方持有被投资方半数以上的表决权，或者投资方持有被投资方半数或以下的表决权，但通过与其他表决权持有人之间的协议能够控制半数以上表决权的，都被认为是投资方对被投资方拥有权力，被投资方即可被认定为子公司。此外，如果投资方能够任命或批准被投资方的关键管理人员，能够出于其自身利益决定或否决被投资方的重大交易，能够掌控被投资方董事会等类似权力机构成员的任命程序或者从其他表决权持有人手中获得代理权，能够与被投资方的关键管理人员或董事会等类似权力机构中的多数成员存在关联方关系，也可以作为拥有对被投资方的权力的判断依据。

阅读提示 实质性权利，是指持有人在对相关活动进行决策时，有实际能力行使的可执行权利。判断一项权利是否为实质性权利，应当综合考虑所有相关因素，包括权利持有人行使该项权利是否存在财务、价格、条款、机制、信息、运营、法律法规等方面的障碍；当权利由多方持有或者行权需要多方同意时，是否存在切实可行的机制使得这些权利持有人在其自愿的情况下能够一致行权；权利持有人能否从行权中获利等。

保护性权利，是指仅为了保护权利持有人的利益却没有赋予持有人对相关活动决策权的一项权利。保护性权利通常只能在被投资方发生根本性改变或某些例外情况发生时行使，它既没有赋予其持有人对被投资方拥有权力，也不能阻止其他方对被投资方拥有权力。

此外，控制权也往往体现在双方的合同规定中，但合同规定在会计报表中是无法得到反映的。因此，针对一个企业是否拥有对另一个企业的控制权，是否已将其纳入合并会计报表的合并范围等问题，必须在会计报表附注中将决定这些问题的相关合同加以详细披露，才能给会计报表使用者一个明确的答复。因此，会计报表使用者应当注意，当被投资单位的财务状况和经营成果不佳时，为避免将其纳入合并范围而对合并会计报表造成不良影响，母公司极有可能不将有关合同在会计报表附注中加以详细披露，这将使得会计报表使用者无法依据合并会计报表提供的有关信息作出合理的决策。

阅读提示 《企业会计准则第33号——合并财务报表》第四条规定："如果母公司是投资性主体，且不存在为其投资活动提供相关服务的子公司，则不应当编制合并财务报表，该母公司按照本准则第二十一条的规定以公允价值计量其对所有子公司的投资，且公允价值变动计入当期损益。"

三、合并比例

合并会计报表的关键是按照投资比例对子公司的资产、负债、收入、费用、利润等予以合并，并按照投资比例抵销母子公司之间的内部交易。因此，在阅读合并会计报表时，应关注企业在合并会计报表中对合并企业的投资比例、合并会计报表所使用的合并比例等信息的披露。根据我国企业会计准则，对于纳入合并范围的子公司应在合并会计报表附注中加以说明，即说明划定合并范围的原则、依据。投资方在判断是否控制被投资方时，应当确定其自身是以主要责任人还是代理人的身份行使决策权，在其他方拥有决策权的情况下，还需要确定其他方是否以其代理人的身份代为行使决策权。代理人仅代表主要责任人行使决策权，不控制被投资方。投资方将被投资方相关活动的决策权委托给代理人的，应当将该决策权视为自身直接持有。通过上述方式，投资者才能充分了解合并会计报表中所包含的合并企业的有关信息，及其合并比例是否与投资比例相一致。同时，也有效防止了在合并企业的财务状况和经营成果俱佳时，以超过投资比例的比例进行合并，或在合并企业财务状况和经营成果不佳时，以低于投资比例的比例进行合并。

四、合并变更

在现实经济生活中，投资企业对被投资单位权益性资本投资的比例在一个会计期间内是很可能发生变化的，当发生变化时，合并会计报表的编制就会相应地发生变化。当合并会计报表发生变化时，其所反映的财务状况和经营成果等会计信息当然也就随之变化。为了真实、准确地反映企业发生这些变化当年的财务状况和经营成果，必须明确变化前后的财务状况，何时进行合并，及应当如何进行披露，以防止某些企业利用上述变化达到粉饰会计报表的目的。例如，当企业集团内部交易量很大时，为了不至于抵销未实现的内部利润，母公司会在会计报表截止日以前转让子公司一定数量的股权，使之形式上不再具有对后者的控制权，从而将后者的会计报表排除在合并会计报表的范围之外。因此，报表使用者在阅读合并报表时，应着重关注企业的报表附注中有关当年对被投资单位权益性资本投资比例的变化，变化前后被投资单位的财务状况和经营成果是如何被并入合并会计报表的，以及由此引起的合并会计报表的变化等的详细说明。

五、合并时间

在组建合并企业的过程中，可能存在若干对合并企业产生重大影响的日期，如合并协议签订日、董事会批准日、股东大会批准日、合并公告日、营业执照办理日、产权交割日、资产评估基准日等。这些日期间的差异少则数日，多则数月以上，选择哪一天作为企业的合并日都会对合并企业当年的损益产生举足轻重的影响。我国现在对这一问题尚无明确规定，只是在准则中提到合并日的定义，并且要求在报表附注中披露合并日的确认依据。合并日，是指合并方实际取得对被合并方控制权的日期。合并日确定之后，投资者才能知道应将合并企业哪段期间的收入、费用和利润等按照投资比例进行合并，以防止企业在合并企业的财务状况和经营成果最佳或最差时，借助提前或推迟合并日的做法来虚增业绩、调节利润、粉饰报表。

第三节 什么是分部报告

一、为什么要编制分部报告

现代证券市场是建立在信息披露制度的基础之上的，企业的信息披露是证券市场健康发展的重要保证，也是投资者做出合理投资决策的基本依据。现如今，企业的经营规模和经营范围越来越大，其日益呈现出跨行业、跨地区甚至跨国家的经营趋势。通常情况下，企业在对外提供财务报告时，是按各自企业合并后的数字提供的，因而，投资者通过财务报告很难分析出企业利润增长和财务状况变动的原因，这就为分部财务报告提供了滋生“害虫”的土壤。同时，企业的所有权与控制权的极大分离，使大量的财务报告用户只能以企业披露的信息为其决策的基本依据。随着投资者理性程度的提高，会计报表使用者对企业分部信息的关注程度也日益提高。分部报告是由资产负债表和利润表两张主表构成的一张综合附表，它反映企业各行业、各地区经营业务的收入、成本、费用、营业利润、资产总额及负债总额等情况。分部提供会计信息的目的，就是让会计信息使用者了解企业各行业、各地区经营业务的分布规模、利润情况及发展趋势等资料，使他们能够对企业的财务状况做出更准确的判断。

二、分部报告的格式和内容

2009年6月，财政部发布的《企业会计准则解释第3号》规定，企业自2009年1月1日起，应当以内部组织结构、管理要求、内部报告制度为依据确定经营分部，以经营分部为基础确定报告分部，并按规定披露分部信息；取消原有关确定地区分部和业务分部以及按照主要报告形式、次要报告形式披露分部信息的规定。这是根据修改后的《国际财务报告准则第8号——经营分部》的内容，结合我国实际情况，对分部报告作出的相应调整。这种调整提高了企业编制分部报告的灵活性，也符合企业披露分部信息的实际情况，能够为报告使用者提供更为有用的信息。

阅读提示

经营分部，是指企业内同时满足下列条件的组成部分：

1.该组成部分能够在日常活动中产生收入，发生费用。

2.企业管理层能够定期评价该组成部分的经营成果，以决定如何向其配置资源和评价其业绩。

3.企业能够取得有关该组成部分的财务状况、经营成果和现金流量等会计信息。

例如，新新公司2×20年财务报告中的分部报告就是根据该公司内部组织结构、管理要求，按照经营区域确定报告分部。因为该公司每个报告分部的城市店铺面向不同的消费群体提供产品，所以每个分部需要不同的市场策略且需要进行单独的管理。公司的管理层会定期审阅不同分部的财务信息以决定如何向其配置资源和评价其业绩，其分部具体财务信息见表8-1。

表8-1　　新新公司2×20年度分部财务信息　　单位：百万元

项目	大连区域	沈阳区域	抚顺区域	阜新区域	大庆区域	牡丹江区域	佳木斯区域	河南区域	其他区域	未分配	抵销	合计
一、分部收入	7 697	1 950	2 322	807	4 045	1 547	735	1 965	3 755	9	-488	24 344
其中：对外交易收入	7 235	1 950	2 322	797	4 045	1 547	732	1 952	3 755	9		24 344
分部间交易收入	462	0	0	10	0	0	3	13	0	0	-488	0
二、分部费用	7 483	1 988	2 145	793	3 950	1 400	727	2 109	3 829	94	-487	24 031
三、分部利润	214	-38	177	14	95	147	8	-144	-75	-85	-2	311
四、分部资产	3 819	1 135	878	304	1 249	860	369	1 004	2 030	2 581	-2 629	11 600
五、分部负债	2 838	899	623	309	923	637	334	1 378	1 681	1 726	-2 629	8 719
六、补充信息												
1.折旧和摊销费用	102	46	34	11	38	31	22	62	107	10		463
2.资本性支出	60	129	4	10	5	7	6	104	195	6		526

表8-1中的分部资产包括企业在分部的经营中使用的、可直接归属于该分部的资产，以及能够以合理的基础分配给该分部的资产，不包括递延所得税资产及其他未分配的总部资产；分部负债是指分部经营活动形成的可归属于该分部的负债，包括归属于各分部的应付款项、预收款项和银行借款等，不包括递延所得税负债；分部利润是指各个分部产生的收入（包括对外交易收入及分部间交易收入），扣除各个分部发生的费用、归属于各分部的资产发生的折旧和摊销及减值损失、直接归属于某一分部的银行存款及银行借款所产生的利息净支出后的净额。分部之间产品的转移定价按照与其他对外交易相似的条款计算。

分部的划分和确定是分部财务报告的基础。如果企业按照业务不同进行分部报告，则可以将一个企业内可以区分的、主要是向企业外部的客户分别提供不同的产品或劳务（或者不同类别的相关产品或劳务）的各个部分作为分部报告的单位。企业在确定业务分部时，应当结合企业内部管理的要求，并考虑以下因素：①各单项产品或劳务的性质，包括产品或劳务的规格、型号、最终用途等；②生产过程的性质，包括采用劳动密集型或资本密集型等方式组织生产，使用相同或者相似设备和原材料，采用委托生产或其他加工方式等；③购买产品或劳务的客户的类型，包括大宗客户、零散客户等；④销售产品或提供劳务的方式，包括批发、零售、自产自销、委托销售、承包等；⑤生产产品或提供劳务受法律、行政法规的影响，包括相关法律法规对企业经营范围或交易定价的限制等。由于产业结构几乎是影响所有企业机会和风险的关键因素，故此项信息特别有用。

如果企业按照地区划分分部报告，则可以将一个企业内可以区分的、在特定经济环境中提供产品或劳务的部分作为分部报告的单位，它承担的风险和获取的报酬不同于企业在其他经济环境中经营的部门。企业在确定地区分部时，应当结合企业内部管理要求，并考虑以下主要因素：①所处的经济、政治环境的相似性，包括境外经营所在国家或地区经济和政治的稳定程度等；②在不同地区经营的公司之间的关系，包括在某地区进行产品生产，而在其他地区进行销售等；③经营的接近程度，包括在某地区生产的产品是否需要在其他地区进一步加工生产等；④与在某一特定地区经营相关的特别风险，包括气候的异常变化等；⑤外汇管理规定，即境外经营所在国家或地区是否实行外汇管制；⑥外汇风险。不同地区的政治环境、社会环境、法律环境、经济环境等各不相同，会对企业的发展产生重大影响，因此按地区分部提供信息，将有助于人们深入了解企业的机会和风险。

当然，企业还可以根据自身的特点和需要，确立分部报告的划分标准。

第四节　如何分析分部报告

在企业分部、可报告分部确定合理和分部报表项目确认、计量恰当的基础上，报表使用者可以采用一定的分析方法，对分部报告进行分析，以获取有用的信息。传统的会计报表分析方法（如比率分析法、趋势分析法、比较分析法等）也适用于对分部报告的分析。从分部报告的目的出发，结合企业管理部门设定的目标、管理战略，投资者可以通过以下方式对可报告分部的业绩进行更好的分析，并对其加以利用：

1.确认和比较不同报告分部的增长率水平、销售水平、利润水平的变化情况，并说明整个企业增长率变动的原因。可以采用趋势分析法来计算各分部的增长率水平、销售水平和盈利水平的变化情况，以此为基础，报表使用者可以解释整个企业增长率变动的原因。因为企业是由各个分部构成的，分部的增长率水平会影响整个企业的增长率水平。通过这一分析，企业的管理层可以判断哪些分部发展较快，哪些分部发展较慢；哪些分部所属行业属于朝阳行业，哪些分部所属行业属于夕阳行业；哪一分部的管理水平高、发展速度快，哪一分部的管理水平低、发展速度慢。这可能会导致管理层对企业的产品结构进行调整以及对管理人员进行调动。对于投资者来说，可以重点研究整个企业的增长率变动主要是由哪些分部的增长率变动引起的，这些分部的前景和持续发展能力以及存在的潜在风险等问题。

2.计算每一个报告分部的非企业间销售和利润对整个企业销售和利润的贡献大

小，以确定每一分部的相对重要性。企业最终的利润来自外销，而非企业集团中的内部销售。外销收入和利润越多的分部，对整个集团的收入和利润的贡献就越大，这一分部也就越重要。这种对比可以影响管理层对企业战略计划的调整，使资源由外销收入少、获利能力弱的分部向外销收入多、获利能力强的分部转移，以达到企业资源的优化配置。对于报表使用者来说，其可以了解企业的收入和利润主要来自哪些业务、哪些经营部门、哪些地区等，这将有助于报表使用者在对这些业务、部门和地区进行分析的基础上，对企业作出有依据的评价，并作出科学合理的决策。

3.计算每一报告分部的经营收益率和资产经营报酬率，以确定每一分部的相对获利能力与整个企业获利水平的关系。报告分部的经营成果为企业整体经营成果的主要组成部分，计算报告分部的经营收益率和资产经营报酬率，主要是为了判断报告分部的经营成果对企业整体业绩水平的影响程度，并借以判断该报告分部的重要性。在阅读企业的母公司报表及合并报表时，面对企业的整体收益，必须通过对分部收益的分解，才能得到较好的评价结果，离开分部的相关信息，合并收益往往会误导信息使用者。借此分析，报表使用者可以清楚地了解企业的盈利主要来自哪些方面，企业盈利水平的提高或降低主要是由哪些分部引起的。对那些盈利水平较高或亏损较大的分部，报表使用者应给予特别的关注，因为它们往往是将来促使企业成功或失败的关键。

4.计算每一报告分部的总资产变动趋势，借以更好地理解管理层的有关资源配置决策以及每一报告分部和总公司对资本的要求。采用趋势分析法可得出每一报告分部总资产的变动趋势，一般而言，总资产不断增加的分部，应是那些有发展前景、销售收入和获利能力较好的分部。而对于发展前景不被看好甚至经营亏损的分部，即使当前不被关业，管理层也不会较多地对其追加投资。这体现了管理层资源配置的有序性及其经营战略的不断优化组合。对报表使用者来说，其可以借此了解企业管理层进行资源配置的情况以及工作重心的转移情况。

5.比较每一个报告分部的资产分布百分比，以评价企业资产的变动特点。报告分部的资产分布百分比，对整个企业而言，是指每一报告分部的资产占企业总资产的比重。占总资产比重较大的分部，一般是管理层较为重视的分部，其代表着企业未来的发展方向。结合趋势分析法，报表使用者可以从资产分布百分比的变化中看出企业资产的流向。

6.运用资产周转率、经营获利率和资产报酬率等指标进行综合分析，以确定资产周转率和获利指标对每一分部资产报酬率指标的影响，并解释每一分部对整个企业资产回报变动的影响。

分部报告分析是一个比较复杂的过程，除了要掌握一定的分析方法外，还必须深入了解企业的管理战略、内外部环境、经济政治因素、相关行业状况、地理环境等相关信息。对于报表使用者来说，影响分部报告分析效果的另一个重要因素为编报企业方面的压力。当企业管理层认为分部报告的内容和形式与企业的利益不相符，强制性披露将对企业产生不利后果时，其可能会对披露分部信息的有关规定产生抵触情绪，从而对所披露的信息进行粉饰。同时，在分部报告中往往存在较多的成本费用被武断分配的情况，这也增加了分析者的分析难度。还要注意，分析分部报告是为了更好地理解企业的整体状况，不能以偏概全、一叶障目。

综合练习题

单项选择题

1.一家公司兼并另一家或几家公司，被兼并的公司将宣告解散，失去法人资格，并予以注销，这类经济活动被称作（　　）。

A.创立合并　　B.吸收合并

C.母子公司　　D.收购

2.下列各项中，（　　）的会计报表是合并会计报表的主要来源。

A.母公司　　B.子公司

C.母公司及子公司　　D.母公司或子公司

3.下列不属于企业并购的协同优势的是（　　）。

A.形成规模优势　　B.消除竞争对手

C.分散经营风险　　D.实现企业内部增长

4.编制合并会计报表的是（　　）。

A.母公司　　B.子公司

C.母公司及子公司　　D.母公司或子公司

5.编制合并会计报表的第一步是（　　）。

A.统一子公司的会计政策

B.统一子公司的会计期间

C.按照权益法调整对子公司的长期股权投资

D.收集子公司之间内部交易的资料

6.分部报告是涵盖了（　　）两张主表的综合附表。

A.资产负债表和利润表　　B.资产负债表和现金流量表

C.利润表和现金流量表　　D.资产负债表、利润表和现金流量表

7.下列不属于企业在确定业务分部时应考虑的因素的是（　　）。

A.单项产品或劳务的性质　　B.生产过程的性质

C.销售产品或提供劳务的方式　　D.所处经济、政治环境的相似性

8.确定分部的相对重要性时，要考察每一个可报告分部的（　　）。

A.销售和利润对整个企业的销售和利润的贡献大小

B.非企业内部的销售和利润对整个企业的销售和利润的贡献大小

C.企业内部的销售和利润对整个企业的销售和利润的贡献大小

D.以上均可

9.下列各项中，投资者在分析报告分部时，用来评价企业资产的变动特点的是（　　）。

A.总资产占有率　　　　B.总资产收益率

C.资产净增加额　　　　D.资产分部百分比

10.下列各项中，不能解释分部对整个企业资产回报变动的影响的是（　　）。

A.资产周转率　　　　B.资产报酬率

C.资产负债率　　　　D.经营获利指数

判断题

1.只要是涉及合并的企业都要编制合并会计报表。（　　）

2.企业并购结合后主体的价值大于组成它的各个部分的价值总和。（　　）

3.在编制合并会计报表时，子公司只需要母公司提供会计报表。（　　）

4.在阅读合并会计报表时，应关注企业在合并会计报表中对合并企业的投资比例、合并会计报表所使用的合并比例等信息的披露。（　　）

5.选择哪一天作为企业的合并日对合并企业当年的损益没有影响。（　　）

6.经营分部，是指能够在日常活动中产生收入和费用，管理层能够评价其经营成果并取得其财务状况、经营成果和现金流量等会计信息的企业内部组成部分。（　　）

7.企业应当以内部组织结构、管理要求、内部报告制度为依据确定经营分部，以经营分部为基础确定报告分部。（　　）

8.传统的会计报表分析方法，如比率分析法、趋势分析法、比较分析法等也适用于对分部报告的分析。（　　）

9.在阅读企业的母公司报表及合并报表时，通过分部收益的分解能较好地评价企业的整体收益，而合并收益往往会误导信息使用者。（　　）

10.计算每一个报告分部的资产相对百分比，借以更好地理解管理层有关资源配置的决策以及每一报告分部和总公司对资本的要求。（　　）

分析题

1.以某上市公司的合并会计报表为例，谈谈企业的母公司或合并后的集团公司的财务状况、经营成果以及现金流量等情况。

2.以某上市公司的分部报告为例，说明各项目的含义及其所反映的企业经营情况。

第九章
公司操纵利润的常见手法及诊断方法

引例

2013年7月29日，中国香港证监会申请对中国金属再生资源（控股）有限公司（00773.HK，简称“中金再生”）进行直接清盘处理，理由是中金再生IPO说明书及上市当年度的财务报表造假，并且其上市后的历年财务数据也涉嫌造假。这是香港证监会有史以来首次引用香港的《证券及期货条例》第212条款，也是香港证监会有史以来对上市公司处罚最严厉的一次，其在香港乃至大陆的资本市场上引起了投资者的广泛关注。香港证监会和临时清盘人的指控，终结了中金再生在资本市场上创造的“中金神话”，也令众多中金再生的投资者损失惨重。

其实，只要认真地分析中金再生的财务数据，不难发现该公司存在诸多舞弊端倪。

首先，中金再生的资产结构让人满腹疑团。相比齐合天地集团有限公司（以下简称“齐合天地”），中金再生的固定资产占总资产的比重相当低，其2009年上市当年仅为1.87%，而同期的齐合天地的这一比率为7.31%；二者的固流比（流动资产与固定资产之比）也相差甚远，中金再生为50∶1，齐合天地为12.5∶1。生产经营情况相近的企业，其固定资产占总资产的比重以及流动资产与固定资产的比率竟然同时相差4倍之多。另外，中金再生的流动资产结构也不合理。一般情况下，废金属回收企业的交易方式大多为现货交易，且毛利率较低，为了维持企业正常的生产经营，其必然要持有足够的存货，同时要减少应收款项的数额。中金再生的存货占流动资产的比重在15%左右，而齐合天地大约为69%，相差近5倍，可见中金再生的存货量相当低；贸易及其他应收款项占流动资产的比重二者分别约为55%、14%，相差近4倍，即中金再生的应收款项规模相当大。占比如此之小的存货何以获得大量的应收款项？对于如此扭曲的流动资产结构，当局者中金再生恐怕难以自圆其说。

其次，中金再生的存货周转率也高得让人难以置信。2009年至2011年，其平均存货周转率为18.94，2011年达到最高，为23。如果将存货周转率转换为周转天数来观察，2011年中金再生的平均存货周转天数为15.9天，这就意味着，中金再生的存货每半个月就能实现从废品收购入库到产成品生产完成并销售出去的整个过程。然而，相比之下，齐合天地同期的平均存货周转率仅为2.84，周转天数为128天。也就是说，齐合天地完成从废品收购入库到产成品生产完成并销售出去的整个过程需要4个多月，二者相差如此悬殊。

再次，相比存货周转的"神速"，中金再生应收账款的周转速度可谓相当缓慢。齐合天地的平均应收账款周转率为50.62，平均收现期仅为7天；而中金再生的平均应收账款周转率为5.37，平均收现期大约为68天。相比之下，作为具有行业老大地位的中金再生，应收账款资金收回的速度如此之慢，实在是不可思议。

最后，中金再生未对关联方交易的信息进行必要的披露。中金再生在财务报表附注中对于公司的关联方仅做出相当简略的描述："年内，本集团与关联人士进行交易，其中部分人士于本公司上市后根据上市规则被视为关联人士……并列示了与这些人士于年内进行的交易及报告期末的结余。"而在其后披露的关联方交易事项中，其仅披露了与广钢集团一家企业之间的交易事项，其平均交易额仅占公司全部交易额的20%。一家严重依赖关联方交易的企业，却对关联方信息如此讳莫如深，可见其心虚程度。

一切的疑问，最终由中金再生所隐藏的与关联方之间的循环支付的交易模式得以解释，虚幻的神话最终也因为造假模式的曝光而破灭。正如美国做空机构Glaucus Research在2013年1月28日发布的对中金再生的做空报告中所说的："中金再生声称致力于成为中国最大的废金属回收商，但这是个谎言，有关公开信息表明，它是个明目张胆的老千。"

资料来源 刘凌冰，张天萌. 中金再生为何被清盘［J］. 财务与会计：理财版，2014（8）.

第一节　应收账款中的舞弊行为及诊断方法

利用应收账款进行利润操纵，是企业舞弊最常见的手段，因此，我们要对应收账款加以特别关注。应收账款中最常见的舞弊方式是长期挂账、虚列应收账款以伪造收入、故意扩大赊销范围以增加利润等。

案例：帕玛拉特

帕玛拉特是意大利乳品业巨头，在全球30多个国家和地区拥有140多个分支机构，拥有员工3.63万人。2001年和2002年，帕玛拉特对外报告的收入分别达到了78亿欧元和77亿欧元，按股票市值排名，它一度是意大利第八大上市公司。2003年9月，其股票价格达到每股3.1欧元的巅峰。但是，到了2003年12月初，虽然公司声称尚有近42亿欧元的现金头寸，其却发布公告，表示可能无法对即将到期的一笔总额1.5亿欧元的债券还本付息，证券市场一片哗然。由此，帕玛拉特受到有关各方的关注和质疑，其舞弊的事实也逐渐浮出水面。经调查，帕玛拉特舞弊案主要涉及掩饰资金缺口，隐瞒巨额亏损，转移公司资金到公司总裁坦齐的海外个人户头，由坦齐家族成员完全控股其他公司等问题。其中，帕玛拉特的舞弊手段之一就是虚构交易，夸大应收账款。调查表明，帕玛拉特在过去几年中虚构了大量的交易，以夸大其海外子公司的销售业绩，并通过伪造询证回函，夸大应收账款。其中，其虚构的与古巴一家公司的交易，堪称荒谬绝伦。

2003年1月31日，负责帕玛拉特公司审计的均富意大利会计师事务所通过帕玛拉特将销售款询证函寄往古巴Alimport食品进口公司和新加坡Camfield公司，求证由帕玛拉特从新加坡Camfield公司进口30万吨奶粉，再转售给Alimport食品进口公司的交易及相应账款。帕玛拉特通过这笔交易确认了对Alimport食品进口公司的4.86亿欧元的应收账款。意大利检察机关调查这笔交易时，Alimport食品进口公司的总裁断然否认曾复函均富意大利会计师事务所，也从未确认应付帕玛拉特的4.86亿欧元购货款。事实上，Alimport食品进口公司只是每月从帕玛拉特在智利的分公司进口价值56万至64万欧元的奶粉（约合600~700吨）。据调查，当初均富意大利会计师事务所的注册会计师在审计时，是把询证函装入信封之后，交由帕玛拉特总部的职员投寄的。而均富意大利会计师事务所据以确认该项销售款的重要依据——询证回函却是出自帕玛拉特内部职员之手。由于均富意大利会计师事务所缺乏职业审慎，这笔伪造的巨额款项就堂而皇之地出现在了帕玛拉特的合并报表上。

资料来源 黄世忠，张胜芳. 帕玛拉特舞弊案及其启示［J］. 财务与会计，2004（4）.

诊断应收账款项目时，应从以下几个方面入手：

一、分析应收账款的账龄

我们知道，确定的1元钱与不确定的1元钱的实际价值是有差别的。在这里，应收账款为不确定的货币，因为应收账款既可转化为现实货币，又可转化为坏账，形成企业的损失，而时间是判断其确定性的重要因素之一。因此，对应收账款的账龄进行分析，是最传统、最常用的一种方法。这种方法通过对应收账款的形成时间进行分析，进而对不同账龄债权的质量分别进行判断。对现有应收账款，按欠账期长短（账龄）进行分类分析。一般而言，未过信用期或已过信用期但拖欠期较短的应收账款出现坏账的可能性，比已过信用期较长时间的应收账款发生坏账的可能性小；反之，则发生坏账的可能性大。可以通过财务报表附注中的账龄分析表所提供的数据来进行账龄分析。例如，根据新新公司报表附注中的应收账款账龄分析表（见表9-1）可以看出，公司的账龄分布基本呈上大下小的“锥”式结构，绝大多数应收账款的账龄集中在1年以内，账龄结构基本合理，逾期账款的数量和风险都很小。

二、分析坏账准备的处理

1.要分析坏账准备的提取方法、提取比例的合理性。这是坏账准备项目分析的关键，一些企业往往出于某种动机，随意选择坏账准备的提取方法、提取比例，其结果是不提或者少提坏账准备，从而虚增应收账款净额和利润。对应收账款的坏账准备的计提范围、方法、比例的合理性进行分析和判断时，要结合行业和企业本身的环境特征。在不同行业、不同企业中，坏账准备的计提存在较大差异。通常，外部会计报表使用者对企业和行业的情况不够熟悉，因此，在判断企业坏账准备政策的合理性时存在较大困难，可以寻找与目标企业类似的企业的有关信息进行比较，来衡量和判断目标企业坏账准备政策的合理性。

表9-1　　新新公司应收账款账龄分析表

2×20年12月31日　　金额单位：元

账龄	期末数	比例（%）	坏账准备	期初数	比例（%）	坏账准备
1年以内	16 770 129.58	85.30	837 350.94	17 319 887.65	88.6	865 994.39
1~2年	192 271.73	0.980	19 227.17	1 136 270.79	5.81	113 627.07
2~3年	628 836.58	3.20	125 767.32	279 525.70	1.43	55 905.14
3~4年	224 565.10	1.14	67 369.53	2 000.43	0.01	600.13
4~5年	2 000.43	0.01	1 000.21	44 471.00	0.23	22 235.50
5年以上	1 840 945.23	9.36	1 840 945.23	766 443.33	3.92	766 443.33
合计	19 658 748.65	100	2 891 660.40	19 548 598.9	100	1 824 805.56

2.要注意比较企业各会计期间坏账准备的提取方法是否改变。按照相关规定，企业坏账准备的提取方法一经确定，不得随意变更。企业变更坏账准备提取方法时（如加大或减小坏账准备的提取比例等），报表使用者要特别加以关注。首先，应查明企业在财务报表附注中对坏账准备提取方法的变更是否予以说明；其次，分析企业这种变更是否具有合理性，是正常的会计估计变更还是企业为了调节利润而作出的举动，要对不合理因素所引起的会计信息失真问题进行更正与调整；最后，分析坏账准备政策的调整对利润的影响，如果影响较大，则要在根据利润做出决策时，将此类影响从利润中剔除。

三、分析应收账款规模的合理性

企业没有应收账款并不一定就是好的，在目前的经济环境下，如果不采取赊销的方式，企业的销售会受到较大影响。但是，企业必须要对应收账款的规模加以控制，否则发生坏账的风险就会很大。对于应收账款规模的分析，要结合行业状况和企业经营方式等进行，要与企业的资产规模和销售规模相比较。报表使用者在判断企业应收账款规模的合理性时，可以将目标企业与同类企业进行对比并加以判断。同时，还要比较和分析企业信用政策的合理性，合理估计企业应收账款中存在的风险的大小。

四、分析应收账款变动的合理性

如果报表使用者发现企业某一期的应收账款规模突然增大，那么如何判断它是否属于合理的增加呢？企业应收账款的增加可以归纳为以下几种原因：（1）企业信用政策发生了变化，企业希望通过改变信用政策来增加销售收入；（2）企业销售量增长导致应收账款增加；（3）收账政策不当或者收账工作执行不力；（4）应收账款质量不高，存在长期挂账难以收回的账款，或者客户发生财务困难，暂时难以偿还所欠货款；（5）企业会计政策变更。如果一个企业有关应收账款方面的会计政策发生变更，应收账款也会发生相应变化。例如，在坏账损失的核算上，降低坏账准备的提取比率，应收账款余额也可能因此而增加，但这并不一定意味着应收账款的实际数额增加。

要判断企业应收账款规模的增长是否合理，可以通过以下途径进行分析和判断：

1. 可以通过对比同行业中各企业的状况，分析是否是由于行业信用环境恶化，导致整个行业应收账款的收回发生困难。

2. 可以观察企业期初和期末应收账款规模是否存在大幅波动情况。要特别注意企业会计期末产生的、与应收账款相对应的营业收入。如果一个企业1—11月各月的营业收入都较为平均，而唯独12月的营业收入猛增，且大部分是通过应收账款产生的，那么报表使用者就应对此进行深入分析。因为有些企业为了粉饰报表、提高当期利润而虚拟销售，并以应收账款的形式进行列示。待以报表的形式报出后，再以销售退回等理由撤销上述应收账款，其呈现出来的结果就是：企业期末的应收账款大幅增加，下一期期初又大幅回落。报表使用者应在排除季节性销售的影响后，对这种异常波动的原因进行追查。

3. 可以将应收账款的增长率与销售收入的增长率相比较，如果两者增长的趋势和幅度相同，就说明应收账款是在销售增长的带动下合理增长的。

4. 可以将企业的应收账款增长率与流动资产增长率相比较，一般情况下，如果企业经营状况得到改善、产品销路得到扩展，那么其货币资金、存货以及应收账款等流动资产的持有量都应该相应增加，以满足销售活动的需要；如果仅仅是应收账款增加，而其他流动资产的规模没有变化甚至减少，那么有理由怀疑企业的应收账款属于不合理增长。

此外，报表使用者还可以通过观察企业编报的报表和公告中有关赊销政策的变动情况，以及应收账款周转率的变化情况等，来判断企业应收账款变动的合理性。如果企业确实存在利润操纵行为，那么在使用会计报表时，报表使用者应将通过应收账款产生的营业收入剔除，同时调整应收账款的账面余额。

五、分析债务人的构成

在很多情况下，企业应收账款的质量，不仅与应收账款的账龄有关，更与债务人的构成有关。因此，在有条件的情况下，可以通过对债务人的构成分析来对应收账款的质量进行分析。对债务人的构成进行分析，可以从以下几个方面进行：

（一）从债务人的区域构成来分析

从债务人的区域构成来看，由于经济发展水平、法制条件及特定的经济环境等方面存在差异，不同地区的债务人对企业自身债务的偿还心态及偿还能力会有相当大的差异。通常在经济发展水平较高、法制条件较好及特定的经济环境较好的地区，债务人一般具有较好的债务清偿心态，因而企业的债权在这些地区的可回收性较强；而在经济发展水平较为落后、法制条件较差及特定的经济环境较差（如正面临战争）的地区，债务人的还款能力也较差。

（二）从债务人的所有权性质来分析

从债务人的所有权性质来看，不同所有制下的企业或组织，对其自身债务的偿还心态以及偿还能力也有较大的差异。

（三）从企业与债务人的关联状况来分析

从企业与债务人的关联状况来看，可以把债务人分为关联方债务人与非关联方债务人。由于关联方彼此之间在债权、债务方面进行操纵的可能性较大，因此关联方债务人对债权企业的债务偿还状况应得到报表使用者足够的重视。

（四）从债务人的稳定程度来分析

从债务人的稳定程度来看，稳定债务人的偿债能力一般较好把握，而临时性或不稳定的债务人的偿债能力一般较难把握。

（五）从企业内部管理控制的强弱来分析

在有条件的情况下，应分析企业有关应收账款的内部控制是否完善，包括分析企业内部岗位的分权设置是否形成互相牵制、各个岗位经手人的情况等。大量的实践表明，企业内部人员的素质和内部控制制度对企业应收账款的质量影响很大。

第二节　如何发现预付账款中的舞弊行为

对于企业来说，预付账款越少越好。一般情况下，企业的预付账款所形成的债权不会构成流动资产的主体部分。企业的预付账款较多，则可能是企业向有关单位提供贷款的信号。如果企业生产所需要的材料和设备或者所经营的商品均处在买方市场状态中，过多的预付账款也反映出企业在理财或管理方面存在问题。

企业利用预付账款操纵利润的常见方式有两种：一种是业务已经完成，为减少期间费用、虚增利润而不及时入账；另一种是由于对方企业倒闭等原因，预付账款实际上已经形成坏账，为虚增利润或者逃避责任而长期挂账。分析预付账款项目主要有以下几种方法：

一、分析预付账款变动的合理性

关注企业预付账款的变动情况，分析预付账款的增加或者减少是否合理和正常，可以根据财务报表附注中对于预付账款的增减的解释来进行判断。如果一个企业的预付账款增长率超过销售成本、流动资产等项目的增长率，就可以初步判断其预付账款存在不合理增长的倾向。此时，如果一个企业在有关预付账款方面的会计政策发生变更，预付账款也会发生相应的变化。例如，在坏账损失的核算上，坏账准备的提取比例发生变化，预付账款余额也可能因此而增加，但这并不一定意味着预付账款的实际数额增加。

二、分析预付账款的账龄

时间是判断预付账款是否能够收回的重要因素之一。因此，在对预付账款的账龄进行分析时，一般而言，预付账款的账龄不应该过长，一旦企业的供应商交货，预付账款便形成存货成本。有些企业为了使其速动比率令人满意，故意拖延预付账款的结账日期，以达到欺骗财务报表使用者的目的。

三、分析企业内部控制的强弱

在有条件的情况下，分析企业有关预付账款的内部控制是否完善，包括分析企业内部岗位的分权设置是否形成互相牵制、各个岗位经手人的情况等。

第三节 其他应收款如何成为企业费用的“垃圾箱”

其他应收款是企业未来一年内将变成费用支出或可以收回的借款。这一项目常被戏称为费用的“垃圾箱”或者“聚宝盆”。因为有些企业将本该算作当期费用的支出或损失，统统归到其他应收款中，这样做的目的是调节利润。如果本期企业希望保持较好的利润状况，那么该企业可能的做法是将一些本应作为当期费用或损失的支出，放在其他应收款里作为资产。例如，企业将已发生的经营性支出记入“其他应收款——×单位”科目，而不计入当期损益。到了利润较充裕的时期，企业再将这些其他应收款转为当期费用，计入利润表，以达到“平滑”利润的目的。

如果报表使用者发现，企业资产负债表中其他应收款与应收账款和预付账款的余额不相上下，甚至超过了这些账户的余额，那么应对这一现象予以充分的关注，这些异常情况的出现，很可能是企业利用其他应收款进行舞弊的信号。还有的企业，可能存在资金被挪用且未及时对其进行处理等问题，导致其他应收款数额较大。如果发现其他应收款账户中有过多的私人借款，就要怀疑企业的内部控制是否存在漏洞、该企业可能存在挪用公款等问题。

第四节 存货核算中的“玄机”

作为企业最重要的流动资产之一，通常而言，存货不仅占整个流动资产的一半以上，而且存货核算的准确性既会影响资产负债表，又会影响利润表，因此应特别重视对存货的分析。对于存货，企业往往利用存货计价和成本分摊的复杂性，来调节存货成本与销货成本，从而达到调节当期利润的目的。有的企业通过改变发出存货的核算方法来调节成本，进而影响利润；还有的企业甚至虚列存货，或者对已经报废和损毁的存货故意不及时处理，以此来虚增资产，从而达到虚增利润的目的。对存货的分析主要应关注以下几个方面：

一、存货规模与变动情况分析

对存货规模与变动情况进行分析时，应该注重观察各类存货的变动趋势，分析各类存货变动的原因；应以企业财务报表附注中的存货项目明细表及其他相关资料为基础，分析该公司各类存货的规模和变动情况。如果存货的变动只是因为计提跌价准备而造成价值量减少，那么这种变化对生产经营活动本身不会产生实质性影响。在判断企业各类存货的规模及其变动情况是否合理时，应结合企业的具体情况进行分析、评价。一般说来，随着企业生产规模的扩大，材料存货和在产品存货的相应增加是正常的。然而如果仅仅是材料存货增加，而在产品存货大幅度下降，则应对存货资产的变动评价持谨慎态度。因为这种变化如果不是由企业生产规模缩小或生产周期缩短造成的，那么它可能会对企业以后期间的生产经营活动产生不利影响，报表使用者对此应当特别注意。在产品存货是保证生产经营活动连续进行必不可少的条件，在产品存货的非正常减少会对今后企业生产的连续性产生影响，因此，报表使用者应进一步了解、分析在产品存货减少的真正原因。产成品存货不是为了保证生产经营活动正常进行的必需存货，所以企业应尽可能将其压缩到最低水平。如果企业的产成品存货过多，应视为异常情况，需结合产品质量、销售情况对其进行分析。

如果外部报表使用者对企业存货状况和内部管理情况不了解，可以通过与同行业同类企业进行比较的方法来判断企业存货规模及其变动的合理性，也可以将存货增长率与销售收入增长率、速动资产增长率、流动资产增长率进行比较，如果四者的变化趋势相一致，就说明存货规模的变动是合理的。

二、存货结构与变动情况分析

存货结构，是指各类存货在存货总额中的比重。各类存货在企业再生产过程中的作用是不同的。其中，材料类存货是维持再生产活动必要的物质基础，属于生产的潜在因素，所以应把它限制在能够保证再生产正常进行的最低水平上；产成品存货是存在于流通领域的存货，它不是保证再生产过程持续进行的必要条件，因此必须将其压缩到最低限度；而在产品存货是保证生产过程持续进行的存货，企业的生产规模和生产周期决定了在产品存货的规模，在企业正常的生产经营条件下，在产品存货应保持一个稳定的比例。

一个企业在正常情况下，其存货结构应保持相对稳定。分析时，应特别注意对变动较大的项目进行重点分析，任何存货比重的剧烈变动，都可能表明企业生产经营过程中有异常情况发生。因此，应深入分析其原因，以便能够最终判断存货结构的合理性。

企业购置大量存货无非出于以下两个动机：一是企业对产品销售前景充满信心，提前大量采购原材料；二是企业预测市场上的材料价格将大幅度上扬，提前大量采购进行储备。因此，投资者在分析时，应结合市场行情等其他相关资料对企业购置大量存货的行为进行判断。如果通过分析排除了上述动机，则说明该公司在存货管理方面存在问题。

三、相关会计政策的合理性分析

有些企业为了操纵利润，往往在存货计价上做文章。企业若任意分摊存货成本或对存货成本的计算采用不适当的方法，就可能降低销售成本，增加营业利润。企业如果按定额成本法计算产品成本，就应该将定额成本与实际成本的差异，按一定比例在期末在产品、库存产成品和本期销售产品之间进行分摊，但有的企业为了操纵利润，将定额成本差异只在期末在产品和库存产成品之间分摊（本期销售产品不分摊产品定额成本差异），从而达到虚增本期利润的目的。还有一些企业任意改变存货发出的核算方法，如在物价上涨的情况下，把加权平均法改为先进先出法，以达到高估本期利润的目的。此外，报表使用者还应关注企业关于存货跌价准备的提取和冲回的会计处理的合理性以及对利润的影响程度。

第五节　如何判断长期股权投资的质量

多数情况下，企业拥有长期股权投资的目的是要取得被投资单位的控制权。因此，通过观察一家企业所拥有的长期股权投资的数量和规模，并结合该企业在被投资单位中的股权比例大小，报表使用者可以观察投资企业对被投资单位的实际控制力的大小以及企业的实力。同时，对外投资是企业资本经营和优化内部资源配置的重要途径。世界各大公司几乎都采用对外投资的方式进行资本扩张以提高企业效益。在分析企业长期股权投资的时候，要结合投资收益率和内部资源报酬率，以评价企业对外投资的资本运作效率和效果，同时也可以评估企业的实力和竞争力。

但是，我们应该清醒地认识到，企业资产负债表中的“长期股权投资”项目代表的是企业的高风险资产区域。这里所说的高风险，是指资产按照账面价值全额回收的风险及企业获取稳定收益的风险。在被投资企业采取有限责任制的条件下，投资方的股权投资，一般不能从被投资方撤出。投资方如果期望将手中持有的股权投资变现，就只能通过转让其股权来实现。而股权转让不仅取决于转让方的意愿，还取决于转入方（购买转让方股权的企业）的意愿与双方的讨价还价。也就是说，企业的对外长期股权投资，要么不能收回，要么以不确定的价格转让。这就使得人们难以预期转让方在股权转让过程中的损益。在投资收益的取得方面，作为投资方的企业获取股权投资收益的条件有两个：一是被投资单位有可供分配的利润；二是被投资单位有用于利润分配的现金，即被投资单位有足够的现金支付股利。显然，上述两个方面的因素只有同时满足，投资方才能获得投资收益。在以权益法确认企业的长期投资收益时，投资方所确认的投资收益总会大于其实际收到的股利。这样，当企业（投资方）的利润分配与投资收益相对应的规模超过其收回的股利时，就会出现维持利润分配规模所需的货币资金大于实际收回的货币资金的情况。从上述分析可以看出，报表使用者需要对企业会计报表中所列示的“长期股权投资”的价值进行分析，因为长期股权投资的账面价值与长期股权投资的实际效益是有差距的。

对长期股权投资的质量分析，具体可从以下几个方面来进行：

一、对长期股权投资进行构成分析

对长期股权投资进行构成分析，主要涉及对企业长期股权投资的方向（投资对象）、投资规模、持股比例等进行分析。在企业的年度报告中，一般应披露此类信息。在了解企业的长期股权投资构成的基础上，信息使用者可以进一步通过对企业投资对象的经营状况及其效益性等情况的分析来判断企业投资的质量。

二、对比投资收益相关项目

可以对利润表中股权投资收益与现金流量表中因股权投资收益而收到的现金之间的差异进行分析。在股权投资收益占企业投资收益比重较大的情况下，企业有可能对其利润表中的“投资收益”项目所涉及的股权投资收益的规模进行披露。

但是，利润表投资收益中债权的投资收益，是按照权责发生制的要求分别采用成本法与权益法来确定的，其不一定与企业的现金流入量相对应。股权投资收益产生的现金流入将在现金流量表的“取得投资收益收到的现金”项目中体现。在被投资单位没有分红或分红规模小于可供分配的利润，又或者被投资单位无力支付现金股利的情况下，利润表中的“投资收益”就有可能大于现金流量表中“取得投资收益收到的现金”的金额。当然，仅凭此项分析，尚不足以得出被投资单位经营状况不良、企业投资质量较差的结论。

三、通过其他迹象来判断

在许多情况下，企业投资质量的恶化是可以通过某些迹象来判断的。例如，某项长期股权投资的市价持续2年低于账面价值；该项投资暂停交易1年；被投资单位当年发生严重亏损；被投资单位持续2年发生亏损；被投资单位进行清理整顿、清算或出现其他不能持续经营的迹象等。对于无市价的长期股权投资，判断其投资质量是否恶化的标准如下：

1.看影响被投资单位经营的政治环境或法律环境是否发生了变化，如税收、贸易等法规的颁布或修订，可能导致被投资单位出现巨额亏损。

2.看被投资单位所供应的商品或提供的劳务是否因产品过时或消费者偏好的改变而使市场的需求发生了变化，从而导致被投资单位财务状况发生严重恶化。

3.看被投资单位所属产业的生产技术水平或竞争者数量等是否发生了变化，是否导致被投资单位失去竞争力，从而导致财务状况发生严重恶化。

4.看被投资单位的财务状况、现金流量状况是否发生了严重恶化，如进行清理整顿、清算等。

第六节　怎样诊断固定资产

很多企业，特别是生产制造企业，固定资产占总资产的比重非常大，有的甚至超过了70%。因此，对固定资产的分析应特别仔细，具体应从以下几方面进行：

一、分析固定资产的变动

对于固定资产规模的变动情况可以通过分析固定资产原值、净值和净额的变动情况进行了解。固定资产原值的变动主要受当期固定资产增加额和当期固定资产减少额的影响。引起固定资产增加的主要原因是固定资产的投资转入、购买、自制、融资租入、接受捐赠、盘盈等；引起固定资产减少的主要原因是固定资产的出售、投资转出、报废、盘亏、毁损等。对固定资产原值的变动情况及变动原因进行分析时，可参考财务报表附注及其他相关资料。

阅读提示

固定资产净值的变动主要受如下两个因素的影响：

1.固定资产原值的变动。

2.固定资产累计折旧的变动。

对固定资产净值进行分析就是分析固定资产原值和累计折旧变动对固定资产净值变动的影响。应该明确的是，固定资产的累计折旧，仅代表了企业认定的已经转移到其他资产（如在产品、产成品等）或费用（如管理费用、销售费用等）的固定资产价值量。在企业折旧政策多样化的条件下，固定资产的累计折旧并不代表企业固定资产的实际贬值程度。因此，固定资产净值与原值之间的对比也不能完全反映固定资产的实际新旧程度，更不能完全反映企业固定资产的实际使用效能。对固定资产净额进行分析就是分析固定资产原值、折旧变动和减值准备对固定资产净额变动的影响。

阅读提示

固定资产净额的变动主要受如下三个因素的影响：

1.固定资产原值的变动。

2.固定资产折旧额的变动。

3.固定资产减值准备的变动。

二、分析固定资产的结构

按现行规定，企业无须对外披露固定资产使用情况，因此固定资产的结构与变动分析只有在有条件的情况下才能进行，如获取内部固定资产信息。合理配置固定资产，既可以在不增加固定资金占用量的同时提高企业生产能力，又可以使固定资产得到充分利用。固定资产按经济用途和使用情况可分为生产用固定资产、非生产用固定资产、未使用和不需用固定资产等。在各类固定资产中，生产用固定资产，特别是其中的生产设备，同企业生产经营直接相关，在全部资产中占较大的比重。非生产用固定资产是指职工宿舍、食堂、俱乐部等非生产单位使用的房屋和设备。非生产用固定资产应在发展生产的基础上，根据实际需要适当增加，但其增长速度一般不应超过生产用固定资产的增长速度，因此它的比重降低应当属于正常现象。未使用和不需用的固定资产，对固定资金的有效使用是不利的，企业应该查明原因，采取措施积极处理，将这部分资产压缩到最低的限度。当遇到购入了未来得及安装的固定资产或某项资产正进行检修等情况时，企业应加强管理，并尽可能缩短安装和检修的时间，使固定资产尽早投入生产运营中。

固定资产结构分析应特别注意以下3个方面：

1.分析生产用固定资产与非生产用固定资产比率的变化情况。

2.分析未使用和不需用固定资产比率的变化情况，查明企业在处置闲置固定资产方面的工作是否有效率。

3.分析生产用固定资产的内部结构是否合理，需要注意的是，要对固定资产的配置做出切合实际的评价，就必须先结合企业的生产技术特点进行分析。

三、分析固定资产的规模

相对于流动资产而言，一般情况下，固定资产的变现能力较差，但收益性较好。企业如果持有较高比例的固定资产，就会降低其经营的灵活性，增大经营风险；如果固定资产所占比重过低，将影响企业整体资产的盈利性。因此，企业需要保持一个合理的固流比例。报表使用者可以通过行业经验及将固定资产的规模变动与总资产和流动资产的规模变动进行比较，来判断企业固定资产规模及其变动的合理性。

四、分析与固定资产有关的会计政策

在与固定资产有关的会计政策中，折旧是重点。企业选择折旧方法应从企业的实际情况出发，但实际上企业往往利用折旧方法的选择，来达到调整固定资产净值和企业利润的目的，改变折旧方法对企业当期利润的影响如图9-1所示。报表使用者还要观察企业固定资产的折旧方法是否前后一致。因为折旧方法一经确定，除非企业的经营环境发生变化，一般不得随意变更。根据财政部和国家税务总局2014年发布的《关于完善固定资产加速折旧企业所得税政策的通知》的规定，生物药品制造业，专用设备制造业，铁路、船舶、航空航天和其他运输设备制造业，计算机、通信和其他电子设备制造业，仪器仪表制造业，信息传输、软件和信息技术服务业等6个行业的企业2014年1月1日后新购进的固定资产，可缩短折旧年限或采取加速折旧的方法。这6个行业的小型微利企业2014年1月1日后新购进的研发和

生产经营共用的仪器、设备，单位价值不超过100万元的，允许一次性计入当期成本费用在计算应纳税所得额时扣除，不再分年度计算折旧；单位价值超过100万元的，可缩短折旧年限或采取加速折旧的方法。所有行业企业2014年1月1日后新购进的专门用于研发的仪器、设备，单位价值不超过100万元的，允许一次性计入当期成本费用在计算应纳税所得额时扣除，并且不再分年度计算折旧；单位价值超过100万元的，可缩短折旧年限或采取加速折旧的方法。企业持有的单位价值不超过5 000元的固定资产，允许一次性计入当期成本费用在计算应纳税所得额时扣除，不再分年度计算折旧。

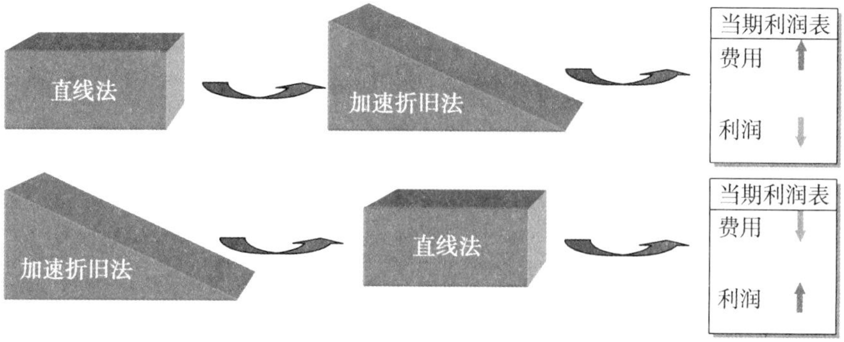

图9-1　改变折旧方法对企业当期利润的影响

企业对于固定资产采用的折旧方法具有了更大的选择权，那么如果企业对新购入固定资产采用与以往不同的折旧方法，则可能是企业调节利润的信号。

此外，要分析企业对固定资产净残值及资产使用年限的估计是否符合国家有关规定，是否符合企业的实际情况。资产折旧的基数和固定资产的净残值两项指标还比较容易确定，但固定资产使用年限的确定较难。固定资产除存在有形磨损外，还存在无形磨损，所处的企业和行业不同，固定资产的磨损情况也不相同，而且企业的状况会经常发生变化，因此，企业往往有足够多的理由变更固定资产的折旧年限。

阅读提示

对固定资产使用年限的把握，应主要考虑的因素有：

1.资产的特点。不同的资产使用的频率和损耗的程度是不同的。

2.企业的使用情况。同样的资产，有的企业充分利用，其折旧速度就快；反之，折旧速度就慢。

3.行业的发展变化。有的行业发展速度快，技术革新周期短，资产折旧年限应该比较短。

在实际工作当中，一些采用直线法计提折旧的企业在固定资产没有减少的情况下，通过延长折旧年限，使得企业的折旧费用大量减少，转眼之间就使企业扭亏为盈。虽然现行准则对固定资产减值准备的冲回作出了严格的限制，使得固定资产减值准备中存在的舞弊风险大大降低，但是，我们依然需要对企业提取的资产减值准备的合理性进行分析，以确保企业在计提减值准备时，是严格按照有关规定的标准进行的。

第七节　在建工程不肯“转正”的原因

按照要求，已经达到预定可使用状态但还没有办理决算的在建工程，应当估价入账，转为固定资产，并按照规定计提折旧。这一规定对于正确反映企业的经营成果有着重要的意义。可是，有很多企业的“在建工程”早已投入使用，却因迟迟不办理完工决算而长期“在建”，这样做有很多“好处”：

1.只要在建工程没有正式转入固定资产，企业就可以继续利用该项在建工程将借款利息资本化，将利息作为在建工程的成本计入资产负债表。

2.不进行完工决算，企业就可避免这项在建工程决算转为固定资产后，对该资产提取折旧费用，因为根据会计准则的要求，只有固定资产才需要提取折旧费用，在建的没有完工的资产是不用提取折旧费用的。

3.有的企业无视会计准则的要求，将本该属于销售方面的其他支出也都作为在建工程的支出计入在建工程的成本，从而降低了营业成本，并虚增了企业利润。

因此，如果企业的某些在建工程期限过长，又没有可靠合理的解释，报表使用者就要考虑是否有在建工程故意延迟决算的可能。

第八节　无形资产成为操纵利润的新帮手

2006年以前使用的企业会计准则规定的无形资产大多是企业外购的，企业自己创造的无形资产一般都不能计入资产中，而为了研究和开发该无形资产所花的费用只能作为当期费用，抵减利润。

2006年颁布的现行企业会计准则的一个最大的变化就是，它规定企业内部研究开发项目的支出，要区分研究阶段支出与开发阶段支出。研究，是指为获取并理解新的科学或技术知识而进行的独创性的、有计划的调查；开发，是指在进行商业性生产或使用前，将研究成果或其他知识应用于某项计划或设计，以生产出新的或具有实质性改进的材料、装置、产品等。企业内部研究开发项目发生的研究阶段的支出，应计入当期损益，而开发阶段的支出，在满足一定条件时，可以计入无形资产成本。这一规定旨在全面反映企业的实力和盈利能力。因为随着技术的进步和经济环境的快速变化，对于企业的生存和发展而言，创新能力起着越来越重要的作用。因此，很多企业投入了大量的人力、物力和财力，来进行新产品和新技术的研究与开发，而这些新技术、新产品也确实大大提高了企业产品的竞争力，为企业带来了很好的效益。因此，以前的会计准则将研究和开发无形资产的费用算作企业当期的损益，而非资产，是不合理的。

阅读提示　《企业会计准则第6号——无形资产》第九条规定，企业内部研究开发项目开发阶段的支出，同时满足下列条件的，才能确认为无形资产：

1.完成该无形资产以使其能够使用或出售在技术上具有可行性。

2.具有完成该无形资产并使用或出售的意图。

3.无形资产产生经济利益的方式，包括能够证明运用该无形资产生产的产品存在市场或无形资产自身存在市场；无形资产将在内部使用的，应当证明其有用性。

4.有足够的技术、财务资源和其他资源支持，以完成该无形资产的开发，并有能力使用或出售该无形资产。

5.归属于该无形资产开发阶段的支出能够可靠地计量。

现行准则区分了研究阶段和开发阶段，也给会计核算带来了很大的影响。准则对于研究和开发的定义，以及在实务中划分研究费用和开发费用所起到的指导作用很差，因此，目前很多人对这一规定可能带来的企业利用研究费用和开发费用的划分来调节企业利润感到担忧。从现实情况来看，很多企业的研究开发费用数额巨大，其中可调节的空间还是很大的。如果企业本期经营状况较好，那么为了避免纳税，企业可能将无形资产的部分开发阶段的费用划分为研究阶段的费用计入当期损益，以减少利润；相反，如果企业想调高本期的利润，就可以将本期无形资产的部分研究阶段的费用划为开发阶段的费用，计入资产负债表，这样做的结果是虚增了企业的资产，减少了费用，同时增加了利润。新旧会计准则对企业自创无形资产的处理如图9-2所示。

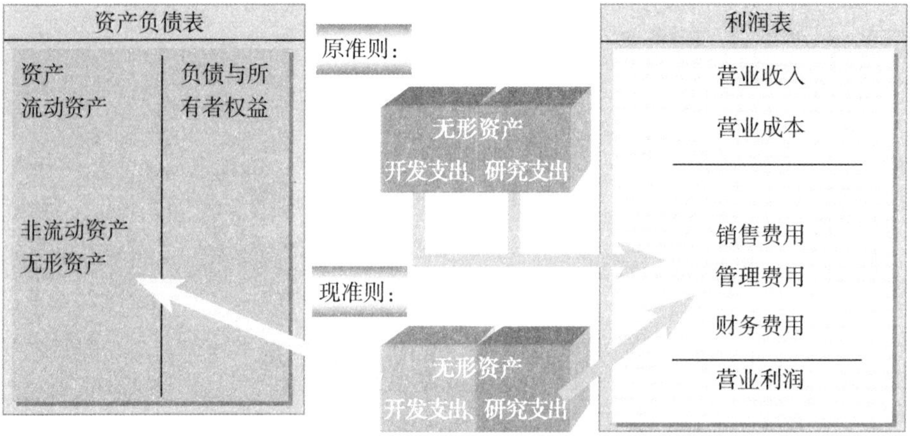

图9-2　新旧会计准则对企业自创无形资产的处理

第九节　长期待摊费用如何成为利润的“蓄水池”

由于会计中使用权责发生制核算损益，因此通常会将一些实际已经发生但是不能一次性计入发生当期的费用作为长期待摊费用项目列入资产负债表的资产方。而严格地说，这些项目是不能为企业带来未来经济利益的，其不属于企业真实的资产，只是一种虚拟资产。这种资产的存在，为企业提供了一个用以调节利润的“蓄水池”。有的企业为提高利润，故意将一些无须摊销、应一次性计入当期费用的支出列入“长期待摊费用”账户，这一做法叫作“蓄水”；待到某个年度，企业希望调低利润的时候，再将这笔费用从“长期待摊费用”账户中转出，记入“管理费用”等账户以抵减当期利润，这一过程叫作“放水”。还有的企业对于长期待摊费用故意延缓摊销速度，甚至少摊销或不摊销，从而增加企业利润。对于上述问题，报表使用者要关注企业资产负债表中“长期待摊费用”的数额。同时，阅读财务报表附注中关于这类虚拟资产的明细账，以及关于虚拟资产确认和摊销的会计政策，特别是要注意本年度增加较多和未予以正常摊销的项目。要在利润的分析中，剔除相关影响，恢复利润的本来面目。

第十节　债务重组“造富”的“回归”

债务重组，是指在不改变交易对手方的情况下，经债权人和债务人协定或法院裁定，就清偿债务的时间、金额或方式等重新达成协议的交易。一般是在债务人发生财务困难的情况下，债权人按照协议或者法院的裁定作出让步。债务重组的方式主要包括：以资产清偿债务；将债务转为资本；修改其他债务条件，如减少债务本金、减少债务利息等。这样一来，可能就会发生债务人或者债权人某一方受益而另一方遭受损失的情况。因此，在会计上就要确认和核算这些损失。

然而在我国，债务重组损益确认的轮回转换具有戏剧性色彩。1998年，首次发布的债务重组准则允许债务人将重组债务账面价值与转让的非现金资产的公允价值或股权的公允价值之间的差额确认为债务重组收益。也就是说，债务重组中企业无论是受益还是受损，都应将其作为当年的费用或收益，减少或者增加企业的利润总额。但这一规定实施1年后，由于“郑百文”事件的出现，即三联重组郑百文前，郑百文仅欠建设银行的债务就高达22亿元，为了确保重组成功，建设银行豁免了郑百文14亿元的债务，如果按照当时的会计准则，这14亿元全部作为利润处理的话，郑百文发行的股票的每股收益就会由每股亏损两三元，一跃成为每股盈利五六元，这将严重误导投资者。于是，财政部于2000年紧急修改了会计准则中关于债务重组的相关规定，将其改为以账面价值作为入账基准，重组债务账面价值与转让的非现金资产的账面价值之间的差额以及重组债务的账面价值与债权人享有的股权份额之间的差额直接计入资本公积，不再确认为债务重组收益。也就是说，如果某一方在债务重组中受益，其收益不计入利润表，不影响当期的利润，而是计入资产负债表。事实证明，这一会计准则对于一些高负债公司利用债务重组蓄意包装利润的行为起到了很好的抑制作用。然而，在2006年的准则中，国家又对债务重组的相关规定进行了重大调整，恢复1998年准则关于债务重组的规定，将债务重组收益纳入营业外收入。

2019年，财政部再次修订《企业会计准则第12号——债务重组》，其详细规定了可能产生损益（主要为利润）的债务重组的4大情况：

1.以资产清偿债务方式进行债务重组的，债务人应当将清偿债务账面价值与转让资产账面价值之间的差额计入当期损益。

2.将债务转为权益工具方式进行债务重组的，债务人应将清偿债务账面价值与权益工具确认金额之间的差额，计入当期损益。

3.以多项资产清偿债务或者组合方式进行债务重组的，债务人应将清偿债务的账面价值与转让资产的账面价值以及权益工具和重组债务的确认金额之和的差额，计入当期损益。

4.采用修改其他条款方式进行债务重组的，重组债务的前后入账价值之间存在差额，也可产生损益。债务人应当按照《企业会计准则第22号——金融工具确认和计量》和《企业会计准则第37号——金融工具列报》的规定，确认和计量重组债务。

将原先因债权人让步而导致债务人被豁免或者少偿还的负债计入资本公积的做法，改为将债务重组收益计入资产处置损益或者营业外收入，并最终计入利润表。以固定资产、无形资产等非流动资产进行债务重组产生的利得，应记入“资产处置损益”；其他形式的债务重组，如货币资金、应收款项和长期债券等金融工具、长期股权投资和投资性房地产产生的利得，则记入“营业外收入”，并最终计入利润表；对于实物抵债业务，引进公允价值作为计量属性。例如，要求企业在非货币性资产交换中考虑换出、换入资产的公允价值以及交易是否具有商业实质，要求企业在债务重组交易中考虑重组债务的公允价值，并要求在利润表中确认相关损益。这些规定旨在使企业的资产和交易得到更为公允的反映，防止一些企业以低价资产换入高价资产，从而操纵利润。现行的企业会计准则提高了企业会计信息的可靠性，但是我们也必须认识到，对作为债务人的企业而言，按现行规定，一些无力清偿债务的企业，一旦其债务被全部豁免或者部分豁免，其收益将直接反映在当期利润表中，增加当年的利润，这有可能极大地提升其每股收益水平。

在企业出现亏损或面临被戴上ST帽子的情况下，上市公司的控股股东出于维持公司业绩或保住“壳资源”等方面的考虑，很可能会通过债务重组为上市公司注入优质资产。巨额债务重组收益为非经常性损益，并不会给公司带来实际的现金收入。因此，对于那些负债金额较高又有可能获得债务豁免的公司，需要关注其债务重组情况。

案例：ST长控

ST长控2007年第一季度季报报出每股收益4.73元的信息。但是，在其2.87亿元净利润中，有2.85亿元来自债务豁免，系该公司与中国长城资产管理公司、宜宾市国资公司、宜宾中元造纸等进行债务和解。如果排除这一影响，其实际净利润只有0.02亿元，缩水至不到原来的1%。

资料来源　何晓晴. ST长控为何暴涨［N］. 中国经济时报，2007-04-25.

第十一节　企业操纵收入的预警信号

案例：东方电子

在20世纪90年代的中国证券市场，一度号称“中国第一股”的东方电子是何等风光。其业绩连年翻番，股价狂飙突进，其不仅成为中小投资者追捧的对象，更是多家机构投资者重仓持有股票的对象。东方电子在股市上创造了一个又一个神话。可在这些神话背后，是东方电子自己坐庄，将炒股收益粉饰为主营业务收入，导致股价与业绩轮番“虚假”上涨。

东方电子上市后，每年年初都会制订一个年增长速度在50%以上的发展计划和利润目标，而按照公司的实际生产情况，这是不可能完成的。为了实现这一不可能完成的任务，在每年年中和年底，东方电子都会通过抛售股票取得收入来弥补其实际完成情况与既定目标之间的差距。为此，公司形成了一个在董事长隋元柏指挥下由证券部、财务部和经营销售部等部门协同合作的造假小组。其中，证券部负责抛售股票提供资金。该公司董事会秘书高峰当庭供述，公司从1998年开始抛售其持有的内部职工股，一直到2001年8月，每年抛售的时间大约都集中在中期报告和年度报告披露前，每次抛售的数量视公司业绩需要而定。每次抛售时，董事长隋元柏都会告诉高峰需要多少资金，并限定他在一定的时间和指定的价位范围内将股票卖出。然后，高峰再给证券部的两名工作人员下达指令，使其在证券公司抛售股票，并将所得收入转入公司的银行账户。

隋元柏指使销售人员采取修改客户合同、私刻客户印章、向客户索要空白合同与粘贴复印伪造合同等手段进行造假。为了应付审计，掩盖资金的真实来源，在有关工作人员的配合下，财务总监方跃等人通过在烟台某银行南大街分理处设立户头，中转、拆分抛售股票所得的收入，并用假的客户合同、发票伪造了

1 509份银行进账单以及相应的对账单。为了掩盖事实真相，隋元柏还指使销售部门人员与个别客户串通，通过向客户汇款，再由客户汇回的方式，虚增东方电子的销售收入。

从1997年开始，东方电子先后伪造销售合同1 242份，合同总金额达17.2968亿元，虚开销售发票2 079张，总金额达17.0823亿元，其占东方电子全部销售收入的47%，换句话说，东方电子的销售收入有近一半是假的。

资料来源 宋夏云，等. 东方电子失败案探析［J］. 审计与理财，2004（2）.

关于销售收入，常见的舞弊手段主要有虚拟收入和提前或延后确认收入等。当会计报表使用者发现存在以下预警信号时，表明企业可能存在操纵收入的行为：

一、应收账款的增幅大于销售收入的增幅

出现应收账款的增幅大于销售收入的增幅现象的主要原因可能有：

1.企业故意放宽信用条件以刺激销售。有些企业为了扩大销售，不惜冒着巨大的坏账风险，故意放宽信用条件，扩大赊销范围，以达到增加收入进而增加利润的目的。

企业如果计提了巨额的坏账准备，占收入的比重过大，就可能意味着其收入确认政策极端不稳健，或在以前年度确认了不实的销售收入。

案例：甲骨文

甲骨文（Oracle）公司1990年的销售收入比1989年增长了66%，而应收账款却增长了79%，且当年甲骨文公司的应收账款周转天数高达160天，比软件行业平均的62天多出了近100天。事后调查表明，该公司在1990年面临着收入的巨大压力，销售人员的绝大部分报酬都与销售收入挂钩，为此销售人员不惜通过放宽信用条件来增加收入。这种短视行为导致甲骨文公司不得不在1991年年初确认了4 200万美元的坏账，而其占1990年净利润的36%。

资料来源 黄世忠. 收入操纵的九大陷阱及其防范对策（下）［J］. 中国注册会计师，2004（3）.

2.企业利用开票持有的方式提前确认收入。如阳光电器公司1997年的销售收入高达11.68亿美元，比1996年的9.84亿美元增长了19%，但1997年年末的应收账款比1996年年末增加了39%。阳光电器操纵收入的手段就是采用开票持有的方式提前确认收入。

3.企业通过补充协议或口头协议隐瞒退货条件，提前确认收入。

案例：朗讯

朗讯公司1999年第4季度的销售收入比第3季度增长了约20%，但1999年年末的应收账款比1998年增加了49%。《华尔街日报》的记者对此提出质疑，并最终导

致朗讯公司的董事会展开调查。调查显示，朗讯公司在1999年第4季度末向经销商赊销了4.52亿美元的设备，并口头承诺允许经销商退货。2000年第1季度，该经销商购买的设备被悉数退回，朗讯公司不得不全额冲销其应收账款。

资料来源　黄世忠. 收入操纵的九大陷阱及其防范对策（下）[J]. 中国注册会计师，2004（3）.

二、销售收入与生产能力比例失调

销售收入显然与生产能力密切相关。销售收入容易被虚构，但生产能力难以被篡改。一些企业在虚构销售收入时，经常会忽略销售收入与生产能力的关系。分析企业的生产能力，并与行业数据和企业的市场占有率等信息进行交叉复核，是发现企业虚构销售收入的有效手段之一。

三、与客户发生套换交易

套换交易就是以物易物。20世纪70年代末，这种交易方式最先在电信业出现。当时，为了减少行业基础设施的重复建设，实现电信资源的有效配置，各大电信公司纷纷相互授权，允许对方利用自己的优势网络进行数据传输。如果在缺乏正当商业理由的情况下，企业在向客户销售产品或提供劳务的同时，又向客户大量购买产品或劳务，且交易价格具有显失公允等特性，那么报表使用者就应当关注该企业是否在利用与客户的套换交易进行收入操纵。

案例：环球电信

2001年，EPIK公司向环球电信公司支付了4 000万美元，以获得环球电信公司所拥有的拉美热线光缆的使用权。与此同时，环球电信公司也向EPIK公司支付了4 000万美元，以租用其连接亚特兰大和迈阿密的光纤网络。然而1年后，这条光纤网络仍然没有派上用场。环球电信公司以对等的价格将话务量很大的光纤网络换成闲置的光纤网络，显然缺乏正当的商业理由，它这样做就是为了记录4 000万美元的销售收入。

资料来源　黄世忠. 收入操纵的九大陷阱及其防范对策（下）[J]. 中国注册会计师，2004（3）.

四、销售收入与经营性现金净流量相背离

提前确认销售收入是企业操纵收入最常见的手法，其显著的财务特征是销售收入与经营性现金净流量严重背离。充分关注销售收入与经营性现金净流量的关系及其变动趋势，是发现收入操纵的有效手段之一。

案例：施乐

美国施乐公司1997年至2000年销售收入的变动与经营性现金净流量的变动形成了鲜明的对比，这一期间每年公司的销售收入均在180亿美元以上，而经营性现金净流量均在5亿美元以下，甚至出现负数。经调查，1997年至2000年间，施乐公司共虚增了59.18亿美元的销售收入。

资料来源　黄世忠. 收入操纵的九大陷阱及其防范对策（下）[J]. 中国注册会计师，2004（3）.

综合练习题

单项选择题

1.下列不属于应收账款舞弊手法的是（　　）。

A.长期挂账

B.故意扩大赊销范围以增加利润

C.虚列应收账款以伪造收入

D.业务已完成，为减少期间费用、虚增利润，不及时入账

2.下列不属于企业应收账款增加的原因的是（　　）。

A.销售量减少

B.收账政策不当或者收账工作执行不力

C.放宽信用政策

D.应收账款质量不高，存在长期挂账难以收回的账款

3.下列对企业存货分摊方法的分析属于存货分析的是（　　）。

A.存货规模与变动情况分析　　B.存货结构与变动情况分析

C.相关会计政策的合理性分析　　D.以上都不是

4.存货增长率与（　　）的变化趋势相一致，则说明存货规模的变动是合理的。

A.销售收入增长率　　B.速动资产增长率

C.流动资产增长率　　D.以上全部

5.下列不属于判断企业投资质量恶化的标准的是（　　）。

A.被投资单位当年市价低于账面价值

B.该项投资暂停交易1年

C.被投资单位当年发生严重亏损

D.被投资单位进行清理整顿

6.企业固定资产折旧方法由直线法变为加速折旧法，对当期的影响是（　　）。

A.费用和利润均无变化　　B.费用增加、利润减少

C.费用减少、利润增加　　D.费用增加、利润不变

7.下列说法错误的是（　　）。

A.固定资产的变现能力差，但收益性高

B.折旧方法一经确定，除非企业的经营环境发生变化，一般不得随意变更

C.固定资产折旧指的是固定资产的有形磨损

D.固定资产减值准备不得转回

8.将本期无形资产的部分研究费用划为开发费用，这样做导致的结果是（　　）。

A.虚增资产，减少费用，增加利润

B.虚增资产，增加费用，减少利润

C.减少费用，增加资产，对资产无影响

D.增加费用，减少利润，对资产无影响

9.债务人应将由债权人让步导致债务被豁免产生的债务重组收益计入（　　）。

A.资本公积　　B.营业外收入

C.资产处置损益　　D.营业外收入或资产处置损益

10.下列不属于企业通过应收账款操纵销售收入的手段的是（　　）。

A.故意放宽信用条件以刺激销售

B.计提巨额的坏账准备

C.与客户发生套换交易

D.企业利用“开票持有”方式，提前确认收入

判断题

1.一般而言，未过信用期或已过信用期但拖欠日期较短的应收账款出现坏账的可能性比已过信用期且拖欠日期较长的应收账款发生坏账的可能性小。（　　）

2.企业期末的应收账款大幅增加，下一期期初又大幅回落，表明一定是企业在通过应收账款进行财务舞弊。（　　）

3.如果一个企业的预付账款增长率低于销售成本、流动资产等项目的增长率，就可以初步判断其预付账款存在不合理增长的倾向。（　　）

4.企业资产负债表中其他应收款与应收和预付账款的余额不相上下，甚至超过这些账户的余额，这很可能是企业利用其他应收款进行舞弊的信号。（　　）

5.在以权益法确认企业的长期股权投资收益时，投资方所确认的投资收益，总会大于其实际收回的股利。因此，投资方会出现维持利润分配规模所需货币资金大于收回的货币资金的情况。（　　）

6.固定资产的累计折旧代表企业固定资产的实际贬值程度。（　　）

7.企业将一些无须摊销、应一次性计入当期费用的支出列入“长期待摊费用”账户能够调低当期利润。（　　）

8.不进行完工决算，企业就可避免这项在建工程决算转为固定资产后，对该资产提取折旧费用。（　　）

9.以固定资产清偿债务方式进行债务重组的，债务人应将清偿债务账面价值与转让资产账面价值之间的差额计入当期损益。（　　）

10.分析企业的生产能力，并与行业数据和企业市场占有率等信息进行交叉复核，是发现企业虚构销售收入的有效手段之一。（　　）

分析题

1.谈谈帕玛拉特舞弊案带来的启示。

2.举例说明如何判断企业的长期股权投资的质量。

3.举例说明时点报表和时期报表的区别。

4.有人说“长期待摊费用不是真正的资产”，怎样理解这句话?

5.以某上市公司的会计报表为例，编制该公司的收入分析报告。

第十章 企业财务业绩分析

引例

在美国工业大发展前，其国内企业的规模都较小，银行通常根据个人信用发放贷款。然而，随着经济的发展，银行无法只根据个人信用就向企业发放贷款，银行更加关心企业的财务状况，关心企业是否具有偿债能力。19世纪末20世纪初，美国银行为确保发放贷款的安全性，要求申请贷款的企业提供其资产负债表。随后，美国银行家亚历山大·沃尔（Alexander Wall）首开财务分析和评价的先河，创立了比率分析体系。当时，沃尔的比率分析体系仅限于信用分析，所用的财务比率指标只有流动比率指标，其主要为银行提供信用分析服务，以防范银行贷款的违约风险，并对贷款人进行信用调查和分析，据以判断客户的偿债能力。所以，信用分析又称资产负债表分析，主要用于分析企业的流动资金、负债和资金周转状况等。

到了20世纪20年代，随着资本市场的形成，财务分析由主要为贷款银行服务扩展到为投资者服务。在资本市场上，随着社会筹资范围的扩大，非银行的债权人和股权投资者不断增加，公众开始进入资本市场和债券市场，投资者对财务信息分析的需求变得更加迫切，为确保和提高投资收益，广大投资者纷纷利用银行对不同企业及行业的分析资料进行投资决策。于是，会计报告分析由信用分析阶段进入投资分析阶段，其主要任务也从稳定性分析过渡到收益性分析。当时的财务分析涵盖了偿债能力、盈利能力、筹资结构、利润分配等分析内容，说明其已发展成一个比较完善的外部财务分析体系。

资料来源　陈敏昭. 企业会计信息简论［EB/OL］.［2016-08-28］. http://www.chinavalue.net/Blog/BlogThread.aspx? EntryId=196339.

第一节　怎样评价企业的资本结构

这里的企业资本结构，是指企业资产负债表右侧“负债和所有者权益”的结构，既包括企业负债总规模与所有者权益规模的对比关系，又包括企业各类债务（如流动负债、非流动负债）占总负债的比重和所有者权益中各类股东的持股构成比例以及所有者权益中各项目的构成比例。资产负债表可以帮助报表使用者对资本结构的质量进行分析，评价企业资本结构与企业当前以及未来经营和发展活动是否相适应。具体来说，对于企业资本结构质量，主要应关注以下几个方面：

一、企业资本成本的水平与企业资产报酬率的对比关系

一般来说，资本成本是指企业取得和使用资本所付出的代价，主要包括筹资过程中的筹资费用和使用过程中的使用费用。其中，筹资费用是指企业获取资金（如发行债券、股票以及其他筹资方式等）过程中发生的申请、登记、印刷等费用；使用费用则是指企业在一定时期内因使用资金而支付给资金提供者的报酬，如利息、股利等。这样，从财务管理的角度来看，除去筹资费用外，企业从债权人那里筹集的资金（负债）与从股东那里筹集的资金（资本），均存在资本成本的问题。企业的资本成本，应该是指企业的负债成本与股东投资成本的加权平均成本。因此，从成本效益的角度来分析，只有当企业的资产报酬率（应当为企业的息税前利润与企业总资产之比）大于企业的加权平均资本成本时，企业才能在向资金提供者支付报酬以后使企业的净资产有所增加；反之，在企业的资产报酬率小于企业的加权平均资本成本时，企业在向资金提供者支付报酬以后，企业净资产的规模将逐渐缩小。也就是说，在企业的加权平均资本成本大于其资产报酬率时，企业的资本结构将导致企业的净资产逐渐萎缩。在这种情况下，我们只能认为企业的资本结构较差。

二、企业资金来源的期限构成与企业资产结构的适应性

从期限构成的角度来看，企业资金来源中的所有者权益属于永久性的资金来源；企业资金来源中的负债部分，则有流动负债与非流动负债之分。企业筹集资金的用途，决定筹集资金的类型。如果企业增加永久性流动资产或增加非流动资产，应当通过长期资金来源（包括所有者权益和非流动负债）来解决；企业需要季节性、临时性的流动资产时，则应通过短期资金来源来解决。如果企业的资金来源不能与资金的用途相配比，在用长期资金来源来支持短期波动性流动资产的情形下，由于企业长期资金来源的资本成本相对较高，企业的效益将会下降；在用短期资金来源来支持非流动资产和永久性流动资产的情形下，由于企业的非流动资产和永久性流动资产的周转时间相对较长，企业可能经常要面临短期偿债压力。也就是说，当企业资金来源的期限构成与企业资产结构相适应时，企业的资本结构质量较好；反之，企业的资本结构质量较差。需要注意的是，某些企业因为战略发展的需要，往往会出现资金来源的期限和企业资产结构不适应的情况，此时应该根据具体情况进行动态分析，不能轻易下结论。

不同的企业或企业在不同的时期，其资金来源的期限构成与企业资产结构的关系可能存在较大差异。归纳起来，企业的资产结构可以分为保守型结构、稳健型结构、平衡型结构和风险型结构4类。

保守型结构，是指企业全部资产的资金来源都是长期资本（所有者权益和非流动性负债），其具体形式如图10-1所示。

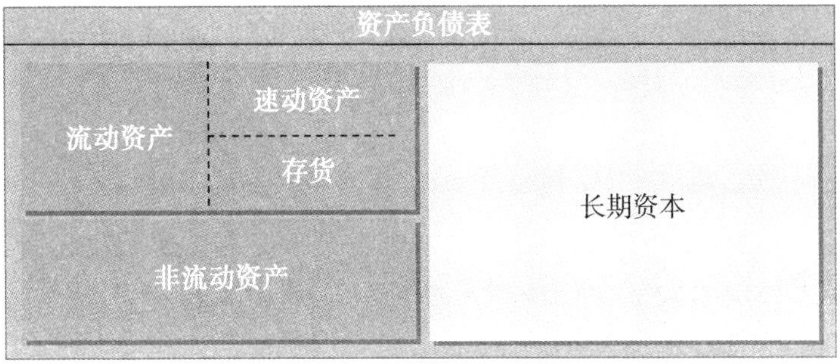

图10-1 保守型结构

保守型结构的主要标志是企业全部资产的资金都依靠长期资本来源来满足。这种结构的最大优点是企业风险较低。但是，如果全部资金都是长期资本，则其资本成本较高；同时，这种结构下，筹资结构弹性较差。这种结构实际上只是一种理论界定，实践中几乎所有企业都必须存在一定的流动负债，因此这种形式很少被企业采用。

稳健型结构的理论基础是，在持续经营的企业中，企业的资产可分为永久性占用资产和临时性占用资产两部分。永久性占用资产应具有稳定和长期的资本来源，临时性占用资产与短期负债相对应，其具体形式如图10-2所示。

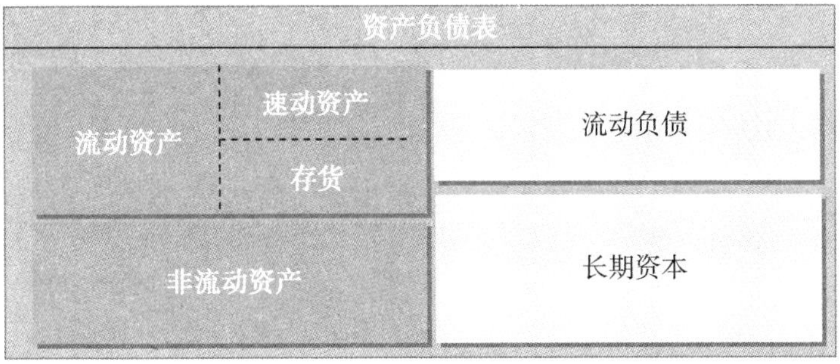

图10-2 稳健型结构

非流动资产与存货组成的企业永久性占用资产的资金来源是长期资本和流动负债。在稳健型结构下，企业流动资产中的存货，一部分由长期资本来满足，另一部分由流动负债来满足。这种结构将使企业保持较好的财务信誉，企业风险较小。与保守型结构相比，稳健型结构的负债成本相对较低，并具有一定的弹性。稳健型结构是一种大部分企业都能接受和采用的资产与权益的对称结构。

平衡型结构中，企业的非流动资产应以长期资本来满足，流动资产应以流动负债来满足。平衡型结构的具体形式如图10-3所示。

由于平衡型结构中流动资产的资金需要全部依靠流动负债来满足，这就要求企业的流动资产内部结构与流动负债内部结构相互适应。当二者相互适应时，企业不仅不会产生很大风险，反而会降低资本成本。但是当二者不相适应时（如流动资产变现时间和数量与偿债时间和数量不一致），就会使企业资金周转困难，并有可能

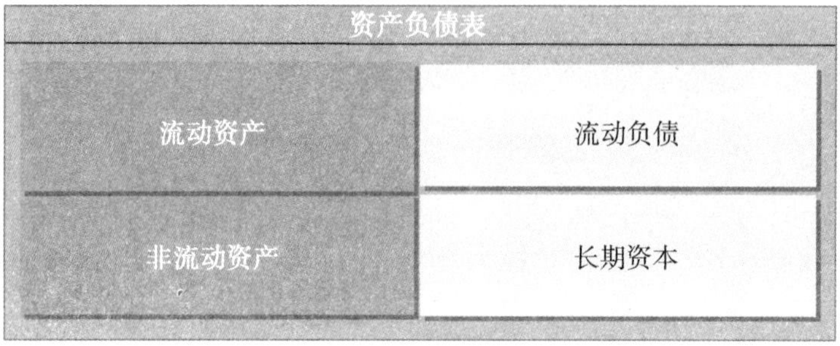

图 10-3 平衡型结构

陷入财务危机。因此，平衡型结构只适用于经营状况良好、流动资产与流动负债内部结构相互适应的企业。

在风险型结构中，流动负债不仅用于满足流动资产的资金需要，而且用于满足部分长期资产的资金需要，其具体形式如图 10-4 所示。

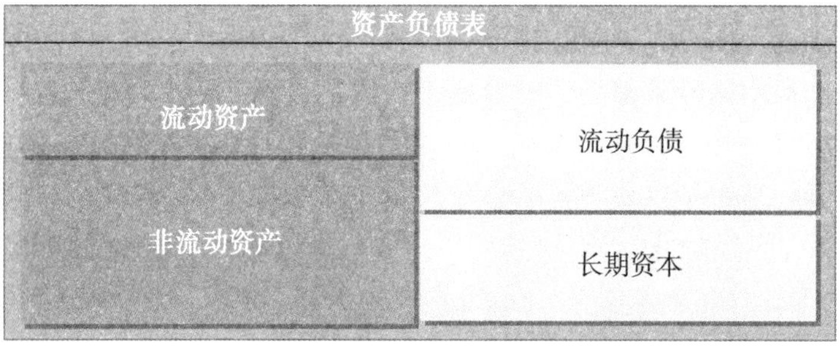

图 10-4 风险型结构

由于风险型结构中，流动负债的构成比例高于流动资产的构成比例，这必然使企业的支付能力较差，财务风险较大。虽然相对于其他结构形式，风险型结构的资本成本可能最低，但如果不能解决短期偿债能力问题，企业随时存在出现财务危机的可能。因此，这种结构只适用于企业的资产流动性很好且经营现金流量较充足的情况。从总体或长远来看，企业不宜采用这种结构。

从新新公司的资产负债表等资料来看，其资产结构属于风险型结构，如图 10-5 所示。

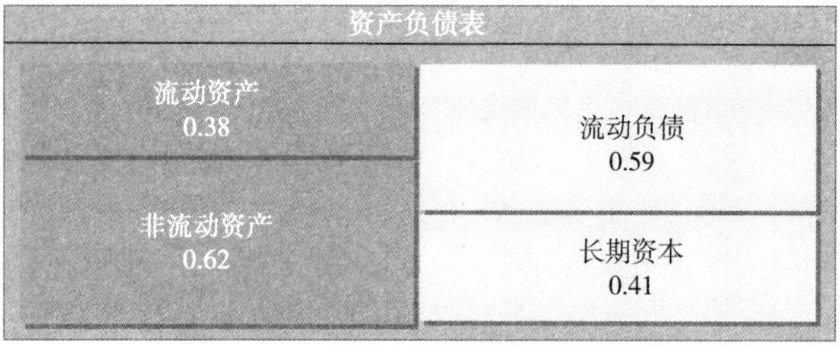

图 10-5 新新公司资产与资金来源的期限结构

三、企业的财务杠杆状况与财务风险、未来融资要求以及未来发展要求的适应性

企业的财务杠杆状况，一般可以通过三个比率来分析：一是负债与资产的比率(资产负债率)；二是负债与所有者权益的比率；三是非流动负债与所有者权益的比率。实际上，上述三个比率所表现的实质内容是一致的，即在形成企业资产的财务来源中，负债所占有的相对规模。与企业财务杠杆状况相关的三个比率越高，表明企业资源对负债的依赖程度越高。在过高的财务杠杆比率下，企业将面临两个主要压力：一是不能正常偿还到期债务的本金和利息；二是在企业发生亏损的时候，可能会由于所有者权益的比重相对较小而使企业的负债受到侵害。受此影响，企业从资本市场进行再贷款的难度会大大提高。这就是说，企业在未来进行债务融资的难度会因企业目前较高的杠杆比率而增大。因此，财务杠杆比率较高的企业，其财务风险相对较高。

四、企业股东的持股构成与企业未来发展的适应性

企业股东的持股构成，主要是指在企业普通股的构成中，控制性股东、重大影响性股东和非重大影响性股东的持股构成状况。我们知道，按照股东对企业的影响程度，一般可以将企业的股东分为控制性股东、重大影响性股东和非重大影响性股东三类。其中，控制性股东有权决定一个企业的财务和经营政策；重大影响性股东对一个企业的财务和经营政策有参与决策的权力；非重大影响性股东则对被投资单位的财务和经营政策几乎没有什么影响。显然，控制性股东、重大影响性股东将决定企业未来的发展方向。因此，在对企业的资本结构进行分析时，必须关注企业的控制性股东、重大影响性股东的状况，如分析谁在控制着企业及控制企业的股东有没有能力将企业引向“光明”的未来等。

第二节　怎样评价企业的偿债能力

企业的偿债能力，是指企业用其资产偿还长短期债务的能力。企业偿债能力是反映企业财务状况和经营能力的重要标志，是企业偿还到期债务的能力或保证能偿还债务的程度，它是债权人最关心的一项指标，同时也受到股东和潜在股东的普遍关注。举债经营可以有效地提高股东权益报酬率，但与此同时，债务也会给公司带来破产的风险。对公司的偿债能力进行分析，是预测风险、保护债权人利益和股东利益的一种有效方法。

一般而言，企业债务偿付的压力主要来源于如下两个方面：

1.一般性债务本息的偿还，如各种长期借款、应付债券、长期应付款和各种短期结算债务等。

2.各种刚性的应付税款，企业必须偿付。不是所有的债务都会对企业直接构成压力，真正能够直接对企业构成压力的是那些即将到期的债务。企业能够及时清偿到期债务是建立在其拥有足够资产的基础之上的，并且其需要足够的现金流入量作保障。企业的偿债能力有短期偿债能力和长期偿债能力两种。即使是处于盈利阶段的公司，如果不能及时履行对债权人的义务，也有可能破产。例如曾经显赫一时的中国普马、德隆、巨人集团等，都是由于无力偿还到期债务而破产的。

一、短期偿债能力

总的来说，流动资产与流动负债之间的差额越大（营运资本越多），企业的短期偿债能力就越强。但是由于企业之间存在规模差异，因而该指标在不同的企业之间不具有可比性。为了能够在不同的企业之间进行横向对比，我们可以将绝对值转化为相对值，这样就可以避开公司规模差异的影响。利用资产负债表，报表使用者可以通过计算营运资金、流动比率、速动比率（也称酸性试验比率）和现金比率等来对企业的短期偿债能力进行评估。

（一）营运资金

营运资金，是指企业流动资产减去流动负债后的差额，用公式表示为：

营运资金=流动资产-流动负债

从上式可以看出，营运资金实际上反映的是企业流动资产归还和抵补流动负债后的余额。营运资金越多，说明企业可用于偿还流动负债的资金越充足，企业的短期偿债能力越强，债权人收回债权的可能性越大。对营运资金指标进行分析，可以评价企业当期的偿债能力状况和不同时期的偿债能力变动情况。下面根据新新公司资产负债表等资料，运用营运资金指标对该企业的偿债能力进行分析。

2×20年年末营运资金=3 493 639 465.23-5 366 644 515.05=-1 873 005 049.82（元）

2×20年年初营运资金=2 692 758 726.20-4 657 711 614.26=-1 964 952 888.06（元）

企业营运资金为负数，说明企业流动资产不足以抵补流动负债，2×20年年末其资金缺口约为18.7亿元，比年初的19.6亿元资金缺口略有缓解。从绝对值看，企业的偿债能力有所上升，日常经营需要的资金有所增加。应当注意，营运资金只反映可用于偿还短期负债剩余资金的绝对量，因此在企业流动资产和流动负债都发生变化时，运用相对数指标反映企业的偿债能力是十分必要的。

（二）流动比率

流动比率是流动资产与流动负债的比率。流动比率用公式表示为：

$$流动比率=\frac{流动资产}{流动负债}$$

流动比率是评价企业用流动资产偿还流动负债的能力的指标，说明对于企业每1元流动负债，有多少流动资产可以作为支付的保障。我们已经知道，流动资产是企业短期内变现的主要资产，而流动负债则是企业在近期将要偿还的债务。因此，流动比率可以反映企业的短期偿债能力，即企业用可以在短期内转变为现金的流动资产偿还到期的流动负债的能力。一般认为，企业正常的流动比率是2，下限是1.25，低于该数值，企业的偿债风险将加大。该比率越高，说明企业偿还流动负债的能力越强；该比率越低，说明企业对流动负债的偿付能力越弱，越容易发生周转资金短缺的现象。流动比率的高低反映了企业从事生产经营活动的活力及应变能力的强弱，但流动比率也不是越高越好，企业的流动比率能够说明其有能力偿还短期债务就行，如果流动比率过高，则表明企业流动资产占用的资金较多，这会影响企业资金的使用效率和获利能力。企业流动比率过高还可能是出于存货积压、应收账款过多且收账期延长等原因，而真正可用来偿债的资金和存款却严重短缺。

通常认为，流动资产及流动负债同比例增长，利润总额也随之增长是企业比较理想的状况，这说明企业在发展较快的同时，暂时不存在无法偿还债务的风险。如果流动负债的增长速度大于流动资产的增长速度，则说明企业的生产经营发展过快，资金明显不足，企业有可能无法偿还到期债务。

根据新新公司的资产负债表等资料，可计算该公司2×20年年末和年初的流动比率：

$$2\times20\text{年年末流动比率}=\frac{3\,493\,639\,465.23}{5\,366\,644\,515.05}=0.65$$

$$2\times20\text{年年初流动比率}=\frac{2\,692\,758\,726.20}{4\,657\,711\,614.26}=0.58$$

新新公司2×20年年初流动比率仅为0.58，这表示对于公司每1元钱的短期债务，仅有0.58元的流动资产作为偿还的保障，也就是若将全部的流动资产拿去还债，对于每1元钱的短期债务，还有0.42元的缺口。可见，企业的偿债压力是很大的。而这种情况在2×20年年末得到了一定的缓解。但是，如果按照经验标准来判断，该公司无论是年初还是年末，流动比率都远远低于正常水平，这表明企业的偿债能力较弱。

如果就公司流动比率变动的原因进行分析，会发现尽管该公司本年流动资产增长了30%，但是由于流动负债仅增加了15%，所以该公司2×20年年末流动比率高于年初。

运用流动比率指标分析、评价企业的短期偿债能力时，应注意以下几个问题：

1.判断偿债能力时，必须结合企业所在行业和所处经济环境的标准。企业的标准流动比率为2，是就一般情况而言的，并不是绝对标准。不同行业和企业因资产、负债占用情况不同，流动比率会有较大差别，一些行业的流动比率达到1时，就可能表示其有足够的偿债能力了，而有些行业的流动比率达到或超过2时，也不一定表明其偿债能力很强。如新新公司所处的行业是资产流动较快的批发零售行业，因此尽管企业流动比率很低，但是由于其存货周转速度非常快，企业的短期偿债能力实际上并不像数据显示的那样低。在国内，一般情况下，如果这类企业销售状况良好，那么流动比率达到1，就能基本保证其对短期债务的偿还。经济环境好时，企业信用比较好，即使流动比率低一些，偿债能力也有保障；经济环境不好时，企业纷纷倒闭，即使流动比率很高，企业也可能无法偿还到期债务。

2.注意人为因素对流动比率指标的影响。流动比率是根据资产负债表等有关资料计算出来的，体现的仅仅是企业账面上的支付能力，企业管理人员出于某种目的，可以运用各种方式对其进行调整，使以流动比率表现出来的偿债能力与实际偿债能力有较大差异。例如，企业可以通过本期期末归还借款，下期期初再举债的方式调低期末流动负债余额，或通过举借长期借款、增加流动资产等方式达到调整流动比率、掩盖企业真实财务状况的目的。

3.应结合流动资产的结构状况进行分析。由于流动资产中各项目的变现能力存在差异，企业流动比率的变动也不一定能准确说明企业偿债能力的好坏。例如，如果企业流动比率增加是由存货的增加而引发的，而当存货的销售发生困难，甚至导致其过时报废时，企业的偿债能力实际上并没有得到改善，所以分析时还需要用其他指标对流动比率进行补充，从而正确分析、评价企业的偿债能力。

（三）速动比率

速动比率是速动资产与流动负债的比率。速动资产是将流动资产中变现能力较差的部分（如存货等）扣除后的余额。以存货为例，通常存货的变现能力相对较差，或者可能存在某种原因使得部分存货已报废但还没作处理或部分存货已抵押给某债权人。此外，存货的价值也较易受市场行情等因素的影响而发生波动，企业对存货的估价往往与合理市价存在一定差距。因此，把存货等变现能力较弱的部分从流动资产总额中扣除而最终计算出的速动比率所反映出的短期偿债能力更加可信。速动比率用公式表示为：

$$速动比率=\frac{速动资产}{流动负债}=\frac{流动资产-存货}{流动负债}$$

通常认为企业正常的速动比率为1，说明对于企业每1元流动负债，有1元的速动资产（现款或近似现款的资产）作保证。速动比率的下限为0.25，速动比率低于该界限被认为是企业短期偿债能力低的表现。如果企业速动比率偏高，说明企业有足够的能力偿还短期债务，同时也表示企业有较多的不能盈利的现款和应收账款，企业失去了用这部分资产获取收益的机会。如果速动比率偏低，则企业将依赖出售存货或举借新债来偿还到期的债务，这就可能造成因急需出售存货而带来的价格损失或因举借新债而形成的利息负担。但速动比率为1仅是一般标准，因为在不同的行业和企业中，速动比率会有很大的差别。

根据新新公司资产负债表等资料，可计算该企业2×20年年末和年初的速动比率：

$$2\times20年年末速动比率=\frac{3\,493\,639\,465.23-1\,478\,132\,929.95}{5\,366\,644\,515.05}=0.38$$

$$2\times20年年初速动比率=\frac{2\,692\,758\,726.20-1\,046\,885\,184.68}{4\,657\,711\,614.26}=0.35$$

从计算结果可以看出，新新公司2×20年年末短期偿债能力强于年初，但年初、年末的两项速动比率均小于1。2×20年年末，公司拥有的速动资产如果能及时变现，就能偿还流动负债的38%。当然，该公司要想偿还所有流动负债，还必须使企业的存货销售顺利，资金快速周转，同时有较为丰厚的利润；否则，就必须使一部分非流动资产变现，用以偿还短期债务。

应当指出，由于速动资产包括货币资金、以公允价值计量且其变动计入当期损益的金融资产、应收票据、应收账款等项目，而应收票据和应收账款并不能保证按期收回，有些应收账款的回收期可能超过1年，应收票据虽然可以随时向银行贴现，但当开票方到期不能承付时，实际上等于增加了企业的负债，因此，即使企业的速动比率达到1，其也不一定有足够的能力偿还短期债务。

（四）现金比率

在有应收账款长期挂账和存货大量积压的情况下，以流动资产和速动资产账面价值为依据计算出的流动比率和速动比率都有可能使投资者高估企业的短期偿债能力，解决这一问题的方法就是采取更为保守的态度来计算和分析企业的偿债能力。在企业的流动资产中，现金及现金等价物的流动性最好，可直接用于偿还企业的短期债务。从稳健的角度出发，用现金比率来衡量企业的偿债能力最为保险。现金比率，是指企业的现金类资产与流动负债之间的比率。在这里，现金类资产主要包括货币资金以及现金等价物。现金比率用公式表示为：

$$现金比率=\frac{现金及现金等价物}{流动负债}$$

根据新新公司资产负债表等资料，可计算及分析该企业2×20年年末和年初的现金比率：

$$2\times20年年末现金比率=\frac{1\ 259\ 569\ 873.95}{5\ 366\ 644\ 515.05}=0.23$$

$$2\times20年年初现金比率=\frac{1\ 046\ 591\ 825.60}{4\ 657\ 711\ 614.26}=0.22$$

从计算结果可以看出，新新公司2×20年年末的现金比率比年初的现金比率有所提高，这种变化表明企业的直接支付能力略有提高。与处于批发零售行业的同类企业相比，该企业的现金比率适中。

一般来说，现金比率越高，企业的偿债能力越强。但是如果这一指标过高，也未必是好事，它说明企业在理财方面存在问题，不善于利用现金资源。如果企业的现金比率在较长时期内稳定地大于1，则企业流动负债中的贷款部分（有代价的负债部分）就是完全没有必要的。在这种情况下，企业应当积极地进行债务清偿、开展增值投资等。

总体来看，新新公司的短期偿债压力较大。因此，企业必须保证存货的快速周转，并且保持较好的利润率，才能化解短期债务风险；否则，企业将面临财务危机。

影响企业短期偿债能力的因素还有很多，如企业可动用的银行贷款、准备很快变现的长期资产、企业信誉等。如果企业的这些指标很高，就会增强企业的变现能力；而如果企业存在或有负债或者担保事项等，就会在不同程度上削弱企业的短期偿债能力。

二、长期偿债能力

非流动负债是可供企业长期使用的资金。与流动负债相比，非流动负债具有数额较大、偿还期限较长、利息负担较重等特点。企业举借非流动负债的目的主要有两个：一是扩大企业的生产经营规模，如购置或建造机器设备、厂房等固定资产；二是运用财务杠杆为企业所有者带来利益，因为在企业投资报酬率高于长期负债利息率时，企业借入资金越多，股东获利越大。通过进行长期偿债能力分析，股东可以判断其资本的安全性。通常，企业的偿债能力越强，投资者资本的安全性越高。决定企业偿债能力高低的因素主要有两个：一是企业的资产结构和规模；二是企业的盈利能力。

企业资产是偿还企业债务的基本保证，因此分析研究企业的偿债能力，最终体现在对资产规模与负债规模的比较上。一般来说，如果企业的资产规模大于负债规模，则其长期偿债能力较好；反之，则说明企业的长期偿债能力存在严重问题。从资产、负债的角度进行长期偿债能力分析时，主要可通过对资产负债率、产权比率等指标的计算与分析来进行。

（一）资产负债率

资产负债率是综合反映企业偿债能力，尤其是企业长期偿债能力的重要指标。它是指企业的负债总额与资产总额之间的比率，其计算公式为：

资产负债率=负债总额/资产总额

资产负债率反映在总资产中有多大比例是通过借债筹资的方式取得的，它也可以用来衡量企业在清算时保护债权人利益的程度。这个指标反映债权人所提供的资本占全部资本的比重，故也被称为举债经营比率。从股东的立场来看，在资本利润率高于借款利息率时，企业负债的比重越大越好；否则，相反。对于债权人来说，资产负债率越低越好，因为在企业清算时，资产变现所得很可能低于其账面价值，而企业的所有者一般只承担有限责任，因此企业的资产负债率越高，债权人蒙受损失的可能性越大。但企业的股东和经营者通常希望该指标能高一些，这一方面有利于企业筹集资金扩大规模；另一方面有利于利用财务杠杆增强企业所有者的获利能力。但资产负债率过高，反过来又会影响企业的筹资能力。因此，一般来说，该指标为0.5比较合适，这样有利于风险与收益的平衡。如果该指标大于1，则表明企业已资不抵债，可视为企业已达到破产警戒线。

根据新新公司资产负债表等资料，可计算2×20年年末与年初企业的资产负债率：

$$2\times20年年末资产负债率=\frac{6\ 105\ 379\ 199.64}{9\ 089\ 421\ 878.85}=0.67$$

$$2\times20年年初资产负债率=\frac{5\ 028\ 981\ 931.81}{7\ 821\ 216\ 611.71}=0.64$$

新新公司2×20年年初的资产负债率为0.64，年末上升至0.67，表明该公司债务负担加重。一个主要的原因是年末长期借款比年初大量增加，增幅达到120%。企业资产负债率高于0.5，说明企业整体债务风险较高。但是，如果与行业同类企业相比较，新新公司的资产负债率并不算很高。

（二）产权比率

产权比率是企业负债总额与所有者权益总额的比率。产权比率用公式表示为：

产权比率=负债总额/所有者权益总额

该指标反映债权人提供的资本与股东提供的资本的相对关系，反映企业基本财务结构的稳定性。产权比率也是衡量企业长期偿债能力的一个重要指标，它反映了企业清算时，所有者权益对债权人利益的保障程度。从偿债能力或债权人的角度看，该指标越低越好，因为净资产负债率越低，所有者权益对负债就越有保障，债权人的资产就越安全。但从企业所有者和经营者的角度看，为了扩大生产经营规模和取得财务杠杆收益，适当的负债经营是有益的，一般认为该指标为1比较合适。

根据新新公司资产负债表等资料，计算该企业2×20年年末和年初的产权比率：

$$2\times20\text{年年末产权比率} = \frac{6\ 105\ 379\ 199.64}{2\ 984\ 042\ 679.21} = 2.05$$

$$2\times20\text{年年初产权比率} = \frac{5\ 028\ 981\ 931.81}{2\ 792\ 234\ 679.90} = 1.80$$

从产权比率的计算结果可以看出，2×20年年末，企业股东1元钱的投入，要为偿还2.05元的负债进行担保，显然企业的负担过重，若不能在今后的经营中盈利，企业的财务风险将会很大。

站在股权投资者的立场，一般来说，企业的股东资本大于借入资本时对股权投资者比较有利，但也不能一概而论。在通货膨胀时期，企业多借债可以把损失和风险转嫁给债权人；在经济繁荣时期，企业多借债可以获取额外的利润；在经济萎缩时期，少借债可以减少利息支出，降低财务风险。企业的产权比率高说明企业有着高风险、高报酬的财务结构；产权比率低，说明企业有着低风险、低报酬的财务结构。同时，该指标也反映了债权人投入的资本受股东权益保障的程度，或者说是企业清算时对债权人利益的保障程度。

阅读提示 还有一些资产负债表以外的债务因素也会影响企业的长期偿债能力。对于这些因素，报表使用者也不应该忽视。例如，企业若有大量的长期租赁业务，就会形成一种长期性的、到期必须支付的租金，或者企业存在担保责任及经济纠纷和未决诉讼时，会增加企业长期偿债的负担。以上这些信息在会计报表分析指标中得不到反映，需要根据会计报表附注或其他资料进行了解。

单纯分析资产负债表中企业的偿债能力指标是不能完全反映企业的实际偿债能力的，应该与企业的获利能力指标结合起来进行分析。企业偿债能力的高低取决于企业获利能力的强弱，即使企业的各项偿债能力指标都较好，如果该企业处于衰退期，并且处在夕阳行业且获利能力很低（息税前利润率低于负债的资本成本率），则单从偿债能力指标分析来看，该企业虽然短期具有一定的偿债能力，但是从长期来看，该企业的偿债能力是值得怀疑的；相反，如果企业的资产负债率较高（如大于0.6），但息税前利润率高于企业负债的资本成本率（该企业获利能力较强），并且企业处于发展阶段或属于朝阳行业，则从偿债能力指标分析来看，该企业短期内偿债能力可能较差，但是长期而言，该企业的偿债能力是值得肯定的。换句话说，企业盈利状况对企业的长期偿债能力的影响主要体现在：企业利润越多，企业可用于偿还负债本息的资金就越多。因此，通过对反映企业盈利能力与负债本息之间关系的指标进行计算与分析，投资者可以明确企业的长期偿债能力状况。

一般情况下，盈利能力对短期偿债能力和长期偿债能力都有影响，但由于利润是按权责发生制计算的，当期实现了利润并不一定在当期就能取得货币收入，因此，并不能将企业的盈利能力与短期偿债能力画等号。而从长期看，利润与经营现金净流量是成正比的，利润越多，企业偿债能力就越强。从盈利能力角度对企业长期偿债能力进行分析、评价的指标主要是利息保障倍数。

利息保障倍数是指息税前营业利润与利息总额之比，其计算公式为：

$$\text{利息保障倍数}=\frac{\text{息税前营业利润}}{\text{利息总额}}$$

式中，息税前营业利润是指扣除利息费用和所得税前的正常营业利润，它不包括非正常的项目、中断营业和特别项目等，按照我国的利润表项目，息税前营业利润等于营业利润加财务费用中的利息费用；利息总额包括财务费用中的利息和资本化利息等。利息保障倍数指标反映了企业的盈利与利息费用之间的特定关系，一般来说，该指标越高，说明企业的长期偿债能力越强；该指标越低，说明企业的长期偿债能力越差。

运用利息保障倍数分析评价企业长期偿债能力时，一般认为该指标至少要大于1，否则说明企业的偿债能力很差，无力举债经营。

根据新新公司2×20年的利润表等资料，可以计算该企业的利息保障倍数：

$$2\times20\text{年利息保障倍数}=\frac{509\ 732\ 489.78+106\ 271\ 760.04}{106\ 271\ 760.04}=5.80$$

从该指标的计算结果来看，企业的正常息税前营业利润足以保障企业的利息支出，因此企业的长期偿债能力较强。总体看来，新新公司在同行业中的债务水平不是很高，如果企业能够保证在未来几年内持续盈利，其长期偿债能力还是较强的。

第三节　怎样评价企业的盈利能力

盈利能力，通常是指企业在一定时期内赚取利润的能力。盈利能力的大小是一个相对概念，因为利润是相对于一定的资源投入和一定的收入而言的。利润率越高，盈利能力越强；利润率越低，盈利能力越差。企业经营业绩的好坏最终可通过企业的盈利能力来反映。无论是企业的经理人员、债权人还是股东，其都非常关心企业的盈利能力，并重视对利润率及其变动趋势的分析与预测。利润是企业持续、稳定地经营和发展的基础，只有在不断地获取利润的基础上，企业才可能维持和发展。在市场经济条件下，股东往往会认为企业的盈利能力比财务状况、营运能力更重要。股东们的直接目的就是获得更多的利润，因为利润是企业支付给投资者投资报酬的重要来源，盈利能力的强弱直接影响企业支付股利的能力。此外，企业盈利能力的增强，还会使股票价格上升，从而使股东们获得更多的资本收益。

企业盈利能力的主要衡量指标有：净资产收益率、总资产报酬率、总资产收益率、营业收入利润率、营业收入净利率、营业成本费用利润率、每股收益、市盈率等。

一、净资产收益率

净资产收益率，是指企业本期净利润与平均净资产的比率，它是反映企业盈利能力的核心指标。净资产收益率既可直接反映资本的增值能力，又影响着企业股东价值的大小。该指标越高，表明企业的盈利能力越好。净资产收益率的计算公式是：

$$净资产收益率=\frac{净利润}{平均净资产}\times 100\%$$

其中，平均净资产=（期初净资产总额+期末净资产总额）÷2

上式中，净利润是指企业当期税后利润。净资产是指企业资产减负债后的余额，包括实收资本、资本公积、盈余公积和未分配利润等，也就是资产负债表中的所有者权益部分。对于平均净资产，一般取企业期初与期末净资产的平均值，但是如果要通过该指标观察企业的利润分配能力，则用年末的净资产更为恰当。净资产收益率表示企业利用1元钱的投入资本所赚取的利润，该指标越高，说明企业的盈利能力越强。

根据新新公司的利润表资料，结合其资产负债表等资料，可计算2×20年该企业的净资产收益率：

$$2\times 20年净资产收益率=\frac{326\ 624\ 320.08}{(2\ 984\ 042\ 679.21+2\ 792\ 234\ 679.90)\div 2}\times 100\%=11.31\%$$

从该指标可以看出，企业利用投资者每1元钱的投入，就可以赚取0.11元的利润。投资者需要将该指标与社会平均利润率、行业平均利润率或资本成本率相比较，来判断企业的盈利状况。根据经验判断，上述比率还是比较令人满意的。

二、总资产报酬率

总资产报酬率是息税前利润与平均总资产之间的比率，它反映的是企业营运资产创造利润的能力。运用资产负债表和利润表等资料，可计算出企业的总资产报酬率，计算公式为：

$$总资产报酬率 = \frac{利润总额 + 利息费用}{平均总资产} \times 100\%$$

其中，平均总资产=（期初资产总额+期末资产总额）÷2

这里的利息费用，指的是财务费用中的利息费用。为什么总资产报酬率指标中包括利息费用？因为既然采用全部资产，没有从利润中扣除投资者投入资本的等价报酬——股利，那么同样也不能扣除借入资本的等价报酬——利息。何况从企业对社会的贡献来看，利息同利润具有同样重要的经济意义。总资产报酬率高，说明企业资产的运用效果好，也意味着企业资产的盈利能力强，所以这个比率越高越好。

根据新新公司利润表资料，结合其资产负债表等资料，可计算2×20年该企业的总资产报酬率：

$$2\times20年总资产报酬率 = \frac{578\ 005\ 835.16 + 106\ 271\ 760.04}{(9\ 089\ 421\ 878.85 + 7\ 821\ 216\ 611.71) \div 2} \times 100\% = 8.09\%$$

从该指标可以看出，企业投入1元钱资产，可以获得0.08元的产出。投资者需要将该指标与社会平均利润率或行业平均利润率及其他同类企业指标进行对比，来判断企业的盈利状况。根据经验判断，上述比率比较适中。

三、总资产收益率

总资产收益率是净利润与平均总资产的比率，它反映的是企业所控制和拥有的全部资产为企业所有者创造净利润的能力。运用资产负债表和利润表的有关资料，可计算企业的总资产收益率，计算公式为：

$$总资产收益率 = \frac{净利润}{平均总资产} \times 100\%$$

其中，平均总资产=（期初资产总额+期末资产总额）÷2

总资产收益率高，说明企业资产的盈利能力强，所以这个比率越高越好。

根据新新公司的利润表和资产负债表等资料，可计算2×20年该企业的总资产收益率：

$$2\times20年总资产收益率 = \frac{326\ 624\ 320.08}{(9\ 089\ 421\ 878.85 + 7\ 821\ 216\ 611.71) \div 2} \times 100\% = 3.86\%$$

从该指标可以看出，企业拥有和控制的每1元钱资产，可以为企业所有者赚取约0.04元的净利润。投资者需要将该指标与社会平均利润率或行业平均利润率及其他同类企业指标进行对比，来判断企业的盈利状况。

四、营业收入利润率

营业收入利润率是指营业利润与营业收入的比率，它反映的是企业的营业收入产生利润的能力，这个指标越高，表明企业产品及服务的利润空间越大，其计算公式为：

$$营业收入利润率 = \frac{营业利润}{营业收入} \times 100\%$$

该指标表示企业每1元钱的营业收入带来的营业利润是多少，根据该指标，还可以分析和判断企业产品的经营策略以及市场的竞争情况。营业收入利润率越低，说明同行业的价格竞争越激烈，企业可能采取的是低价格竞争战略。评价营业收入利润率时，投资者需要将它与企业前期的营业收入利润率、同行业其他企业的营业收入利润率等指标进行比较。

根据新新公司的利润表等资料，可计算2×20年和2×19年该企业的营业收入利润率：

$$2\times20\text{年营业收入利润率}=\frac{509\ 732\ 489.78}{14\ 968\ 766\ 420.88}\times100\%=3.41\%$$

$$2\times19\text{年营业收入利润率}=\frac{507\ 037\ 724.22}{11\ 418\ 968\ 169.76}\times100\%=4.44\%$$

从该指标可以看出，2×20年企业每1元钱的收入，可以带来约0.03元的利润，比2×19年大幅下降，降幅达23%，这说明企业的销售额大幅提高，并没有带动利润率的提高，企业每单位收入的盈利能力在下降，这也说明企业可能正在采用低价竞争的策略，以扩大市场份额。

五、营业收入净利率

营业收入净利率是指净利润与营业收入的比率，反映的是企业的营业收入产生净利润的能力。这个指标越高，表明企业的收入质量越好，对收益的贡献能力越强。其计算公式为：

$$\text{营业收入净利率}=\frac{\text{净利润}}{\text{营业收入}}\times100\%$$

该指标表示企业每1元钱的营业收入带来的净利润是多少。营业收入净利率越高，说明企业的收入带来的最终财务成果越多。评价营业收入净利率时，需要与企业前期的比率、同行业其他企业的这一比率进行比较。

根据新新公司的利润表等资料，可计算2×20年和2×19年该企业的营业收入净利率：

$$2\times20\text{年营业收入净利率}=\frac{326\ 624\ 320.08}{14\ 968\ 766\ 420.88}\times100\%=2.18\%$$

$$2\times19\text{年营业收入净利率}=\frac{319\ 259\ 627.38}{11\ 418\ 968\ 169.76}\times100\%=2.80\%$$

从该指标可以看出，2×20年企业每1元钱的收入可以为企业贡献约0.02元的净利润，而2×19年这一指标约为0.03元，这说明企业营业收入贡献收益的能力在下降。

六、营业成本费用利润率

营业成本费用利润率是指营业利润与营业成本费用总额的比率。营业成本费用总额包括营业成本及期间费用。期间费用包括销售费用、管理费用、研发费用、财务费用等。营业成本费用利润率的计算公式如下：

$$\text{营业成本费用利润率}=\frac{\text{营业利润}}{\text{营业成本}+\text{期间费用}}\times100\%$$

其中，期间费用=销售费用+管理费用+研发费用+财务费用营业成本费用利润率反映企业的投入产出水平，体现了利润的增加是以成本及费用的降低为基础的。该指标的数值越高，表明生产和销售产品发生的每1元钱成本及费用所取得的利润就越多，劳动耗费产生的效益也就越高；反之，则说明每耗费1元成本及费用实现的利润越少，劳动耗费产生的效益也越低。所以，营业成本费用利润率是综合反映企业成本效益的重要指标。营业成本费用利润率是正指标，即指标值越高越好。进行分析评价时，投资者可将各指标实际值与前期值或标准值进行对比。标准值可根据分析的目的与管理要求确定。

根据新新公司的利润表等资料，可计算2×20年和2×19年该企业的营业成本费用利润率：

$$\text{2×20年营业成本费用利润率} = \frac{509\,732\,489.78}{11\,921\,108\,455.31 + 497\,253\,630.79 + 1\,549\,410\,507.93 + 172\,156\,723.10 + 121\,501\,657.23} \times 100\% = 3.57\%$$

$$\text{2×19年营业成本费用利润率} = \frac{507\,037\,724.22}{9\,051\,326\,917.51 + 385\,159\,495.55 + 1\,112\,755\,291.48 + 123\,639\,476.83 + 93\,169\,393.38} \times 100\% = 4.71\%$$

从上述指标可以看出，2×20年企业每1元钱的耗费，可以带来不到0.04元的利润，比2×19年大幅下降，降幅达24%，这说明企业单位成本产生的利润在下降，或者说单位利润的成本耗费在提高。

七、每股收益

每股收益，是指净利润扣除优先股股息后的余额与发行在外的普通股的平均股数之比（如果存在可转换证券，要计算稀释每股收益，计算方法比较复杂）。它反映了每股发行在外的普通股所能分摊到的净收益额。这一指标对普通股股东的利益影响极大，因此他们往往根据这一指标来进行投资决策。其计算公式如下（不考虑可转换证券）：

$$\text{每股收益} = \frac{\text{净利润} - \text{优先股股息}}{\text{发行在外普通股加权平均数}}$$

其中，

$$\text{发行在外普通股加权平均数} = \text{期初发行在外普通股股数} + \text{当期新发行普通股股数} \times \text{已发行时间} \div \text{报告期时间} - \text{当期回购普通股股数} \times \text{已回购时间} \div \text{报告期时间}$$

公式中，分母之所以采用加权平均数，是因为本期发行在外的普通股股数只能在增加以后的这一段时期内产生收益，减少的普通股股数在减少以前的期间内仍产生收益，采用加权平均数才能正确反映本期内发行在外的股份数额。例如，某企业2×19年年初发行在外的普通股为20万股，同年4月1日又增发了6万股，并且在该年内未发行其他股票，亦无退股事项，则该年度普通股流通在外的平均数应为24.5万（20+6×9÷12）。

显然，每股收益越高，说明企业的盈利能力越强。关于每股收益的信息，在利润表及附注中可以查询到。新新公司2×19年和2×20年的每股收益均为1.03元，说明与行业同类企业相比，其收益状况较好。

八、市盈率

市盈率反映了普通股的市场价格与当期每股收益之间的关系，可用来与其他企业的股票相比较以判断企业股票潜在的价值大小。上市公司的市盈率一直是广大股票投资者进行中长期投资的重要决策指标。其计算公式如下：

市盈率=每股市价/每股收益

在一个企业内，该指标近几年的数值能够表明企业盈利能力的稳定程度，可在一定程度上反映企业管理部门的经营能力和企业盈利能力及潜在的成长能力。同时，该指标还反映此股票市价是否具有吸引力，通过对多个企业的市盈率进行比较，并结合对该企业所属行业的经营前景的了解，投资者可以将其作为选择投资目标的参考。影响企业股票市盈率的因素归纳起来主要有：①企业盈利能力的成长性。如果预期企业盈利能力不断提高，说明企业具有较好的成长性，虽然目前市盈率较高，也值得投资者进行投资，但企业的市盈率会随企业盈利能力的提高而不断下降。②投资者所获报酬率的稳定性。如果企业经营效益良好且相对稳定，则投资者获取的收益也较高且稳定，投资者就愿意持有该企业的股票，该企业的股票市盈率会由于众多投资者对其股票的普遍看好而相应提高。③市盈率也受到利率水平变动的影响。当市场利率水平发生变化时，市盈率也应作相应的调整。

一般情况下，如果企业具有较高的市盈率，就意味着投资者愿意出高价购买企业的股票，这表明投资者对企业的发展前景有信心；反之，则说明投资者对企业的前景并不看好。但是必须注意，当全部资产利润率很低或企业发生亏损时，每股收益可能为零或负数，因此市盈率会很高。在这一特殊情况下，仅利用这一指标来分析企业的盈利能力常常会造成错误的估计。

新新公司2×20年12月31日的股票市价是50.50元，每股收益为1.03元，则其市盈率计算如下：

$$市盈率=\frac{50.50}{1.03}=49$$

这一市盈率是很高的，说明市场的投资者对企业的发展前景十分看好。当然，从当时的证券市场的情况看，各上市公司的市盈率普遍较高，大大高于西方成熟的资本市场的平均市盈率（一般在20倍以内），理论界和实务界对此看法不一，尚没有定论。

第四节　怎样评价企业的营运能力

营运能力，主要是指企业营运资产的效率。企业营运资产的效率主要是指资产的周转率或周转速度。企业资产营运能力的实质，就是要以尽可能少的资产占用，或尽可能短的时间周转，生产尽可能多的产品，实现尽可能多的销售收入，并创造尽可能多的纯收入。也就是要看企业利用了多少资产，生产出多少产品，用的资源越少，产出越多，说明企业的效益越好。

企业营运能力主要从总资产营运能力和流动资产营运能力两个方面来分析。

一、总资产营运能力

总资产营运能力，是指企业全部资产的营运效率，主要是投入或使用全部资产所取得产出的能力。反映总资产营运能力的指标主要是总资产周转率。总资产周转率是营业收入与平均总资产的比率，用公式表示为：

$$总资产周转率(次)=\frac{营业收入}{平均总资产}$$

其中，平均总资产=（期初总资产+期末总资产）÷2

该项指标反映了企业资产的周转速度，揭示了企业每占用1元资产，可以获得多少收入。该项指标越大，说明企业的产出越多，资产营运的效率也越高。若该指标过低，说明企业的资产利用率低，产出不足，还可能存在大量的闲置资产。根据新新公司的利润表和资产负债表等资料（参见附录《新新集团股份有限公司2×20年度财务报告》，且新新公司2×19年年初的总资产为6 280 180 842.04元），可计算2×20年和2×19年该公司的总资产周转率：

$$2×20年总资产周转率=\frac{14\,968\,766\,420.88}{(9\,089\,421\,878.85+7\,821\,216\,611.71)\div 2}=1.77（次）$$

$$2×19年总资产周转率=\frac{11\,418\,968\,169.76}{(7\,821\,216\,611.71+6\,280\,180\,842.04)\div 2}=1.62（次）$$

新新公司2×19年的总资产周转率为1.62次，2×20年增加到1.77次。这说明企业整体资产营运效率较高，并且效益大幅提高，营运能力较强。

一般情况下，影响企业总资产周转率最主要的因素有两个：一是流动资产周转率，因为流动资产的周转速度往往高于其他各类资产的周转速度，加速流动资产的周转，就会使总资产周转速度加快，反之则会使总资产周转速度减慢；二是流动资产占总资产的比重，因为流动资产周转速度快于其他各类资产的周转速度，所以总资产中企业流动资产所占的比重越大，总资产周转速度越快，反之则越慢。

二、流动资产营运能力

流动资产营运能力，是指企业流动资产的营运效率，主要是企业投入或使用流动资产所取得的产出能力。由于企业资产营运最快的部分是流动资产，所以流动资产的周转速率极大地影响着总资产的营运效率。反映流动资产营运能力的指标主要是流动资产周转率、存货周转率和应收账款周转率等。

（一）流动资产周转率

流动资产周转率既是反映流动资产周转速度的指标，也是综合反映流动资产利用效果的基本指标，它是一定时期流动资产平均占用额和流动资产周转额的比率，是用流动资产的占用量和其所完成的工作量的关系，来表明流动资产使用效率的一项指标。流动资产周转率的计算公式如下：

$$流动资产周转率(次)=\frac{营业收入}{平均流动资产}$$

其中，平均流动资产=（期初流动资产+期末流动资产）÷2

或者也可以计算流动资产周转天数，其具体计算公式如下：

$$流动资产周转天数=\frac{365}{流动资产周转次数}$$

流动资产的周转次数或天数，均表示流动资产的周转速度。流动资产在一定时期内的周转次数越多，或者每周转一次所需要的天数越少，其周转速度就越快，流动资产的使用效率就越好；反之，流动资产的周转速度就越慢，企业流动资产的营运能力也就越差。

根据新新公司利润表和资产负债表等资料（参见附录《新新集团股份有限公司2×20年度财务报告》，且新新公司2×19年年初的流动资产为1 755 274 050.70元），可以计算2×20年和2×19年该企业的流动资产周转率和周转天数：

$$2\times20年流动资产周转率=\frac{14\ 968\ 766\ 420.88}{(3\ 493\ 639\ 465.23+2\ 692\ 758\ 726.20)\div2}=4.84（次）$$

$$流动资产周转天数=\frac{365}{4.84}=75（天）$$

$$2\times19年流动资产周转率=\frac{11\ 418\ 968\ 169.76}{(2\ 692\ 758\ 726.20+1\ 755\ 274\ 050.70)\div2}=5.13（次）$$

$$流动资产周转天数=\frac{365}{5.13}=71（天）$$

新新公司2×20年的流动资产周转率为4.84次，也就是说，企业全部的流动资产在1年内可以周转4.84次，即每75天周转1次。与行业平均情况相比，该企业的流动资产营运能力是比较强的。但是，与2×19年相比，该企业2×20年的流动资产周转率有所下降，周转天数也增加了4天，这说明企业的流动资产营运效率在下降。

（二）存货周转率

存货周转率是指企业在一定时期内存货占用资金可周转的次数，或存货每周转一次所需要的天数。因此，存货周转率指标有存货周转率和存货周转天数两种形式，其公式如下：

$$存货周转率(次)=\frac{营业成本}{平均存货}$$

其中，平均存货=（期初存货+期末存货）÷2

或者是，

$$存货周转天数=\frac{365}{存货周转次数}$$

应当注意，存货周转次数和周转天数实质上是相同的，但是其评价标准不同。存货周转次数是个正指标，因此周转次数越多越好，表明企业存货流动速度快。通常情况下，存货周转一次，就意味着实现了买入与卖出的一个盈利循环。所以，一年中存货周转的次数越多，企业的盈利状况也就越好（低于成本价卖出产品的情况除外）。

根据新新公司的利润表和资产负债表等资料（参见附录《新新集团股份有限公司2×20年度财务报告》，且新新公司2×19年年初的存货为794 309 671.16元），可计算2×19年和2×20年该企业的存货周转率和周转天数：

$$2\times20\text{年存货周转率} = \frac{11\ 921\ 108\ 455.31}{(1\ 478\ 132\ 929.95 + 1\ 046\ 885\ 184.68) \div 2} = 9.44\text{（次）}$$

$$\text{存货周转天数} = \frac{365}{9.44} = 39\text{（天）}$$

$$2\times19\text{年存货周转率} = \frac{9\ 051\ 326\ 917.51}{(1\ 046\ 885\ 184.68 + 794\ 309\ 671.16) \div 2} = 9.83\text{（次）}$$

$$\text{存货周转天数} = \frac{365}{9.83} = 37\text{（天）}$$

新新公司2×20年的存货周转率为9.44次，也就是说，存货在1年内可以周转9.44次，即平均每39天周转1次，根据行业经验判断，其存货周转速度较快。但是我们还看到，比照2×19年，2×20年其存货周转速度略有下降，周转天数也比2×19年长了2天。

（三）应收账款周转率

应收账款周转率，是指企业在一定时期内应收账款可周转的次数，或应收账款回收所需要的天数。因此，应收账款指标也有应收账款周转率和应收账款周转天数两种形式，其具体的计算公式是：

$$\text{应收账款周转率（次）} = \frac{\text{赊销收入净额}}{\text{平均应收账款余额}}$$

其中，赊销收入净额=销售收入-现销收入-现金折扣

平均应收账款余额=（期初应收账款+期末应收账款）÷2

应收账款周转率可以用来估计企业应收账款的变现速度和管理效率。企业迅速回收应收账款既可以节约资金，又说明企业赊销状况好，不易发生坏账损失。一般认为，应收账款周转率愈高愈好。如果按应收账款周转天数进行分析，则周转天数愈少愈好。

阅读提示 由于在企业的财务报表中，一般不披露赊销和现销，以及相关的折扣等信息，因此只根据企业对外公布的会计报表是无法准确计算这一指标的。

新新公司2×20年和2×19年的赊销收入净额分别为50 564 893.83元和45 423 331.98元，2×19年年初，新新公司应收账款为18 070 419.98元，计算2×19年和2×20年该企业的应收账款周转率与应收账款周转天数：

$$2×20年应收账款周转率 = \frac{50\,564\,893.83}{(16\,767\,088.25 + 17\,723\,793.34) \div 2} = 2.93（次）$$

$$应收账款周转天数 = \frac{365}{2.93} = 125（天）$$

$$2×19年应收账款周转率 = \frac{45\,423\,331.98}{(17\,723\,793.34 + 18\,070\,419.98) \div 2} = 2.54（次）$$

$$应收账款周转天数 = \frac{365}{2.54} = 144（天）$$

新新公司2×20年的应收账款周转率为2.93次，应收账款周转天数为125天，也就是说，公司的应收账款大约4个月就可收回，回收速度比较快。而且，其2×20年的应收账款周转率比2×19年有进一步的提高，这可能是由于企业规模扩大和实力增强，企业在对外收款方面变得更加具有控制力和话语权。此外，由于新新公司属于批发零售行业，其主要收入是现销收入，产生的应收账款数额很小，不存在重大风险，因此该公司的应收账款不是分析的重点。

总的看来，企业的运转情况良好，存货的销路畅通，应收账款的回笼速度较快，企业营运能力较强。但是除应收账款外，企业中存货与流动资产的周转速度有下降的趋势，这一点需要关注。

第五节　怎样评价企业的发展能力

发展能力，又称增长能力，是指企业未来生产经营的发展趋势和发展水平，包括企业的资产、销售收入、收益等方面的增长趋势和增长速度。对企业投资者和长期债务的债权人来说，其不能仅关注企业目前的经营能力，更应该关注企业未来的和持续的增长能力。企业的增长能力极大地影响着投资者对企业的信心，直接决定了企业市盈率的高低。因此，对企业发展能力的分析是非常重要的，主要的分析指标是资产增长率、资本保值增值率、每股净资产、营业收入增长率和利润增长率等。

一、资产增长率

在经营效益和效率不变的情况下，一个企业的新增利润，主要来自新增资产，因此一个企业的发展能力首先体现在企业投资规模的扩大上。对一个健康的、正在成长的企业来说，其投资规模应该呈现出不断增大的趋势。该指标的计算公式如下：

$$资产增长率 = \frac{期末资产总额 - 期初资产总额}{期初资产总额} \times 100\%$$

资产增长率是用来考核企业资产规模增长幅度的财务指标。资产增长率为正数，则说明企业资产规模增加；资产增长率为负数，则说明企业资产规模减小；资产增长率为零，则说明企业资产规模既未增加也未减小。在分析企业资产增长的幅度时，要关注企业资产增长的来源。在其他条件不变的情况下，无论是增加负债规模，还是增加所有者权益规模，都会提高资产增长率。企业资产总额是一个时点数，如果一个企业资产的增长完全依赖于负债的增长，而所有者权益项目在整个会计年度里没有发生变动或者变动不大，则说明企业不具备良好的发展潜力。

根据新新公司的资产负债表等资料，可以计算该企业2×20年的资产增长率：

$$2\times20\text{年资产增长率}=\frac{9\ 089\ 421\ 878.85-7\ 821\ 216\ 611.71}{7\ 821\ 216\ 611.71}\times100\%=16.21\%$$

新新公司2×20年资产增长率为16.21%，从增长的净值来看，1年内资产增加了约12.7亿元，与同行业、同规模的其他企业相比，其增长速度是非常快的。如果进一步分析就会发现，2×20年该企业的负债增加了约10.8亿元，所有者权益增加了1.9亿元，可见其资产增加的主要动力来自负债的增加。因此，可以判断企业的发展壮大存在巨大的风险，因为这并不是主要依靠自身积累来完成的。

企业资产增长率高并不意味着企业资产规模的增长就一定合理。要评价一个企业的资产规模的增长是否合理，就必须与企业的销售增长情况、利润增长情况等结合起来进行分析。只有当一个企业的销售增长水平、利润增长水平超过资产规模的增长水平时，这种资产规模上的增长才属于效益型增长，才是合理的；相反，如果一个企业的销售增长水平、利润增长水平远远低于资产规模的增长水平，并且持续存在，则报表使用者对此应该提高警惕。

此外，还应注意的是，为全面认识企业资产规模的增长趋势和增长水平，应将企业不同时期的资产增长率加以比较。一个健康的、处于成长期的企业，其资产规模应该是不断增长的，如果时增时减，则反映出企业的经营状况并不稳定，同时也说明企业并不具备良好的增长能力。另外，还应将企业的增长速度与行业平均水平相比较，分析企业的增长是否合理。

二、资本保值增值率

资本保值增值率主要反映企业投资者投入企业资本的完整性和保全性，这一指标是企业的所有者最为关心的，其计算公式为：

$$\text{资本保值增值率}=\frac{\text{期末所有者权益}}{\text{期初所有者权益}}\times100\%$$

企业资本保值增值率等于100%为资本保值，大于100%为资本增值。根据新新公司所有者权益变动表等资料，可计算该企业2×20年年末的资本保值增值率：

$$2\times20\text{年资本保值增值率}=\frac{2\ 984\ 042\ 679.21}{2\ 792\ 234\ 679.90}\times100\%=107\%$$

从指标的计算结果来看，企业的资本得到增值。但是，在分析企业资本保值增值的时候，要注意观察和分析增值的原因，即所有者权益内部项目的变动情况，以评价企业资本增值是由于盈利水平提高（盈余公积和未分配利润的增加），还是企业兼并等因素。从新新公司所有者权益变动表等资料所提供的信息来看，2×20年该公司所有者权益变动的原因是：资本公积减少约0.26亿元；净利润约3亿元，在提取约0.24亿元的盈余公积后，将0.97亿元作为股利分配给股东，剩余的1.79亿元作为未分配利润留存企业；2×20年，企业留存收益增加2.06亿元，与2×19年2.08亿元的留存收益增加额基本持平，这两年企业的留存收益都在大量增加，表明企业正处于积累扩张阶段。

三、每股净资产

每股净资产又称每股账面价值，是指公司净资产与发行在外的普通股股份，的比率。用公式表示为：

$$每股净资产=\frac{净资产}{发行在外的普通股股数}$$

该项指标显示了发行在外的每一普通股股份所能分配的企业账面净资产。这里所说的账面净资产，是指企业账面上的总资产减去负债后的余额，即股东权益总额。每股净资产指标反映了在会计期末每一股份在公司账面上到底值多少钱，它与股票面值、发行价值、市场价值乃至清算价值等往往有较大差距。

利用该指标进行横向和纵向对比，可以衡量上市公司股票的投资价值。如在公司性质相同、股票市价相近的条件下，某一公司股票的每股净资产越高，则公司的发展潜力及其股票的投资价值越大，投资者所承担的投资风险越小。但是，也不能一概而论，在市场投机气氛较浓的情况下，企业每股净资产指标往往不太受重视。投资者，特别是短线投资者往往注重股票市价的变动，有的公司的股票市价低于其账面价值，投资者就会认为这个公司没有前景，从而失去对该公司股票的兴趣；如果其市价高于其账面价值，而且差距较大，投资者则会认为公司前景良好，有潜力，因而甘愿承担较大的风险购进该公司的股票。

根据新新公司2×20年年末资产负债表以及报表附注（参见附录）中第15条关于股本的信息，计算2×20年年末该企业的每股净资产：

$$2\times20年年末每股净资产=\frac{2\ 984\ 042\ 679.21}{293\ 718\ 653}=10.16（元/股）$$

新新公司2×20年12月31日每股净资产为10.16元，与其市价（2×20年12月31日股票价格为50.50元）相比，账面价值较低，具有一定的投资风险。但是，要结合企业的盈利情况综合判断其未来发展状况，才能做出投资决策。

四、营业收入增长率

一家企业的经营（销售）情况越好，说明其占有的市场份额越大，企业生存和发展的市场空间也越大；一家企业的销售增长越快，说明企业生存和发展的能力提高得越快。因此，可以用营业收入增长率来反映企业在经营（销售）方面的成长能力，其计算公式如下：

$$营业收入增长率=\frac{本期营业收入-上期营业收入}{上期营业收入}\times100\%$$

根据新新公司的利润表等资料，可计算2×20年该企业的营业收入增长率：

$$2\times20\text{年营业收入增长率}=\frac{14\,968\,766\,420.88-11\,418\,968\,169.76}{11\,418\,968\,169.76}\times100\%=31.09\%$$

从计算的结果可以看出，企业的营业收入增长是比较快的。但是，应将一个企业不同时期的营业收入增长率加以比较和分析，才能全面、正确地分析和判断一个企业营业收入的增长趋势和增长水平。因为某个年度的营业收入增长率可能会受到一些偶然的和非正常的因素的影响，而无法反映出企业实际的增长能力。

此外，要判断企业在经营和销售方面的未来成长性和可持续成长能力，必须全面分析营业收入增长是否具有效益性。如果营业收入的增加主要依赖于资产的相应增加，也就是营业收入增长率低于资产增长率，则说明这种营业收入增长不具有效益性，同时也反映出企业在经营和销售方面的成长性并不好，可持续成长能力不强。前文中计算的新新公司的资产增长率为16.21%，而企业的营业收入增长率大大地超出了资产增长率，由此可以看出，企业的营业收入的增长是良性的，不是仅靠资产的增长带动的。

五、利润增长率

一般来说，利润增长率要从营业利润增长率和净利润增长率两个方面考虑。

（一）营业利润增长率

营业利润是企业经常性业务带来的净收益，具有一定的稳定性。营业利润增长率是反映企业经常性业务的利润增长速度的指标。企业销售的扩大，即营业收入的增加，未必带来营业利润的增加，有时甚至是收入越多，利润越少。因此，要分析营业利润的增长情况，应结合企业的营业收入情况。如果企业的营业利润增长率高于企业的营业收入增长率，则说明企业的产品正处于成长期，业务不断拓展，企业的盈利能力不断增强；反之，如果企业的营业利润增长率低于营业收入增长率，则反映企业营业成本、税金及附加等成本的上升幅度超过了营业收入的增长幅度，说明企业的盈利能力并不强，企业发展潜力值得怀疑。营业利润增长率的计算公式是：

$$\text{营业利润增长率}=\frac{\text{本期营业利润}-\text{上期营业利润}}{\text{上期营业利润}}\times100\%$$

根据新新公司的利润表资料，可计算2×20年该企业的营业利润增长率：

$$2\times20\text{年营业利润增长率}=\frac{509\,732\,489.78-507\,037\,724.22}{507\,037\,724.22}\times100\%=0.53\%$$

尽管2×20年企业营业收入的增长速度很快，但是营业利润几乎与2×19年持平。这说明实际上，企业经营利润的增长速度不及收入。同时，也在一定程度上说明，企业单位收入的盈利能力在减弱。

为了更加正确地反映企业营业利润的增长趋势，应该对企业连续多期的营业利润增长率指标进行对比分析，这样可以排除个别时期偶发的和特殊因素的影响，可以更加真实、全面地揭示企业营业利润的增长情况。

（二）净利润增长率

净利润是企业最终的财务成果，净利润增长率是反映企业全部业务（包括经常性业务和非经常性业务）的利润增长速度的指标，也体现了所得税的影响。净利润增长率的计算公式是：

$$净利润增长率=\frac{本期净利润-上期净利润}{上期净利润}\times 100\%$$

根据新新公司利润表资料，可计算2×20年该企业的净利润增长率：

$$2\times 20年净利润增长率=\frac{326\,624\,320.08-319\,259\,627.38}{319\,259\,627.38}\times 100\%=2.31\%$$

从计算的结果来看，企业的净利润增长率高于营业利润增长率，但是它比企业的资产和收入的增长幅度小很多，说明企业的增长不属于效益型增长。

总的来说，新新公司2×20年处于高速扩张和迅速占领市场的发展阶段，但是企业的扩张和发展没有给企业带来更多的收益，其不属于效益型增长。通过对企业所处的行业环境进行分析，可以判断，可能由于企业的外部竞争环境恶化，企业的利润空间被压缩，导致企业在资产和收入猛增的背景下，利润未实现明显增长。

综合练习题

单项选择题

1.当企业的资产报酬率（　　）企业的加权平均资本成本时，企业净资产的规模得以扩大。

A.大于　　B.等于　　C.小于　　D.无关于

2.在（　　）下，企业流动资产中的存货，一部分由长期资本来满足，另一部分由流动负债来满足，财务风险小，负债成本低。

A.保守型结构　　B.稳健型结构　　C.平衡型结构　　D.风险型结构

3.在（　　）下，企业的非流动资产由长期资本来满足，流动资产由流动负债来满足。

A.保守型结构　　B.稳健型结构　　C.平衡型结构　　D.风险型结构

4.如果流动比率大于1，则下列结论成立的是（　　）。

A.速动比率大于1　　B.现金比率大于1

C.营运资金大于0　　D.短期偿债能力绝对有保障

5.反映企业盈利能力的指标是（　　）。

A.存货周转率　　B.流动比率　　C.资产报酬率　　D.权益乘数

6.下列公式错误的是（　　）。

A.营运资金=流动资产-流动负债　　B.营运资金=资产总额-流动负债

C.$速动比率=\frac{速动资产}{流动负债}$　　D.$速动比率=\frac{流动资产-存货}{流动负债}$

7.下列说法错误的是（　　）。

A.存货周转率可以反映企业存货的管理水平

B.存货周转率不影响企业短期偿债能力

C.提高存货周转率可以提高企业的变现能力

D.存货周转率=销售成本÷平均存货

8.某企业当年实现利润总额500万元，净利润300万元，利息费用65万元，平均总资产1 500万元，则当年总资产收益率为（　　）。

A.0.2　　B.0.24　　C.0.33　　D.0.62

9.2×20年年初，某企业发行200万股普通股，4月1日又增发了60万股，该年度实现净利润100万元，12月31日其股价为8元/股，则该公司12月31日的市盈率为（　　）倍。

A.16　　B.17.6　　C.19.6　　D.20.8

10.下列不属于分析企业发展能力的指标的是（　　）。

A.资产增长率　　B.营业收入利润率

C.资本保值增值率　　D.每股净资产

判断题

1.企业资本结构既包括企业负债总规模与所有者权益规模的对比关系，又包括企业各类债务占总负债的比重和所有者权益中各类股东的持股比例以及所有者权益中各项目的构成比例。（　　）

2.从财务管理的角度来看，企业从债权人处筹集的资金与从股东处筹集的资金均存在资本成本的问题。（　　）

3.在风险型结构下，企业全部资金都是长期资本，资本成本较高，筹资结构弹性较差。（　　）

4.企业财务杠杆比率越高，表明企业资源对负债的依赖程度越低。（　　）

5.单纯分析资产负债表中企业的偿债能力指标是不能反映企业实际的偿债能力的，应该与企业的获利能力结合起来分析。（　　）

6.产权比率，是指企业的负债总额与资产总额的比率。（　　）

7.净资产收益率表示1元钱的投入资本所能赚取的利润，该指标越高，说明企业的盈利能力越好。（　　）

8.影响企业总资产周转率最主要的因素有两个：流动资产周转率和流动资产占总资产的比重。（　　）

9.每股收益反映了普通股的市场价格与当期每股收益之间的关系，与其他企业股票相比较后可用来判断企业股票潜在的价值。（　　）

10.如果企业的营业利润增长率大于企业的营业收入增长率，则说明企业的产品正处于成长期，业务不断拓展，企业的盈利能力不断增强。（　　）

分析题

1.以某上市公司的资产负债表为例，分析该企业资本结构的合理性及企业面临的财务风险状况。

2.以某上市公司的会计报表为例，谈谈该企业的财务业绩状况。

第十一章 如何运用杜邦分析体系进行综合财务分析

引例

20世纪早期，公司中出现了纵向一体化的多元经营活动，为了协调和控制这类活动，各类管理控制技术方法应运而生。在开发管理控制系统以协助企业多元化活动及纵向一体化企业的成长等方面，最成功、最具代表性的是杜邦公司（Du Pont Powder Company）。作为最早的纵向一体化公司之一，它不仅要决定经营单一产品的营业规模的大小，还要决定公司应拓展的营业活动类型。于是，杜邦公司开创了许多管理控制技术方法。到1910年为止，大公司进行管理控制所用的差不多所有的基本技术和方法在杜邦公司都已得到使用。在这些基本技术和方法中，最主要、影响最持久的是投资净利率（return on investment，ROI）指标。该指标最早被杜邦公司的Pierre du Pont用于衡量各个营业部门的效率和整个公司的财务业绩，而当时广为使用的销售净利率、成本净利率等指标在杜邦公司则受到冷落。

1912年，杜邦公司的财务经理Donaldson Brown进一步将ROI指标分解为产品销售周转率和营业销售净利率两大指标。这样，既可以让各部门知悉其业绩是如何影响产品销售周转率或营业销售净利率并进而影响公司总的投资净利率的，又可以让管理者解释在特定期间内ROI的实际数为何偏离预算数。Pierre du Pont和Donaldson Brown将ROI指标应用于部门层面，这也是现代多数公司采用利润中心和投资中心的起源。1920年，杜邦公司购买了通用汽车23%的股票，使通用汽车公司（General Motors，GM）成为杜邦公司的子公司。在这笔交易中，Brown的任务是重新梳理通用汽车公司内部复杂的财务结构，这或许是美国历史上第一次大规模的企业重构行动。根据通用前主席Alfred Sloan的说法，Brown的规划和关系系统上马之后，通用的信誉和声望大幅回升。继而，美国各大公司纷纷运用此法且均获成功，从而使得杜邦分析模型声名鹊起。直到20世纪70年代，杜邦分析体系在财务分析领域一直占据着主导地位。

资料来源　张鸣，刘华. 管理会计技术方法演进之研究［J］. 上海会计，2001（10）.

第一节 什么是杜邦分析体系

前面，我们从资本结构、盈利能力、偿债能力、营运能力、发展能力等角度对企业的财务活动进行了深入的分类分析。这种分析对于了解企业某一方面的财务状况，判断企业在某一方面的财务成果是十分有益的。实际上，企业的各种能力是紧密相关的，特别是盈利能力与营运能力、偿债能力、增长能力及资本结构等是不可分割的。因此，在对企业各种财务能力进行单项分析的基础上，应当将各种能力综合起来进行分析。综合能力分析的意义就在于：

（1）通过综合能力分析，明确企业盈利能力、营运能力、偿债能力及增长能力之间的关系，从而使报表使用者能全面、系统地了解和评价企业的财务活动。

（2）通过综合能力分析，可找出制约企业经营管理的“瓶颈”所在，为报表使用者进行决策指明方向和重点。

（3）综合能力分析为企业业绩综合评价奠定了基础。只有全面、综合地衡量企业的财务能力，才能得出正确的评价结论。

综合能力分析的内容就是将企业的财务目标与财务环节相结合，进行综合分析。企业所有者所追求的就是资本增值最大化。资本增值的核心在于资本收益能力的提高，而资本收益能力受企业各方面、各环节财务状况的影响。综合能力分析要以净资产收益率为核心，并通过对净资产收益率的分解，找出企业各经营环节对该指标的影响程度，从而综合分析企业各环节及各方面的经营业绩，而杜邦分析体系是进行这 分析的基本方法。

杜邦财务分析体系，亦称杜邦财务分析法，是根据各主要财务指标之间的内在联系，建立财务分析指标体系，综合分析企业财务状况的方法。由于该指标体系是由美国杜邦公司最先采用的，故将其称为杜邦财务分析体系。杜邦财务分析体系的特点是将若干反映企业盈利状况、财务状况和营运状况的比率按其内在联系有机结合起来，形成一个完整的指标体系，并最终通过净资产收益率（资本收益率）这一核心指标来综合反映。净资产收益率指标是衡量企业利用资本获取利润的能力的指标。净资产收益率充分考虑了筹资方式对企业获利能力的影响，因此它所反映的获利能力是企业经营能力、财务决策和筹资方式等多种因素综合作用的结果。

杜邦财务分析体系，包含以下几种主要比率关系：

（1）$净资产收益率=\frac{净利润}{平均净资产}=\frac{净利润}{平均总资产}\times\frac{平均总资产}{平均净资产}$

（2）$权益乘数=\frac{平均总资产}{平均净资产}=\frac{1}{1-平均资产负债率}$

（3）$总资产收益率=\frac{净利润}{平均总资产}=\frac{净利润}{营业收入}\times\frac{营业收入}{平均总资产}$

（4）$\text{营业收入净利率}=\dfrac{\text{净利润}}{\text{营业收入}}=\dfrac{\text{营业收入}-\text{营业成本}-\text{税金及附加}-\text{期间费用}-\text{其他支出}}{\text{营业收入}}$

（5）$\text{总资产周转率}=\dfrac{\text{营业收入}}{\text{平均总资产}}=\dfrac{\text{营业收入}}{\text{平均流动资产}+\text{平均非流动资产}}$

杜邦分析体系如图 11-1 所示。

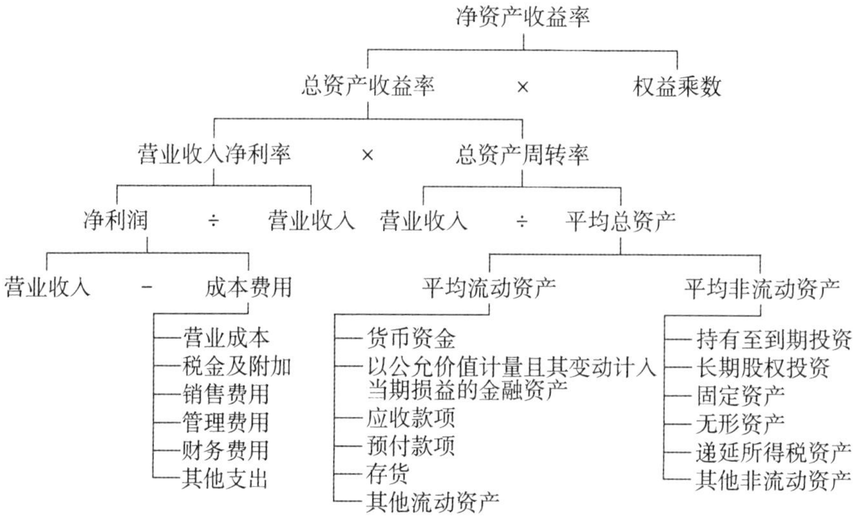

图 11-1　杜邦分析体系

通过杜邦分析体系，可以从企业营业（销售）规模、成本水平、资产营运、资本结构等方面分析净资产收益率变动的原因，进而加强对相关环节的管理控制，最终使净资产收益率最大化，实现企业的财务管理目标。

第二节　如何应用杜邦分析体系

根据新新公司的会计报表资料，利用杜邦分析体系，可以对公司进行综合分析。新新公司有关财务指标见表 11-1。

表 11-1　**新新公司杜邦分析指标计算表**　金额单位：元

性质	指标	2×20 年	2×19 年	变动率（%）
盈利能力	净资产收益率	0.1131	0.1237	-8.57↓
	总资产收益率	0.0386	0.0453	-14.79↓
	营业收入净利率	0.022	0.028	-21.43↓
	净利润	326 624 320.08	319 259 627.38	2.31↑
	营业收入	14 968 766 420.88	11 418 968 169.76	31.09↑
	成本费用	14 642 142 100.80	11 099 708 542.38	31.91↑

续表

性质	指标	2×20年	2×19年	变动率（%）
营运能力	总资产周转率	1.7703	1.6196	9.30↑
偿债能力	资产负债率	0.67	0.64	4.69↑
资本结构	权益乘数	2.93	2.73	7.33↑
	平均资产总额	8 455 319 245.28	7 050 698 726.38	19.92↑
	平均流动资产	3 093 199 095.72	2 224 016 388.45	39.08↑
	平均非流动资产	5 362 120 149.57	4 826 682 337.93	11.09↑

根据公司上述有关分析资料与分析结果，可制作2×20年和2×19年新新公司杜邦财务分析图，如图11-2和图11-3所示。

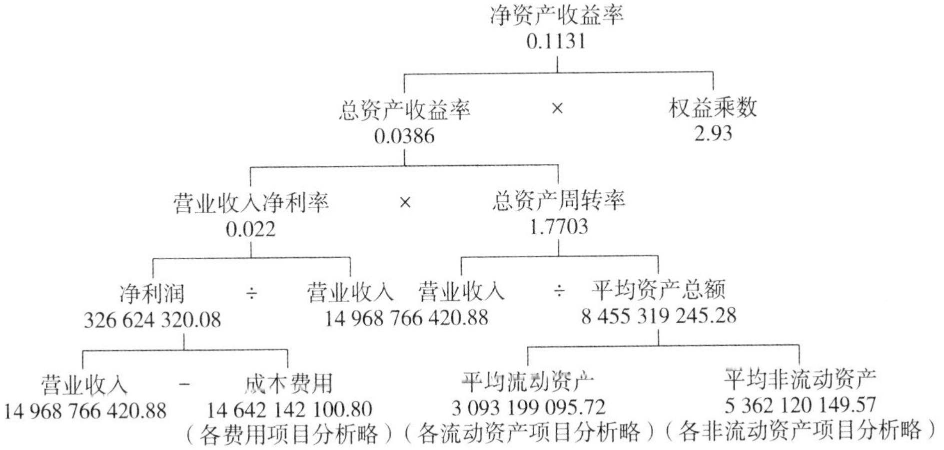

图11-2　2×20年杜邦财务分析图

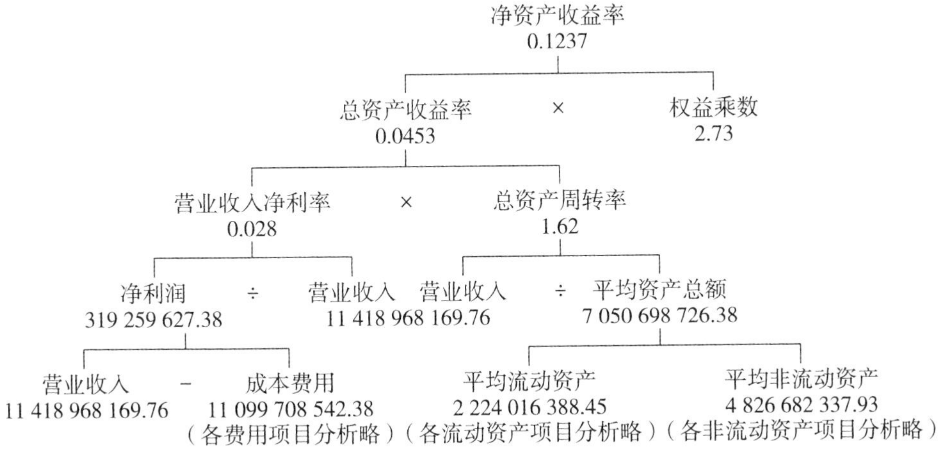

图11-3　2×19年杜邦财务分析图

将新新公司2×19年和2×20年的杜邦财务分析图进行比较，可以看出该企业2×20年的业绩比2×19年有所下降，其主要原因是，企业收入大幅度增加，超过总资产的增加幅度，引发资产周转率提高，企业营运速度加快。然而，由于收入增加的同时，成本在以更快的速度攀升，企业利润空间被压缩，导致营业收入净利率大幅下降，其影响超过了资产周转速度加快给企业带来的拉动效应，最终导致总资产收益率随之下降。即使在负债增加、权益乘数进一步扩大的情况下，由于总资产收益率下降更明显，因此，最终没能阻止企业净资产收益率的下滑。此外，我们还可以看到，企业总资产的增加，是由流动资产和非流动资产的同时增加引起的，流动资产的增加是主要原因。据此可以判断，企业资产的流动性增强，但收益水平在下降，这可能会对企业的盈利能力造成不利影响。

此外，可以利用因素分析法，对影响净资产收益率的各个指标的具体影响程度进行度量。

从表11-1中得知，新新公司的净资产收益率2×20年较2×19年下降了8.57%。根据下列公式，采用连环替代法，就各因素对净资产收益率的影响程度进行测定：

净资产收益率=营业收入净利率×总资产周转率×权益乘数

对净资产收益率而言，设2×19年为基期，2×20年为本期，则两个指标体系是：

基期净资产收益率=基期营业收入净利率×基期总资产周转率×基期权益乘数

本期净资产收益率=本期营业收入净利率×本期总资产周转率×本期权益乘数

分析对象=本期净资产收益率-基期净资产收益率=0.1131-0.1237=-0.01

第一次替代：

$$\left(\begin{matrix}\text{本期营业}\\\text{收入净利率}\end{matrix}-\begin{matrix}\text{基期营业}\\\text{收入净利率}\end{matrix}\right)\times\begin{matrix}\text{基期总资产}\\\text{周转率}\end{matrix}\times\begin{matrix}\text{基期权益}\\\text{乘数}\end{matrix}=(0.022-0.028)\times1.6196\times2.73$$
$$=-0.027$$

从图11-2和图11-3的数据可知，新新公司营业收入净利率从2×19年的0.028下降到2×20年的0.022，这个因素对净资产收益率的影响是：净资产收益率下降了0.027。

第二次替代：

$$\left(\begin{matrix}\text{本期营业}\\\text{收入净利率}\end{matrix}-\begin{matrix}\text{基期营业}\\\text{收入净利率}\end{matrix}\right)\times\begin{matrix}\text{基期总资产}\\\text{周转率}\end{matrix}\times\begin{matrix}\text{基期权益}\\\text{乘数}\end{matrix}=0.022\times(1.7703-1.6196)\times2.73$$
$$=0.009$$

从图11-2和图11-3数据可知，新新公司总资产周转率从2×19年的1.6196上升到2×20年的1.7703，这个因素对净资产收益率的影响是：净资产收益率上升了0.009。

第三次替代：

$$\left(\begin{matrix}\text{本期营业}\\\text{收入净利率}\end{matrix}-\begin{matrix}\text{基期营业}\\\text{收入净利率}\end{matrix}\right)\times\begin{matrix}\text{基期总资产}\\\text{周转率}\end{matrix}\times\begin{matrix}\text{基期权益}\\\text{乘数}\end{matrix}=0.022\times1.7703\times(2.93-2.73)$$
$$=0.008$$

从图11-2和图11-3数据可知，新新公司权益乘数从2×19年的2.73提高到

2×20年的2.93，这个因素对净资产收益率的影响是：净资产收益率上升了0.008。

综上所述，新新公司在营业收入净利率、总资产周转率、权益乘数这三个因素的共同作用下，2×20年净资产收益率比2×19年净资产收益率下降了0.01（-0.027+0.009+0.008）。从以上分析过程可以看出，新新公司2×20年的净资产收益率比2×19年略有下降，主要的不利因素为营业收入净利率的下降，主要的有利因素为总资产周转率的提升，其影响略高于资本结构变动的影响。

综合练习题

单项选择题

1.杜邦财务分析的核心指标是（　　）。

A.净资产收益率　　B.总资产收益率

C.可持续增长率　　D.销售净利率

2.下列各项中，净资产收益率的计算公式是（　　）。

A.营业收入净利率×总资产收益率

B.总资产周转率×权益乘数

C.营业收入净利率×总资产周转率×权益乘数

D.营业收入净利率×权益乘数

3.下列各项中，说法正确的是（　　）。

A.权益乘数等于资产负债率的倒数

B.权益乘数和资产负债率之和等于1

C.权益乘数越大，则资产报酬率越大

D.权益乘数越大，则财务风险越大

4.杜邦财务分析中，总资产周转率的计算公式是（　　）。

A.$总资产周转率=\frac{营业收入}{平均总资产}$　　B.$总资产周转率=\frac{营业成本}{平均总资产}$

C.$总资产周转率=\frac{利润总额}{平均总资产}$　　D.$总资产周转率=\frac{净利润}{平均总资产}$

5.杜邦财务分析中，总资产收益率的计算公式是（　　）。

A.$总资产收益率=\frac{利润总额}{营业成本}\times\frac{营业成本}{平均总资产}$

B.$总资产收益率=\frac{利润总额}{营业收入}\times\frac{营业收入}{平均总资产}$

C.$总资产收益率=\frac{净利润}{营业收入}\times\frac{营业收入}{平均总资产}$

D.$总资产收益率=\frac{净利润}{营业成本}\times\frac{营业成本}{平均总资产}$

6.营业收入净利率乘以总资产周转率等于（　　）。

A.净资产收益率　B.总资产收益率

C.总资产报酬率　D.以上均不是

7.下列关于杜邦财务分析中的分解指标，表述错误的是（　　）。

A.净资产收益率=总资产收益率×权益乘数

B.净资产收益率=销售收入净利率×总资产周转率×权益乘数

C.净资产收益率=$\frac{净利润}{营业收入}\times\frac{营业收入}{平均总资产}$×权益乘数

D.净资产收益率=总资产报酬率×权益乘数

8.下列关于权益乘数的表述，错误的是（　　）。

A.权益乘数=$\frac{1}{1-资产负债率}$

B.权益乘数=$\frac{1}{1-负债平均余额\div资产平均余额}$

C.权益乘数=$\frac{资产平均余额}{股东权益平均余额}$

D.权益乘数=$\frac{股东权益平均余额}{资产平均余额}$

9.下列不属于资本结构分析指标的是（　　）。

A.平均资产总额　B.平均流动资产

C.资产负债率　D.权益乘数

10.下列不属于盈利能力分析指标的是（　　）。

A.总资产周转率　B.净资产收益率

C.总资产收益率　D.成本费用

判断题

1.综合能力分析是将企业的财务目标与财务环节相结合，进行综合分析。（　　）

2.净资产收益率指标是衡量企业利用资本获取利润的能力的指标。（　　）

3.杜邦财务分析体系，亦称杜邦财务分析法，是根据各主要财务指标之间的内在联系，建立财务分析指标体系，综合分析企业财务状况的方法。（　　）

4.净资产收益率没有考虑筹资方式对企业获利能力的影响。（　　）

5.综合能力分析的核心是总资产收益率。（　　）

6.综合能力分析就是杜邦财务分析。（　　）

7.通过综合能力分析可以明确企业盈利能力、营运能力、偿债能力及增长能力之间的相互联系，从而使报表使用者能全面、系统地了解和评价企业的财务活动。（　　）

8.总资产收益率指标是衡量企业利用资产获取利润的能力的指标。 (　　)

9.通过杜邦财务分析体系，可从企业营业（销售）规模、成本水平、资产营运、资本结构等方面分析净资产收益率的变动原因，进而加强对相关环节的管理控制，最终使净资产收益率最大化。 (　　)

10.分析上市公司会计报表时，运用杜邦财务分析体系，对企业的综合财务状况进行分析，同时还要运用因素分析法，分析各因素对净资产收益率的影响程度。 (　　)

分析题

以某上市公司的会计报表为例，运用杜邦财务分析体系，对该企业的综合财务状况进行分析，并运用因素分析法，分析各因素对净资产收益率的影响程度。

第十二章 怎样从审计报告看企业财务信息质量

引例

在16世纪的意大利，为了筹集开办企业所需的资金，合伙制应运而生。然而，人们希望有一个与任何一方都无利害关系的第三方对合伙企业进行监督和检查。于是，在意大利的商业城市中出现了一批具备良好的会计知识、专门从事这种查账和公证工作的人员。随着上述专业人员的增多，1581年，威尼斯成立了会计协会，其后，米兰等城市也成立了类似的组织。18世纪下半叶，英国的资本主义经济得到了迅速的发展，企业的所有权和经营权开始分离。企业主希望有专门的来自外部的会计师来检查他们所雇用的管理人员的履职情况，以及企业内部的会计人员是否存在贪污、盗窃和其他舞弊行为，于是英国出现了第一批以查账为职业的独立会计师。股份有限公司的兴起，使公司的所有权和经营权进一步分离。在1721年英国的“南海公司事件”中，该公司以虚假的会计信息诱骗投资者，并使其股票价格一路扶摇直上，但其最终未能逃脱破产倒闭的厄运，使股东和债权人损失惨重。为此，英国议会聘请会计师查尔斯·斯耐尔对该公司进行审计，斯耐尔以会计师的名义提出了“查账报告书”，这成为世界上第一份由注册会计师出具的审计报告，其也标志着注册会计师的产生。

资料来源　李晓慧．审计报告的沿革及其运用研究［J］．审计研究，2005（6）．

第一节　审计报告与会计报表的关系

根据国家有关规定，企业在对外发布财务报告之前，一般须由注册会计师对其披露的会计报表进行审计，并发表审计意见。根据注册会计师的审计结论及所发表的审计意见，可将审计报告分为以下四种类型：无保留意见审计报告、保留意见审计报告、否定意见审计报告、无法表示意见审计报告。无保留意见，是指当注册会计师认为财务报表在所有重大方面按照适用的财务报告编制基础的规定编制并实现公允反映时发表的审计意见。有时候，报表使用者可以通过仔细阅读注册会计师审计意见的措辞，发现会计报表中会计信息的质量问题。

注册会计师签发审计报告，是以超然独立的第三者身份，对被审计单位会计报表的合法性、公允性发表意见。这种意见具有鉴证作用，得到了政府各部门和社会各界的普遍认可。政府有关部门（如财政部门、税务部门等）了解、掌握企业的财务状况和经营成果的主要依据是企业提供的会计报表。其判断会计报表是否合法、公允，主要依据的是注册会计师的审计报告。股份制企业的股东主要依据注册会计师的审计报告来判断被投资企业的会计报表是否公允地反映了企业的财务状况和经营成果，然后作出投资决策，因此审计报告可以帮助他们降低投资风险。

案例：格林柯尔

格林柯尔从2005年8月1日起停牌，2007年5月18日退市，顾雏军一手导演的“格林柯尔式骗局”就此终结。然而，在这一“骗局”中，会计师事务所也扮演了极不光彩的“帮凶”角色。格林柯尔在上市时聘请的会计师事务所是安达信，2001年安达信因丑闻“告退”，其将在中国香港的业务转给了普华永道。科龙与格林柯尔的审计机构都应当是普华永道，但是普华永道将二者拱手让给了德勤。在格林柯尔入主美菱之后，普华永道也辞去了对美菱的审计工作。直到2005年，德勤为科龙出具“保留意见审计报告”后，德勤也推掉了对科龙的审计业务。从会计师事务所的这种“谦让”行为来看，其中必有问题。一般情况下，会计师事务所会比投资者了解到更多的企业财务信息。在我国审计市场“僧多粥少”的情况下，会计师事务所对于某个上市公司的审计业务如此“谦让”，说明上市公司的会计报告很可能存在严重问题，投资者应该予以关注。

资料来源　王棣华. 格林柯尔财务舞弊案例分析及启示［J］. 经济界，2009（1），

此外，审计报告是对注册会计师审计任务完成情况及其结果所作的总结，它可以表明审计工作的质量并明确注册会计师的审计责任。因此，审计报告可以对审计工作的质量和注册会计师的审计责任起到证明的作用。通过审计报告，可以证明注册会计师在审计过程中是否实施了必要的审计程序，是否以审计工作底稿为依据发表了审计意见，发表的审计意见是否与被审计单位的实际情况相一致，审计工作的质量是否符合要求。通过审计报告，还可以证明注册会计师审计责任的履行情况。

上市公司在年报中披露的财务报表由上市公司自己编制，其真实性、准确性与完整性，还需要会计师事务所作为独立方进行审计。审计后，会计师事务所要出具审计报告，该报告分为两大类：一类是标准审计报告；另一类是非标准审计报告。前者表明会计师认为财务报表质量合格；而后者表示会计师认为财务报表质量不合格。

第二节　标准审计报告的阅读与分析

审计职业界认为，为了避免混乱，统一审计报告的格式和措辞是很有必要的。如果每个审计报告的格式和措辞都不一致，专业术语的含义相异，使用者势必难以准确地理解其含义。标准审计报告是指格式和措辞基本统一的审计报告。注册会计师应当依据适用的财务报告编制基础特别评价下列内容：

（1）财务报表是否充分披露了所选择和运用的重要会计政策；

（2）所选择和运用的会计政策是否符合适用的财务报告编制基础，及是否适合被审计单位的具体情况；

（3）管理层作出的会计估计是否合理；

（4）财务报表列报的信息是否具有相关性、可靠性、可比性和可理解性；

（5）财务报表是否作出充分披露，使预期使用者能够理解重大交易和事项对财务报表所传递信息的影响；

（6）财务报表使用的术语（包括每一财务报表的标题）是否适当。

审计报告通常包括审计报告的标题、收件人、审计意见，形成审计意见的基础，管理层对财务报表的责任，注册会计师对财务报表审计的责任，按照相关法律法规的要求报告的事项，注册会计师的签名和盖章，会计师事务所的名称、地址和盖章，报告日期等内容。

当注册会计师出具的无保留意见的审计报告不附加说明段、强调事项段或任何修饰性用语时，该报告被称为标准审计报告。标准审计报告包含的审计报告要素齐全，无保留意见，且不附加说明段、强调事项段或任何修饰性用语，否则不能称为标准审计报告。无保留意见，是指当注册会计师得出财务报表在所有重大方面按照适用的会计准则和相关会计制度的规定编制的结论时发表的审计意见。

如果认为财务报表符合下列所有条件，注册会计师应当出具无保留意见的审计报告：

第一，财务报表已经按照使用的会计准则和相关会计制度的规定编制，在所有重大方面公允反映了被审计单位的财务状况、经营成果和现金流量。

第二，注册会计师已经按照《中国注册会计师审计准则》的规定计划、实施审计工作，在审计过程中未受到限制。

当出具无保留意见的审计报告时，注册会计师应当以“我们认为”作为审计意见段的开头，以表明本段内容为注册会计师提出的意见，并表示对该审计意见承担责任。下文列举了标准审计报告的内容。

审计报告

××公司全体股东：

一、审计意见

我们审计了后附的××公司财务报表，包括2×20年12月31日的合并及母公司资产负债表，2×20年度的合并及母公司利润表、合并及母公司现金流量表、合并及母公司股东权益变动表以及财务报表附注。

我们认为，后附的财务报表在所有重大方面按照企业会计准则的规定编制，公允反映了××公司2×20年12月31日的合并及母公司财务状况以及2×20年度的合并及母公司经营成果和现金流量。

二、形成审计意见的基础

我们按照中国注册会计师审计准则的规定执行了审计工作。审计报告的"注册会计师对财务报表审计的责任"部分进一步阐述了我们在这些准则下的责任。按照中国注册会计师职业道德守则，我们独立于××公司，并履行了职业道德方面的其他责任。我们相信，我们获取的审计证据是充分、适当的，为发表审计意见提供了基础。

三、关键审计事项

关键审计事项是我们根据职业判断，认为对本期财务报表审计最为重要的事项。

这些事项的应对以对财务报表整体进行审计并形成审计意见为背景，我们不对这些事项单独发表意见。

我们确定下列事项是需要在审计报告中沟通的关键审计事项。

1. 事项描述

参见财务报表附注四（二十五）收入、附注六注释31.营业收入和营业成本。合并营业收入×××万元，主要为商品销售收入，是其利润的主要来源。该公司销售业务交易频繁，且销售客户主要为个人。商品销售收入的确认主要依赖信息系统，收入的确认计量是否准确直接影响财务报表的准确性，因此我们将收入确认作为关键审计事项。

2. 审计应对

我们针对零售业务收入确认实施的重要审计程序包括：

（1）评估及测试销售循环的内部控制制度及流程的设计及执行有效性。

（2）执行销售系统的一般控制及应用控制测试程序，评估系统的安全性及不可更改性，测试销售数据传输的准确性与及时性；对销售系统及财务系统的数据进行比较分析。

（3）执行收入成本的分析性程序，结合店铺促销活动推广情况检查各月收入变动情况，分析同期毛利率变动情况，核实销售收入及毛利的合理性。

（4）选取样本，检查店铺财务销售收入是否与销售日报表、收银日报表一致，抽查相应的销售流水、收银回单等是否与销售系统记录一致。

（5）结合银行流水回款情况等验证收入确认的真实性。

（6）检查接近基准日前后的销售及回款记录，确认收入是否被记录于正确的会计期间。

基于已执行的审计工作，我们认为，管理层对营业收入的确认、计量及披露是合理的。

四、其他信息

××公司管理层（以下简称“管理层”）对其他信息负责。其他信息包括2×20年年度报告中涵盖的信息，但不包括财务报表和我们的审计报告。

我们对财务报表发表的审计意见不涵盖其他信息，我们也不对其他信息发表任何形式的鉴证结论。

结合我们对财务报表的审计，我们的责任是阅读其他信息，并在此过程中，考虑其他信息是否与财务报表或我们在审计过程中了解的情况存在重大不一致，或者是否存在重大错报。

基于我们已执行的工作，如果我们确定其他信息存在重大错报，我们应当报告该事实。在这方面，我们无任何事项需要报告。

五、管理层和治理层对财务报表的责任

××公司管理层负责按照企业会计准则的规定编制财务报表，使其实现公允反映，并设计、执行和维护必要的内部控制，以使财务报表不存在由舞弊或错误导致的重大错报。

在编制财务报表时，管理层负责评估××公司的持续经营能力，披露与持续经营相关的事项（如适用），并运用持续经营假设，除非管理层计划清算××公司、终止营运或别无其他现实的选择。治理层负责监督××公司的财务报告过程。

六、注册会计师对财务报表审计的责任

我们的目标是对财务报表整体是否不存在由舞弊或错误导致的重大错报获取合理保证，并出具包含审计意见的审计报告。合理保证是高水平的保证，但并不能保证按照审计准则执行的审计在某一重大错报存在时总能予以发现。错报可能由舞弊或错误导致，如果合理预期错报单独或汇总起来可能影响财务报表使用者依据财务报表做出的经济决策，则通常认为该错报是重大的。

在按照审计准则执行审计工作的过程中，我们运用职业判断，并保持职业怀疑。同时，我们也执行了以下工作：

（1）识别和评估由舞弊或错误导致的财务报表重大错报风险，设计和实施审计程序以应对这些风险，并获取充分、适当的审计证据，作为发表审计意见的基础。由于舞弊可能涉及串通、伪造、故意遗漏、虚假陈述或凌驾于内部控制之上，未能发现由舞弊导致的重大错报的风险高于未能发现由错误导致的重大错报的风险。

（2）了解与审计相关的内部控制，以设计恰当的审计程序。

（3）评价管理层选用会计政策的恰当性和作出会计估计及相关披露的合理性。

（4）对管理层使用持续经营假设的恰当性得出结论。同时，根据获取的审计证据，就可能导致对××公司持续经营能力产生重大疑虑的事项或情况是否存在重大不确定性得出结论。如果我们得出结论认为存在重大不确定性，审计准则要求我们在审计报告中提请报告使用者注意财务报表中的相关披露；如果披露不充分，我们应当发表非无保留意见。我们的结论基于截至审计报告日可获得的信息。然而，未来的事项或情况可能导致××公司不能持续经营。

（5）评价财务报表的总体列报、结构和内容（包括披露），并评价财务报表是否公允反映相关交易和事项。

（6）就××公司中实体或业务活动的财务信息获取充分、适当的审计证据，以

对财务报表发表意见。我们负责指导、监督和执行集团审计。我们对审计意见承担全部责任。

我们与治理层就计划的审计范围、时间安排和重大审计发现等事项进行沟通，包括沟通我们在审计中识别出的值得关注的内部控制缺陷。

我们还就已遵守与独立性相关的职业道德要求向治理层提供声明，并与治理层沟通可能被合理认为影响我们独立性的所有关系和其他事项，以及相关的防范措施（如适用）。

从与治理层沟通的事项中，我们确定哪些事项对本期财务报表审计最为重要，因而构成关键审计事项。我们在审计报告中描述这些事项，除非法律法规禁止公开披露这些事项，或在极少数情形下，如果合理预期在审计报告中沟通某事项造成的负面后果超过在公众利益方面产生的益处，我们确定不应在审计报告中沟通该事项。

××会计师事务所　　　　　　　　　　中国注册会计师：××

　　　　　　　　　　　　　　　　　　中国注册会计师：××

中国××市　　　　　　　　　　　　　　二×二一年×月×日

在对会计报表反映的内容是否公允提出审计意见时，一般使用“在所有重大方面”“公允反映”等术语，因为人们已普遍认识到会计报表不可能做到完全正确和绝对公允，所以审计报告中不应使用“完全正确”“绝对公允”等词汇，但也不应使用“大致反映”“基本反映”等模糊不清、态度不明的措辞。

例如，新新公司2×20年度的审计报告（参见附录）中的审计意见就属于无保留意见。无保留意见意味着注册会计师认为会计报表的反映是公允的，能满足非特定多数的利害关系人的共同需要，并对发表的意见负责。无保留意见也是委托人最希望获得的审计意见，表明被审计单位的内部控制制度较为完善，可以使审计报告的使用者对被审计单位的财务状况、经营成果和现金流量产生较高的信赖感。但注册会计师发表的是自己的判断或意见，不能对会计报表的合法性、公允性和一贯性作出绝对保证，以避免会计报表使用者产生误解。同时，这样也可明确注册会计师仅承担审计责任，而不能代替被审计单位对会计报表承担会计责任。

第三节 非标准审计报告的阅读与分析

非标准审计报告，是指格式的措辞不统一，可以根据审计项目的具体问题来决定的审计报告。非标准审计报告分为带强调事项段的无保留意见的审计报告、带其他事项段的无保留意见的审计报告和非无保留意见的审计报告三类。非无保留意见的审计报告包括保留意见的审计报告、否定意见的审计报告和无法表示意见的审计报告。根据审计准则的要求，当注册会计师根据已获取的审计证据，认为财务报表存在重大错报，或者在无法获取充分、适当的审计证据的情况下，财务报表可能存在重大错报，注册会计师就导致非无保留意见的事项对财务报表产生或可能产生影响的广泛性[①]作出判断时，就要出具非无保留意见审计报告。

非标准审计报告是如何出具的呢？一般情况下，注册会计师在对企业进行审计时，都会按照审计准则并依据一定的审计程序，对企业会计报表的合法性、公允性做出评价。在审计过程中，注册会计师或多或少会发现一些企业账务处理过程中有损报表合法性、公允性的因素（这些因素可能是企业有意或无意留下的），并会向企业提出调整要求。如果企业根据注册会计师的意见进行调整，那么注册会计师一般会出具无保留意见审计报告；如果企业拒绝按注册会计师的意见对财务报告进行调整，那么注册会计师就会根据需要调整的因素对报表公允性、合法性的影响程度的大小，决定是否出具非标准审计报告，并与企业进行磋商。一旦一家企业被出具了非标准审计报告，那么报告的“强调事项段”或者“说明段”里所透露的信息就非常值得报表使用者关注了。

一、带强调事项段的无保留意见审计报告

强调事项段，是指审计报告中含有的一个段落，该段落提及已在财务报表中恰当列报或披露的事项，且根据注册会计师的职业判断，该事项对财务报表使用者理解财务报表至关重要。

当注册会计师出具带强调事项段的无保留意见审计报告时，说明注册会计师认为需要增加强调事项段，以对下述重要事项作出说明：

1.存在可能导致对持续经营能力产生重大疑虑的事项或情况，如连续出现巨额营业亏损或营运资本减少、公司无力支付到期债务等。注册会计师应查明被审计单位在会计报表及其附注中，对有关事实是否作了披露，以及披露是否充分。但是，如果上述对持续经营能力产生重大疑虑的事项发生的可能性较大，即使财务报表附注中已作了充分披露，注册会计师亦应在审计报告中增加强调事项段来说明该事项。增加强调事项段的目的在于向会计报表使用者就重大疑虑事项作出特别说明。

① 广泛性，是描述错报影响的术语，用以说明错报对财务报表的影响，或者由于无法获取充分、适当的审计证据而未发现的错报（如存在）对财务报表可能产生的影响。

虽然这些事项在会计报表中已作了直接披露，或者通过对会计报表的仔细阅读就可以了解到，但注册会计师仍有必要在审计报告中提醒会计报表使用者，在阅读会计报表时不应忽视这些重大事项。

2.存在可能对财务报表产生重大影响的不确定事项（持续经营问题除外），如递延费用的可收回性、所得税纠纷或诉讼案产生的或有事项、大宗应收账款的变现能力、所需融资款项是否能继续利用、出现未购买保险的地震或洪水灾害损失、与关联公司的重要交易及影响会计报表可比性的会计事项等。如果上述不确定的事项发生的可能性较大，且该事项又非常重要，即使财务报表附注中已作了充分披露，注册会计师亦应在审计报告中增加强调事项段。在特殊情况下，注册会计师会认为，被审计单位对会计准则的偏离是必要的，是为了更公允地反映其经济业务的性质，从而会避免会计报表使用者出现误解。例如，被审计单位在可预知其债务人将要破产而无法偿还其债务时，应增加坏账准备的数额。此时，注册会计师应要求被审计单位在财务报表附注中进行披露，并在审计报告的审计意见段中增加强调事项段，对这一偏离予以强调，以提醒报表使用者注意。此外，注册会计师对于审计意见段中的增加强调事项段可进行专项说明。

案例：永泰能源

永泰能源有限公司 2019 年度审计报告中出现了“强调事项段”，并附带了专项说明。该审计报告中“强调事项段”的内容如下：

“我们提醒财务报表使用者关注，如财务报表附注十四所述，2018 年 7 月 5 日，永泰能源发行的 2017 年度第四期短期融资券未能按期进行兑付，构成实质性违约。由于债务违约的出现，触发了债务交叉违约条款，相关债权人对永泰能源提起诉讼并实施了财产保全措施，影响了永泰能源的正常融资。为解决永泰能源的债务问题，永泰能源控股股东永泰集团有限公司及永泰能源采取了应对措施，以维系公司的正常生产经营，并定期公告债务化解进展情况。由于永泰能源债务涉及面较广，截至审计报告日，永泰能源尚未与永泰金融机构债权人委员会确定最终的债务重组方案并签署相关协议，未来结果存在不确定性。这些事项不影响已发表的审计意见。”

下面是和信会计师事务所对永泰能源（股票代码600157）2019 年度财务报表发表非标准审计意见的专项说明：

关于对永泰能源股份有限公司 2019 年度财务报表发表非标准审计意见的专项说明

和信综字（2020）第 000142 号

永泰能源股份有限公司全体股东：

我们接受委托，对永泰能源股份有限公司（以下简称“永泰能源”）2019 年度财务报表进行了审计，并于 2020 年 4 月 27 日出具了带有强调事项段的无保留意见审计报告（报告编号：和信审字（2020）第 000469 号）。根据中国证券监督管理委员会《公开发行证券的公司信息披露编报规则第14号——非标准审计意见及其涉及事项的处理（2018年修订）》的相关要求，现就相关事项说明如下：

一、非标准审计意见的主要内容

我们提醒财务报表使用者关注，如财务报表附注十四所述，2018年7月5日，永泰能源发行的2017年度第四期短期融资券未能按期进行兑付，构成实质性违约。由于债务违约的出现，触发了部分债务交叉违约条款，相关债权人对永泰能源提起诉讼并实施了财产保全措施，影响了永泰能源正常融资。为解决永泰能源的债务问题，永泰能源控股股东永泰集团有限公司及永泰能源采取应对措施，以维系公司的正常生产经营，并定期公告债务化解进展情况。由于永泰能源债务涉及面较广，截至审计报告日，永泰能源尚未与永泰金融机构债权人委员会确定最终的债务重组方案并签署相关协议，未来结果存在不确定性。这些事项不影响已发表的审计意见。

二、发表非标准审计意见的依据和理由

《中国注册会计师审计准则第1503号——在审计报告中增加强调事项段和其他事项段》第九条规定，“如果认为有必要提醒财务报表使用者关注已在财务报表中列报或披露，且根据职业判断认为对财务报表使用者理解财务报表至关重要的事项，则在同时满足下列条件时，注册会计师应当在审计报告中增加强调事项段：

（一）该事项不会导致注册会计师按照《中国注册会计师审计准则第1502号——在审计报告中发表非无保留意见》的规定发表非无保留意见；

（二）当《中国注册会计师审计准则第1504号——在审计报告中沟通关键审计事项》适用时，该事项未被确定为将要在审计报告中沟通的关键审计事项。”

根据上述有关规定，我们在审计报告中增加强调事项段对永泰能源债务问题做出说明。

三、非标准审计意见涉及事项对永泰能源财务状况、经营成果和现金流量的具体影响

非标准审计意见涉及事项对2019年12月31日的财务状况和2019年度的经营成果、现金流量无具体金额的影响。

四、非标准审计意见涉及事项是否属于明显违反会计准则、制度及相关信息披露规范规定的情形

截至本说明出具日，非标准审计意见涉及事项不存在明显违反会计准则、制度及相关信息披露规范的情况。

五、其他说明

本专项说明应根据证券监管机构的具体要求使用，不得用作其他用途。由使用不当造成的后果，与执行本业务的注册会计师及其所在的会计师事务所无关。

和信会计师事务所（特殊普通合伙）　　中国注册会计师：王晓楠（签章）

中国注册会计师：陆文娟（签章）

中国·济南　　二〇二〇年四月二十七日

二、带其他事项段的无保留意见审计报告

如果认为有必要沟通虽然未在财务报表中列报或披露，但根据职业判断认为与财务报表使用者理解审计工作、注册会计师的责任或审计报告相关的事项，注册会计师应当在审计报告中增加其他事项段。

如果在审计报告中包含其他事项段，注册会计师应当将该段落作为单独的一部分，并使用“其他事项”或其他适当标题。

例如，某企业某年度被出具了有解释说明段的无保留意见审计报告，该公司当年实现主营业务收入约17亿元，利润总额约1.5亿元，这样的业绩应该说还算不错。但是，注册会计师的说明段非常值得注意——该企业所属的集团公司已经累积欠其约7亿元的货款，而且该集团公司已经出现了连续数年的亏损。进一步的数据显示，该企业的关联企业对其货款的累计应收账款已经高达10亿元。对此，投资者就要多问几个问题了：该企业的对外销售是否主要依靠集团公司，依靠的程度怎样？该企业是否具有健全的销售网络，在与关联企业的销售往来中，是否存在不合理的关联方交易？已经连续数年出现亏损的集团公司是否能归还应归还该企业的巨额货款？这些问题的答案，将直接影响投资者对该企业盈利能力的评价，还将直接影响投资者对其独立经营能力的评价。

三、保留意见审计报告

当注册会计师通过审计，认为被审计单位会计报表中存在会计政策的选用、会计估计的作出或财务报表的披露不符合适用的会计准则和相关会计制度的规定时，如果注册会计师认为虽影响重大，但不至于出具否定意见的审计报告时，其就会出具保留意见审计报告；当注册会计师的审计范围受到限制，不能获取充分、适当的审计证据时，如果注册会计师认为虽影响重大，但不至于出具无法表示意见的审计报告时，就会出具保留意见审计报告。保留意见，是指注册会计师对会计报表的反映有所保留的审计意见，一般是由于某些事项的存在，使无保留意见的条件不完全具备，影响了被审计单位会计报表的表达，因而注册会计师对无保留意见加以修正，对影响事项提出保留意见，并表示对该意见负责。

注册会计师出具保留意见的审计报告时，应当在注册会计师的责任段之后、审计意见段之前增加说明段，清楚地说明导致所发表保留意见的所有原因，并在可能的情况下，指出其对财务报表的影响程度。经过审计后，注册会计师出具了保留意见的审计报告，说明注册会计师认为被审计单位会计报表所反映的事项就其整体而言是恰当的，但还存在下述问题：

1.个别重要会计事项的处理或个别重要会计报表项目的编制不符合企业会计准则及国家其他有关财务会计法规的规定，被审计单位拒绝进行调整，即被审计单位的会计处理方法与注册会计师的看法不一致，又不愿进行调整，而且这种不一致所产生的差异能够准确地计量。一般来说，注册会计师在审计过程中提出的应予以调整的项目，被审计单位已经作了处理的，或在不便调整时，已在财务报表附注中加以反映的，审计报告中就不用再表示保留意见了，而只在相应的审计工作底稿中列示。但被审计单位对于注册会计师认为比较重要的审计调整事项不进行调整的，注册会计师应将这些对审计意见有较大影响的内容在审计报告中明确提出，并说明理由，指出这次调整对被审计单位提供的会计报表可能产生的影响。

2.因审计范围受到限制，无法按照独立审计准则的要求取得应有的审计证据，即注册会计师在审计过程中应实施的审计程序，由于审计范围受到限制而无法实施，也难于实施必要的替代审计程序，而且无法实施的审计程序对被审计单位的会计报表可能产生影响。

3.个别重要会计处理方法的选用不符合一贯性原则，即被审计单位的个别会计处理方法虽符合企业会计准则及国家其他有关财务会计法规的规定，但前后各期的会计处理方法不一致，而且这种不一致导致对会计报表的影响是可以计量的。

案例：光华科技

审计报告

广东光华科技股份有限公司全体股东：

一、保留意见

我们审计了广东光华科技股份有限公司（以下简称"光华科技"）的财务报表，包括2019年12月31日的合并及母公司资产负债表，2019年度的合并及母公司利润表、合并及母公司现金流量表、合并及母公司股东权益变动表以及相关财务报表附注。

我们认为，除"形成保留意见的基础"部分所述事项可能产生的影响外，后附的财务报表在所有重大方面按照企业会计准则的规定编制，公允反映了光华科技2019年12月31日的合并及母公司财务状况以及2019年度的合并及母公司经营成果和现金流量。

二、形成保留意见的基础

100万吨/年锂辉石选矿项目相关事项：

1.如财务报表附注十三、（七）所述，公司在2019年重新确认100万吨/年锂辉石选矿项目相关联产品的可实现价值，调整了联产品的成本分配比例。我们未能对公司调整的分配比例获取充分、适当的审计证据。

2.如财务报表附注十三、（七）所述，公司以期后签订的100万吨/年锂辉石选矿项目整体转让协议中的存货转让价格作为该项目2019年期末存货可变现净值的依据，存货转让价格高于期末存货余额。我们认为公司以期后整体转让事项中存货转让价格作为判断资产负债表日存货是否存在跌价的依据不恰当，无法就该项目相关存货跌价准备的充分性获取充分、适当的审计证据。

我们按照中国注册会计师审计准则的规定执行了审计工作。审计报告的"注册会计师对财务报表审计的责任"部分进一步阐述了我们在这些准则下的责任。按照中国注册会计师职业道德守则，我们独立于光华科技，并履行了职业道德方面的其他责任。我们相信，我们获取的审计证据是充分、适当的，为发表保留意见提供了基础。

三、关键审计事项

关键审计事项是我们根据职业判断，认为对本期财务报表审计最为重要的事项。这些事项的应对以对财务报表整体进行审计并形成审计意见为背景，我们不对这些事项单独发表意见。除“形成保留意见的基础”部分所描述的事项外，我们确定下列事项是需要在审计报告中沟通的关键审计事项：

1.事项描述

贵公司及其子公司主要从事专用化学品等的生产和销售业务。2019年度，贵公司主营业务收入为169 030.75万元，同期增长11.97%。公司销售收入主要来源于国内销售，国内销售以所售商品所有权上的风险和报酬转移至购货方的时点作为收入确认时点：公司将商品委托给具备资质的第三方货运公司承运，第三方货运公司将货物送至客户指定地点并将获取的客户签收单带回公司，财务部收到经客户确认的送货单后，确认已将商品所有权上的主要风险和报酬转移给购货方，开具销售发票确认收入实现。由于收入是贵公司的关键业绩指标之一，从而存在管理层为了达到特定目标或期望而操纵收入确认时点的固有风险，我们将贵公司收入确认识别为关键审计事项。

关于收入请参阅财务报表附注“三、公司重要会计政策和会计估计”（二十三）所述的会计政策及“五、合并财务报表项目注释”（三十六）。

2.审计应对

与评价收入确认相关的审计程序包括：

（1）了解和评价管理层与收入确认相关的关键内部控制的设计和运行有效性；

（2）选取样本检查销售合同或订单，识别与商品所有权上的风险和报酬转移相关的合同条款与条件，评价贵公司的收入确认时点是否符合企业会计准则的要求；

（3）对本年记录的收入交易选取样本，核对发票、销售出库单以及物流单或签收单，评价相关收入确认是否符合贵公司收入确认的会计政策；

（4）就资产负债表日前后记录的收入交易，选取样本，核对出库单及其他支持性文件，评价收入是否被记录于恰当的会计期间；

（5）根据客户交易的金额，挑选样本执行函证程序；

（6）分析并核查公司的主要客户及其变化情况，选取部分本年新增的大额客户进行访谈，以确认应收账款余额和销售收入金额。

四、其他信息

光华科技管理层（以下简称“管理层”）对其他信息负责。其他信息包括光华科技2019年年度报告中涵盖的信息，但不包括财务报表和我们的审计报告。我们对财务报表发表的审计意见不涵盖其他信息，我们也不对其他信息发表任何形式的鉴证结论。结合我们对财务报表的审计，我们的责任是阅读其他信息，在此过程中，考虑其他信息是否与财务报表或我们在审计过程中了解到的情况存在重大不一致或者似乎存在重大错报。基于我们已执行的工作，如果我们确定其他信息存在重大错报，我们应当报告该事实。如上述“形成保留意见的基础”部分所述，由于该事项对本期数据和对应数据可能存在影响，因此，我们无法确定与该事项相关的其他信息是否存在重大错报。

五、管理层和治理层对财务报表的责任

管理层负责按照企业会计准则的规定编制财务报表，使其实现公允反映，并设计、执行和维护必要的内部控制，以使财务报表不存在由舞弊或错误导致的重大错报。在编制财务报表时，管理层负责评估光华科技的持续经营能力，披露与持续经营相关的事项（如适用），并运用持续经营假设，除非计划进行清算、终止运营或别无其他现实的选择。治理层负责监督光华科技的财务报告过程。

六、注册会计师对财务报表审计的责任

我们的目标是对财务报表整体是否不存在由舞弊或错误导致的重大错报获取合理保证，并出具包含审计意见的审计报告。合理保证是高水平的保证，但并不能保证按照审计准则执行的审计在某一重大错报存在时总能将其发现。错报可能由舞弊或错误导致，如果合理预期错报单独或汇总起来可能影响财务报表使用者依据财务报表作出的经济决策，则通常认为错报是重大的。

在按照审计准则执行审计工作的过程中，我们运用职业判断，并保持职业怀疑。同时，我们也执行了以下工作：

（1）识别和评估由舞弊或错误导致的财务报表重大错报风险，设计和实施审计程序以应对这些风险，并获取充分、适当的审计证据，作为发表审计意见的基础。由于舞弊可能涉及串通、伪造、故意遗漏、虚假陈述或凌驾于内部控制之上，未能发现由舞弊导致的重大错报的风险高于未能发现由错误导致的重大错报的风险。

（2）了解与审计相关的内部控制，以设计恰当的审计程序。

（3）评价管理层选用会计政策的恰当性和作出会计估计及相关披露的合理性。

（4）对管理层使用持续经营假设的恰当性得出结论。同时，根据获取的审计证据，就可能导致对光华科技持续经营能力产生重大疑虑的事项或情况是否存在重大不确定性得出结论。如果我们得出结论认为存在重大不确定性，审计准则要求我们在审计报告中提请报表使用者注意财务报表中的相关披露；如果披露不充分，我们应当发表非无保留意见。我们的结论基于截至审计报告日可获得的信息。然而，未来的事项或情况可能导致光华科技不能持续经营。

（5）评价财务报表的总体列报（包括披露）、结构和内容，并评价财务报表是否公允反映相关交易和事项。

（6）就光华科技中实体或业务活动的财务信息获取充分、适当的审计证据，以对财务报表发表审计意见。我们负责指导、监督和执行集团审计，并对审计意见承担全部责任。我们与治理层就计划的审计范围、时间安排和重大审计发现等事项进行沟通，包括沟通我们在审计中识别出的值得关注的内部控制缺陷。

我们还就已遵守与独立性相关的职业道德要求向治理层提供声明，并与治理层沟通可能被合理认为影响我们独立性的所有关系和其他事项，以及相关的防范措施（如适用）。从与治理层沟通过的事项中，我们确定哪些事项对本期财务报表审计最为重要，因而构成关键审计事项。我们在审计报告中描述这些事项，除非法律法规禁止公开披露这些事项，或在极少数情形下，如果合理预期在审计报告中沟通某事项造成的负面后果超过在公众利益方面产生的益处，我们确定不应在审计报告中沟通该事项。

立信会计师事务所	中国注册会计师：李新航
（特殊普通合伙）	中国注册会计师：周少鹏
中国·上海	二〇二〇年四月二十九日

报表使用者可以从这些保留意见中得到的最重要、最有用的信息是：这些意见是否已经影响并在多大程度上影响了特定企业当年损益的确定，是否会影响过去和未来该企业损益的确定及影响的程度有多深。进一步来说，如果注册会计师出具的保留意见审计报告所揭示的因素对企业影响重大，那么这种影响是否已经威胁该企业的发展前景，甚至威胁企业的可持续发展等。总之，结合被出具保留意见审计报告的企业报表，深入分析保留意见背后企业的实质性状况和深层次趋势，才是投资者应该从非标准审计报告中得到的重要信息。

四、否定意见审计报告

所谓发表否定意见，是指与无保留意见相反，提出否定会计报表公允地反映被审计单位财务状况、经营成果和现金流量的审计意见。当被审计单位的会计报表中存在会计政策、会计估计、财务报表披露不符合适用的会计准则，审计范围受到限制等对会计报表的影响程度在一定范围内时，注册会计师可以发表保留意见。但是如果其影响程度超出一定范围，以致会计报表无法被接受，被审计单位的会计报表就会失去其价值，注册会计师就不能发表保留意见，又不应不发表意见，那么注册会计师就只能发表否定意见。如果注册会计师认为财务报表没有按照适用的会计准则和相关会计制度的规定编制，未能在所有重大方面公允反映被审计单位的财务状况、经营成果和现金流量，由此，会计报表反映的信息严重歪曲了被审计单位的财务状况、经营成果和现金流量，并且被审计单位拒绝进行调整，或者企业的持续经营能力已受到重大影响，注册会计师就会出具否定意见的审计报告。

案例：哥仑步

审计报告

福建哥仑步户外用品股份有限公司管理人：

一、否定意见

我们审计了福建哥仑步户外用品股份有限公司（以下简称“哥仑步公司”）的财务报表，包括2019年12月31日的合并及母公司资产负债表，2019年度的合并及母公司利润表、合并及母公司现金流量表、合并及母公司股东权益变动表，以及财务报表附注。

我们认为，由于“形成否定意见的基础”部分所述事项的重要性，后附的财务报表没有在所有重大方面按照企业会计准则的规定编制，未能公允反映哥仑步公司2019年12月31日的合并及母公司财务状况以及2019年度的合并及母公司经营成果和现金流量。

二、形成否定意见的基础

截至审计报告日，哥仑步公司已被福建省福州市马尾区人民法院裁定终止重整程序，并宣告破产，我们认为其仍按照与持续经营相关的财务报告编制基础编制2019年度财务报告，没有在所有重大方面按照企业会计准则的规定编制，未能公允反映哥仑步公司2019年12月31日的合并及母公司财务状况以及2019年度的合并及母公司经营成果和现金流量。

同时，哥仑步公司的原董事长、控股股东及实际控制人魏庆华辞职失联，且董监高、关键管理人员频繁离职，导致其生产经营活动处于停滞状态，也导致我们审计过程中无法针对合并及母公司财务报表多个要素获取充分、适当的审计证据为发表审计意见提供基础。其主要内容如下：

1.与持续经营能力相关的重大事项

哥仑步公司已连续5年亏损，资不抵债。公司合并报表反映截至2019年12月31日，累计未分配利润为-342 740 311.62元，净资产为-205 184 564.05元；重要子公司福州乾人服装有限公司已停产，其自有房产和土地使用权等主要资产均已抵押给兴业银行福州分行，且已被查封。哥仑步公司仍存在大额逾期银行借款、逾期应交税费和逾期应付利息。2017年10月25日，公司收到福建省福州市马尾区人民法院发来的编号为“（2017）闽0105破申4号”的民事裁定书，其已同意受理郑政雄对福建哥仑步户外用品股份有限公司的重整申请。2017年12月28日，公司收到福建省福州市马尾区人民法院发来的编号为“（2017）闽0105破4号”的民事裁定书，债务人哥仑步公司以福州乾人服装有限公司为其全资子公司，乾人公司以与哥仑步公司存在人格、财产高度混同为由申请将乾人公司并入哥仑步公司进行合并重整，法院依法通知乾人公司，同意其与哥仑步公司进行合并重整。2019年12月30日，哥仑步公司收到福建省福州市马尾区人民法院作出的编号为“（2017）闽0105破4号之四”的民事裁定书。因提交重整计划草案期限届满，哥仑步公司未能提交重整计划草案，且无投资人参与重整，管理人依据《中华人民共和国企业破产法》第七十九条第三款的规定，向法院申请终止破产重整程序并要求宣告哥仑步公司破产。根据《中华人民共和国破产法》第七十九条第三款之规定，法院裁定终止哥仑步公司的重整程序，并宣告哥仑步公司破产。由于破产清算涉及的破产财产变价、分配等方案尚未确定，方案的研讨、审议以及执行等所需时间较长，为保证信息披露的公平，维护投资者利益，哥仑步破产管理人根据中国证券监督管理委员会和全国中小企业股份转让系统关于信息披露的相关规定，审议决定哥仑步公司按照与持续经营相关的财务报告编制基础编制2019年度财务报告。由于前段所述事项的重要性，我们认为按照与持续经营相关的财务报告编制基础编制2019年度财务报告，没有在所有重大方面按照企业会计准则的规定编制，未能公允反映哥仑步公司2019年12月31日的合并及母公司财务状况以及2019年度的合并及母公司经营成果和现金流量。

2.涉及财务报表期初数的事项

由于哥仑步公司2015年、2016年、2017年、2018年被出具无法表示意见的审计报告，同时鉴于企业董事、监事和高级管理人员的重大变化，审计人员无法实施有效的函证程序和其他替代审计程序，以对截至2018年12月31日的往来款项和存货余额获取充分、适当的审计证据，因此，我们无法确定是否有必要对应收款项、应付款项以及财务报表其他项目做出调整，也无法确定应调整的金额，并导致对本期的期初余额无法确认。

3.涉及往来款项确认的事项

截至2019年12月31日，哥仑步公司对应收账款余额72 558 591.09元计提坏账准备70 168 582.04元，对其他应收款余额15 486 819.51元计提坏账准备15 409 437.61元，对预付账款余额5 687 990.10元计提坏账准备5 090 052.35元，应付账款余额为44 771 112.81元，预收账款余额为7 264 592.60元，其他应付款余额为48 871 023.34元。我们无法实施有效的函证程序，也无法实施其他替代审计程序，以对截至2019年12月31日的应收款项、应付款项余额获取充分、适当的审计证据，因此，我们无法确定是否有必要对应收款项、应付款项以及财务报表其他项目做出调整，也无法确定应调整的金额。

4.涉及存货账面价值和数量的事项

截至2019年12月31日，哥仑步公司存货的账面价值为230 910.57元。我们无法实施有效的盘点程序，也无法实施其他替代审计程序，以对截至2019年12月31日的存货余额、跌价准备、存货数量、营业收入和营业成本获取充分、适当的审计证据，因此，我们无法确定是否有必要对存货余额、跌价准备、营业收入和营业成本以及财务报表其他项目做出调整，也无法确定应调整的金额。我们按照中国注册会计师审计准则的规定执行了审计工作。审计报告的“注册会计师对财务报表审计的责任”部分进一步阐述了我们在这些准则下的责任。按照中国注册会计师职业道德守则，我们独立于哥仑步公司，并履行了职业道德方面的其他责任。

我们相信，我们获取的审计证据是充分、适当的，为发表否定意见提供了基础。

三、其他信息

哥仑步公司管理人（以下简称“管理人”）对其他信息负责。其他信息包括哥仑步公司 2019 年度财务报告中涵盖的信息，但不包括财务报表和我们的审计报告。我们对财务报表发表的审计意见不涵盖其他信息，我们也不对其他信息发表任何形式的鉴证结论。结合我们对财务报表的审计，我们的责任是阅读其他信息，在此过程中，考虑其他信息是否与财务报表或我们在审计过程中了解到的情况存在重大不一致或者似乎存在重大错报。基于我们已执行的工作，如果我们确定其他信息存在重大错报，我们应当报告该事实。在这方面，我们无任何事项需要报告。

四、管理人对财务报表的责任

管理人负责按照企业会计准则的规定编制财务报表，使其实现公允反映，并设计、执行和维护必要的内部控制，以使财务报表不存在由舞弊或错误导致的重大错报。在编制财务报表时，管理人负责评估哥仑步公司的持续经营能力，披露与持续经营相关的事项（如适用），并运用持续经营假设，除非管理人计划清算哥仑步公司、终止运营或别无其他现实的选择。管理人负责监督哥仑步公司的财务报告过程。

五、注册会计师对财务报表审计的责任

我们的目标是对财务报表整体是否不存在由舞弊或错误导致的重大错报获取合理保证，并出具包含审计意见的审计报告。合理保证是高水平的保证，但并不能保证按照审计准则执行的审计在某一重大错报存在时总能将其发现。错报可能由舞弊或错误导致，如果合理预期错报单独或汇总起来可能影响财务报表使用者依据财务报表做出的经济决策，则通常认为错报是重大的。

在按照审计准则执行审计工作的过程中，我们运用职业判断，并保持职业怀疑。同时，我们也执行了以下工作：

（一）识别和评估由舞弊或错误导致的财务报表重大错报风险，设计和实施审计程序以应对这些风险，并获取充分、适当的审计证据，作为发表审计意见的基础。由于舞弊可能涉及串通、伪造、故意遗漏、虚假陈述或凌驾于内部控制之上，未能发现由舞弊导致的重大错报的风险高于未能发现由错误导致的重大错报的风险。

（二）了解与审计相关的内部控制，以设计恰当的审计程序，但目的并非对内部控制的有效性发表意见。

（三）评价管理人选用会计政策的恰当性和做出会计估计及相关披露的合理性。

（四）对管理人使用持续经营假设的恰当性得出结论。同时，根据获取的审计证据，就可能导致对哥仑步公司持续经营能力产生重大疑虑的事项或情况是否存在重大不确定性得出结论。如果我们得出结论认为存在重大不确定性，审计准则要求我们在审计报告中提请报表使用者注意财务报表中的相关披露；如果披露不充分，我们应当发表非无保留意见。我们的结论基于截至审计报告日可获得的信息，然而，未来的事项或情况可能导致哥仑步公司无法持续经营。

（五）评价财务报表的总体列报、结构和内容，并评价财务报表是否公允反映相关交易和事项。

（六）就哥仑步公司中实体或业务活动的财务信息获取充分、适当的审计证据，以对财务报表发表审计意见。我们负责指导、监督和执行集团审计，并对审计意见承担全部责任。

我们与管理人就计划的审计范围、时间安排和重大审计发现等事项进行沟通，包括沟通我们在审计中识别出的值得关注的内部控制缺陷。

中审众环会计师事务所（特殊普通合伙）　　中国注册会计师：林东

中国注册会计师：江旺生

中国·武汉　　二〇二〇年四月二十八日

资料来源：全国中小企业股份转让系统官网，http：//www.neeq.com.cn/index.html 2020-05-06.

如果一家公司被出具无法表示意见或否定意见审计报告，其资产状况肯定已经恶化到了一定程度。值得我们关注的是被出具保留意见类审计报告的企业，往往在其审计报告的说明段中，隐含着将来可能出现重大不良状况的信息。

五、无法表示意见审计报告

注册会计师在审计过程中，由于审计范围受到委托人、被审计单位或客观环境的严重限制，不能获取必要的审计证据，并且审计范围受到限制可能产生的影响非常重大和广泛，以致无法对会计报表发表审计意见时，应当出具无法表示意见审计报告。无法表示意见，是指注册会计师说明其对被审计单位的会计报表不能发表意见，也即对会计报表不发表包括肯定、否定和保留的审计意见。

注册会计师出具无法表示意见审计报告，是注册会计师实施了必要的审计程序后发表审计意见的一种方式。如果注册会计师已能确定应当出具保留意见或否定意见审计报告，就不得以无法表示意见审计报告来代替。保留意见或否定意见是注册会计师在取得充分、适当的审计证据后形成的，由于被审计单位存在某些未调整事项或未确定事项等，按其影响的严重程度而表示保留或否定的意见，并不是无法判断使用的措辞。无法表示意见是由于某些限制而未对某些重要事项取得证据，没有完成取证工作，使得注册会计师无法判断问题的归属。

案例：中新科技

审计报告

中新科技集团股份有限公司全体股东：

我们接受委托，审计了中新科技集团股份有限公司（以下简称“中新科技公司”）2019年度财务报表，包括2019年12月31日的合并及母公司资产负债表，2019年度的合并及母公司利润表、合并及母公司现金流量表、合并及母公司股东权益变动表以及财务报表附注，并于2019年4月28日出具了无法表示意见的审计报告（中兴财光华审会字（2019）第318146号）。

根据中国证券监督管理委员会《公开发行证券的公司信息披露编报规则第14号——非标准审计意见及其涉及事项的处理》（2018年修订）及《上海证券交易所股票上市规则》的要求，现就相关事项说明如下：

一、无法表示意见涉及的事项

（一）截至报告出具日，中新科技公司管理层确认关联方——中新产业集团有限公司、中新国贸集团有限责任公司、浙江新世纪国际物流有限公司占用中新科技公司资金事项尚未解决，以上关联方共占用资金本金66 193.70万元，应计利息4 343.42万元，尚未归还。上述关联方资金占用主要通过中新科技公司的供应商转款给关联方形成，由于中新科技公司未提供形成上述资金占用事项的完整证据链，我们未能获取充分证据证明上述金额的准确性、完整性和真实性。

（二）截至2019年12月31日，中新科技公司合并应收账款及应收款项融资余额合计为116 214.41万元，占期末资产总额的55.59%，账面计提坏账准备余额为63 544.25万元，我们实施了函证等我们认为必要的审计程序，发出函证金额合计111 408.27万元。截至审计报告出具日，由于应收账款及应收款项融资未收到回函108 163.92万元，回函不符3 244.35万元，我们未能通过函证等有效程序确认期末应收账款及应收款项融资是否可收回，我们也未能通过执行替代程序以确认期末应收账款及应收款项融资是否可收回，由此无法判断计提坏账准备金额的充分性和完整性。

（三）2019年12月31日，中新科技公司其他应收款余额为83 318.66万元，其计提了坏账准备40 153.25万元。由于中新科技公司未提供形成其他应收款的完整证据及坏账准备的计提依据，我们无法核实该款项是否可收回，无法判断其计提的坏账准备金额是否合理。

（四）2019年12月31日，中新科技公司预付账款余额为25 326.41万元。截至审计报告出具日，我们共收到预付账款函证回函金额18.32万元，占预付款余额的0.07%。由于中新科技公司未提供形成预付账款的合理证据，我们无法核实该款项是否可收回，无法判断预付账款是否与中新科技公司的经营相关，其是否具有真实采购交易背景。

（五）2019年度，中新科技公司及纳入合并范围的子公司共发生存货盘亏、报损16 962.44万元，其被列入“管理费用”科目，我们未能获取充分适当的证据以核实该事项的真实性。

（六）由于以下导致持续经营重大不确定因素，我们未能获取充分证据，以判断中新科技公司持续经营假设的合理性：

1.中新科技公司2019年度账面净亏损195 159.71万元，截至2019年12月31日，其账面净资产为-54 870.65万元，至报告日未见明显改善。

2.中新科技公司自2020年1月起基本处于停工状态，截至报告出具日，中新科技公司尚未启动复工复产。

3.截至报告出具日，如附注九、2所述，中新科技公司及各合并范围内子公司被多次列入法院执行名单。

4.公司与邳州经济开发区经发建设有限公司、江苏融运建设工程有限公司重组终止，目前没有新的确定的重组计划，未签订新的重组协议。

二、发表无法表示意见的理由和依据

上述事项影响中新科技公司2019年度财务报表的多个项目，其可能存在的未发现的错报对公司2019年度财务报表可能产生的影响重大且具有广泛性，但由于审计范围受到限制，我们无法获取充分、适当的审计证据，无法确定是否有必要对中新科技公司2019年度财务报表做出调整。按照《中国注册会计师审计准则第1502号——在审计报告中发表非无保留意见》第七条的规定，当无法获取充分、适当的审计证据，不能得出财务报表整体不存在重大错报的结论时，注册会计师应当发表非无保留意见；其第十条规定，如果无法获取充分、适当的审计证据以作为形成审计意见的基础，但认为未发现的错报（如存在）对财务报表可能产生的影响重大且具有广泛性，注册会计师应当发表无法表示意见。因此，我们对中新科技公司2019年度财务报表发表了无法表示意见的审计报告。

三、无法表示意见涉及的事项是否存在注册会计师依据已获取的审计证据能够确定存在重大错报的情形

由于审计范围受到限制，我们无法获取充分、适当的审计证据，无法确定无法表示意见涉及的事项是否存在重大错报。

四、无法表示意见涉及的事项对报告期内公司财务状况、经营成果和现金流量可能的影响金额

由于无法获取充分、适当的审计证据，我们无法确定无法表示意见涉及的事项对中新科技公司报告期内财务状况、经营成果和现金流量可能的影响金额，以及是否导致公司盈亏性质的变化。

本专项说明仅供中新科技公司2019年度报告披露之目的使用，不适用于其他用途。

中兴财光华会计师事务所　　　　中国注册会计师：王焕军

（特殊普通合伙）　　　　中国注册会计师：杨如玉

中国·北京　　　　二〇二〇年四月二十八日

对审计范围受限的审计报告应该特别予以关注。例如，某企业合并报表反映企业盈利，而注册会计师出具的报告里有“无法对该公司××子公司实施实地审计”

的说明。注册会计师的这一说明极为关键，报表使用者据此可以判断这家企业的“猫腻”就在这家没法让会计师实地审计的子公司身上。如果这家子公司具有良好的盈利能力，恐怕就不会成为审计受限对象，因此这家企业的盈利也是值得怀疑的。

综合练习题

单项选择题

1. 注册会计师经过审计后，认为被审计单位会计报表同时符合了合法性、公允性、一贯性，审计过程中审计范围未受限制，也不存在应调整而未调整的事项等，就应出具（　　）。

A. 标准无保留意见审计报告　　B. 保留意见审计报告

C. 否定意见审计报告　　D. 无法表示意见审计报告

2. 下列各项中，（　　）说明被审计单位的内部控制制度较为完善，可以使审计报告的使用者对被审计单位的财务状况、经营成果和现金流量产生较高的信赖感。

A. 无保留意见审计报告　　B. 保留意见审计报告

C. 否定意见审计报告　　D. 无法表示意见审计报告

3. 属于非标准审计报告的是（　　）。

A. 无保留意见审计报告　　B. 无保留带强调事项段审计报告

C. 保留意见审计报告　　D. 无法表示意见审计报告

4. 注册会计师认为被审计对象偏离已颁布的会计准则时，会出具（　　）。

A. 无保留意见审计报告　　B. 无保留带强调事项段审计报告

C. 保留意见审计报告　　D. 无法表示意见审计报告

5. 不属于需出具无保留带强调事项段审计报告的情况的是（　　）。

A. 审计范围受到限制

B. 会计政策的选用不符合适用的会计准则

C. 财务报表的披露不充分

D. 存在重大的不确定事项

6. 因审计范围受到限制，无法按照独立审计准则的要求取得应有的审计证据时，注册会计师可以出具（　　）。

A. 无保留意见审计报告　　B. 无保留带强调事项段审计报告

C. 保留意见审计报告　　D. 无法表示意见审计报告

7. 当未调整事项、未确定事项、违反一贯性原则的事项等对会计报表的影响程度在一定范围内时，注册会计师可以发表（　　）。

A. 标准无保留意见审计报告　　B. 保留意见审计报告

C.否定意见审计报告　　D.无法表示意见审计报告

8.注册会计师在审计过程中，由于审计范围受到委托人、被审计单位或客观环境的严重限制，不能获取必要的审计证据，以致无法对会计报表发表审计意见时，应当出具（　　）审计报告。

A.标准无保留意见　　B.保留意见

C.否定意见　　D.无法表示意见

9.如果注册会计师由于某些限制而未对某些重要事项取得证据，没有完成取证工作，使得注册会计师无法判断问题的归属，可以出具（　　）审计报告。

A.无保留意见　　B.保留意见

C.否定意见　　D.无法表示意见

10.注册会计师在出具保留意见、否定意见或无法表示意见的审计报告时，应在意见段前增加说明段，明确说明理由，并在可能的情况下，指出其（　　）。

A.对审计意见的影响　　B.对财务报表反映的影响程度

C.对财务报表审计过程的影响　　D.对被审计单位财务状况的影响程度

判断题

1.审计报告中不会使用“完全正确”“绝对公允”等词汇，但会使用“大致反映”“基本反映”等模糊不清、态度不明的措辞。（　　）

2.会计师仅仅承担审计责任，其不能减除被审计单位对会计报表承担的会计责任。（　　）

3.若对其他注册会计师的工作无法进行复查，或由其他注册会计师代为审核的部分在整个会计报表中很重要，应采用在审计报告的意见段后增加说明段的方式，在说明段中说明其他注册会计师的工作。（　　）

4.存在重大差异时，即使该差异不是由审计会计报表而造成的，注册会计师也不能出具无保留意见审计报告。（　　）

5.若被审计单位的会计政策或会计处理方法出现变动，且注册会计师认为这种变动是合理的，就应在审计报告的意见段之后增加说明段，向审计报告使用者说明这一变动，并说明这种变动的性质。（　　）

6.一般来说，注册会计师在审计过程中提出的应予以调整的项目，被审计单位已经做了处理的，或在不便调整时，在财务报表附注中加以反映的，审计报告中就不再予以保留，只在相应的审计工作底稿中列示。（　　）

7.公司的持续经营能力已受到重大影响时，审计人员应该出具保留意见审计报告。（　　）

8.注册会计师在审计过程中，由于审计范围受到委托人、被审计单位或客观环境的严重限制，而不能获取必要的审计证据，或对公司的持续经营能力表示怀疑，以致无法对会计报表发表审计意见时，应当出具无法表示意见审计报告。（　　）

9.无法表示意见是注册会计师在取得充分、适当的审计证据后形成的，由于被审计单位存在某些未调整事项或未确定事项等，按其影响的严重程度而表示保留或否定的意见。（ ）

10.在审计报告日前无法获得所有其他信息时，注册会计师应当在审计报告日后尽早阅读其他信息以识别会计报表与其他信息间的重大不一致。（ ）

分析题

1.举例说明如何阅读保留意见审计报告。

2.举例说明如何阅读无法表示意见审计报告。

附录 新新集团股份有限公司2×20年度财务报告

一、审计报告

新新集团股份有限公司全体股东：

一、审计意见

我们审计了新新集团股份有限公司（以下简称“新新公司”）的财务报表，包括2×20年12月31日的合并及母公司资产负债表，2×20年度的合并及母公司利润表、合并及母公司现金流量表、合并及母公司股东权益变动表，以及相关财务报表附注。

我们认为，后附的财务报表在所有重大方面按照企业会计准则的规定编制，公允反映了新新公司2×20年12月31日的合并及母公司财务状况以及2×20年度的合并及母公司经营成果和现金流量。

二、形成审计意见的基础

我们按照中国注册会计师审计准则的规定执行了审计工作。审计报告的“注册会计师对财务报表审计的责任”部分进一步阐述了我们在这些准则下的责任。按照中国注册会计师职业道德守则，我们独立于新新公司，并履行了职业道德方面的其他责任。

我们相信，我们获取的审计证据是充分、适当的，为发表审计意见提供了基础。

三、关键审计事项

关键审计事项是我们根据职业判断，认为对本期财务报表审计最为重要的事项。

这些事项的应对以对财务报表整体进行审计并形成审计意见为背景，我们不对这些事项单独发表意见。

我们确定下列事项是需要在审计报告中沟通的关键审计事项：

零售业务收入确认

1. 事项描述

参见财务报表附注19营业收入和附注20营业成本。合并营业收入14 968 77万元，主要为商品零售收入，是其利润主要来源，其零售业务交易频繁，且销售客户主要为个人。商品零售收入的确认主要依赖信息系统，收入的确认计量是否准确直接影响财务报表的准确性，因此我们将收入确认作为关键审计事项。

2. 审计应对

我们针对零售业务收入确认实施的重要审计程序包括：

（1）评估及测试销售循环的内部控制制度及流程的设计及执行有效性。

（2）执行销售系统的一般控制及应用控制测试程序，评估系统的安全性及不可更改性，测试销售数据传输的准确性与及时性；对销售系统及财务系统的数据进行核对比较分析。

（3）执行收入成本的分析性程序，结合店铺促销活动推广情况检查各月收入变动情况，分析同期毛利率变动情况，核实销售收入及毛利的合理性。

（4）选取样本检查店铺财务销售收入是否与销售日报表、收银日报表一致，抽查相应的销售流水、收银回单等是否与销售系统记录一致。

（5）结合银行流水回款情况等验证收入确认的真实性。

（6）检查接近基准日前后的销售及回款记录，确认收入是否被记录于正确的会计期间。

基于已执行的审计工作，我们认为，管理层对营业收入的确认、计量及披露是合理的。

四、其他信息

新新公司管理层（以下简称“管理层”）对其他信息负责。其他信息包括2×20年度报告中涵盖的信息，但不包括财务报表和我们的审计报告。

我们对财务报表发表的审计意见不涵盖其他信息，我们也不对其他信息发表任何形式的鉴证结论。

结合我们对财务报表的审计，我们的责任是阅读其他信息，在此过程中，考虑其他信息是否与财务报表或我们在审计过程中了解的情况存在重大不一致或者是否存在重大错报。

基于我们已执行的工作，如果我们确定其他信息存在重大错报，我们应当报告该事实。在这方面，我们无任何事项需要报告。

五、管理层和治理层对财务报表的责任

新新公司管理层负责按照企业会计准则的规定编制财务报表，使其实现公允反映，并设计、执行和维护必要的内部控制，以使财务报表不存在由舞弊或错误导致的重大错报。

在编制财务报表时，管理层负责评估新新公司的持续经营能力，披露与持续经营相关的事项（如适用），并运用持续经营假设，除非管理层计划清算新新公司，终止营运或别无其他现实的选择。治理层负责监督新新公司的财务报告过程。

六、注册会计师对财务报表审计的责任

我们的目标是对财务报表整体是否不存在由舞弊或错误导致的重大错报获取合理保证，并出具包含审计意见的审计报告。合理保证是高水平的保证，但并不能保证按照审计准则执行的审计在某一重大错报存在时总能予以发现。错报可能由舞弊或错误导致，如果合理预期错报单独或汇总起来可能影响财务报表使用者依据财务报表做出的经济决策，则通常认为错报是重大的。

在按照审计准则执行审计工作的过程中，我们运用职业判断，并保持职业怀疑。同时，我们也执行了以下工作：

（1）识别和评估由舞弊或错误导致的财务报表重大错报风险，设计和实施审计程序以应对这些风险，并获取充分、适当的审计证据，作为发表审计意见的基础。由于舞弊可能涉及串通、伪造、故意遗漏、虚假陈述或凌驾于内部控制之上，未能发现由舞弊导致的重大错报的风险高于未能发现由错误导致的重大错报的风险。

（2）了解与审计相关的内部控制，以设计恰当的审计程序。

（3）评价管理层选用会计政策的恰当性和做出会计估计及相关披露的合理性。

（4）对管理层使用持续经营假设的恰当性得出结论。同时，根据获取的审计证据，就可能导致对新新公司持续经营能力产生重大疑虑的事项或情况是否存在重大不确定性得出结论。如果我们得出结论认为存在重大不确定性，审计准则要求我们在审计报告中提请报告使用者注意财务报表中的相关披露；如果披露不充分，我们应当发表非无保留意见。我们的结论基于截至审计报告日可获得的信息，然而，未来的事项或情况可能导致新新公司无法持续经营。

（5）评价财务报表的总体列报、结构和内容（包括披露），并评价财务报表是否公允反映相关交易和事项。

（6）就新新公司中实体或业务活动的财务信息获取充分、适当的审计证据，以对财务报表发表意见。我们负责指导、监督和执行集团审计。我们对审计意见承担全部责任。

我们与治理层就计划的审计范围、时间安排和重大审计发现等事项进行沟通，包括沟通我们在审计中识别出的值得关注的内部控制缺陷。

我们还就已遵守与独立性相关的职业道德要求向治理层提供声明，并与治理层沟通可能被合理认为影响我们独立性的所有关系和其他事项，以及相关的防范措施（如适用）。

从与治理层沟通过的事项中，我们确定哪些事项对本期财务报表审计最为重要，因而构成关键审计事项。我们在审计报告中描述这些事项，除非法律法规禁止公开披露这些事项，或在极少数情形下，如果合理预期在审计报告中沟通某事项造成的负面后果超过在公众利益方面产生的益处，我们确定不应在审计报告中沟通该事项。

北京天华会计师事务所　　　　　　　　　　中国注册会计师：王　玉

　　　　　　　　　　　　　　　　　　　　中国注册会计师：王德海

中国·北京　　　　　　　　　　　　　　　　二×二一年四月十日

二、会计报表

（一）资产负债表

1.合并资产负债表

合并资产负债表

编制单位：新新公司　　　　2×20年12月31日　　　　单位：元

资　产	附注	期末余额	年初余额	负债和所有者权益（或股东权益）	附注	期末余额	年初余额
流动资产				流动负债			
货币资金		1 259 569 873.95	1 046 591 825.60	短期借款	12	789 942 000.00	1 010 600 000.00
交易性金融资产				交易性金融负债			
衍生金融资产				应付票据		324 615 825.50	329 230 852.63
应收票据	1	30 000.00	0.00	应付账款	13	2 059 088 811.80	1 494 254 959.89
应收账款	2	16 767 088.25	17 723 793.34	预收款项	14	567 195 712.67	233 934 434.84
应收款项融资				合同负债			
预付款项	3	262 038 971.25	200 655 937.66	应付职工薪酬		217 637 460.65	212 139 320.59
其他应收款	4	477 100 601.83	380 901 984.92	应交税费		116 494 100.57	181 417 101.99
存货	5	1 478 132 929.95	1 046 885 184.68	其他应付款	15	1 059 092 392.45	1 022 292 938.28
合同资产				持有待售的负债			
持有待售资产				一年内到期的非流动负债		232 578 211.41	173 842 006.04
一年内到期的非流动资产				其他流动负债			
其他流动资产				流动负债合计		5 366 644 515.05	4 657 711 614.26
流动资产合计		3 493 639 465.23	2 692 758 726.20	非流动负债			
债权投资				长期借款		571 232 520.24	199 119 292.54
其他债权投资				应付债券			
长期应收款				租赁负债		142 808 130.06	124 779 823.13
长期股权投资	6	12 733 052.59	12 633 052.59	长期应付款			
其他权益工具投资				预计负债			
其他非流动金融资产				递延收益			
投资性房地产		41 423 469.60	18 819 970.83	递延所得税负债		24 694 034.29	47 371 201.88
固定资产	7	3 233 798 517.74	2 990 766 563.32	其他非流动负债			
在建工程		167 267 109.94	73 272 619.13	非流动负债合计		738 734 684.59	371 270 317.55
生产性生物资产				负债合计		6 105 379 199.64	5 028 981 931.81
油气资产				所有者权益（或股东权益）			
使用权资产		808 449 629.43	747 691 640.83	实收资本（或股本）	16	293 718 653.00	293 718 653.00
无形资产	8	944 501 706.46	964 432 799.45	其他权益工具			
开发支出				资本公积	17	1 476 184 222.20	1 451 184 874.00
商誉		112 333 160.99	102 678 364.45	其他综合收益		-25 868 066.25	24 999 348.20
长期待摊费用	9	211 697 208.36	153 846 240.95	专项储备			
递延所得税资产		63 578 558.51	64 316 633.96	盈余公积		179 692 422.32	155 574 654.04
其他非流动资产				未分配利润	18	960 422 038.75	778 442 213.94
非流动资产合计		5 595 782 413.62	5 128 457 885.51	归属母公司所有者权益合计		2 884 149 270.02	2 703 919 743.18
资产总计		9 089 421 878.85	7 821 216 611.71	少数股东权益合计		99 893 409.19	88 314 936.72
				所有者权益（或股东权益）合计		2 984 042 679.21	2 792 234 679.90
				负债和所有者权益总计		9 089 421 878.85	7 821 216 611.71

2.母公司资产负债表（略）

（二）利润表

1.合并利润表

合并利润表

编制单位：新新公司　　2×20年度　　单位：元

项　目	附注	本期金额	上期金额
一、营业收入	19	14 968 766 420.88	11 418 968 169.76
减：营业成本	20	11 921 108 455.31	9 051 326 917.51
税金及附加		156 132 549.07	126 038 454.76
销售费用		497 253 630.79	385 159 495.55
管理费用		1 549 410 507.93	1 112 755 291.48
研发费用		172 156 723.10	123 639 476.83
财务费用	21	121 501 657.23	93 169 393.38
加：其他收益		0.00	0.00
投资收益（损失以“-”号填列）	22	756 141.84	1 041 237.18
净敞口套期收益（损失以“-”号填列）		0.00	0.00
公允价值变动收益（损失以“-”号填列）		0.00	0.00
信用减值损失（损失以“-”号填列）		-25 335 929.71	-12 529 591.93
资产减值损失（损失以“-”号填列）	23	-14 075 516.50	-6 960 884.40
资产处置收益（损失以“-”号填列）		2 815 103.30	-1 392 176.88
二、营业利润（损失以“-”号填列）		509 732 489.78	507 037 724.22
加：营业外收入	24	85 610 963.93	16 007 555.44
减：营业外支出	25	17 337 618.55	37 747 203.14
三、利润总额（亏损总额以“-”号填列）		578 005 835.16	485 298 076.52
减：所得税费用		251 381 515.08	166 038 449.14
四、净利润（净亏损以“-”号填列）		326 624 320.08	319 259 627.38
归属于母公司所有者的净利润		303 495 787.60	301 304 009.25
少数股东损益		23 128 532.48	17 955 618.13
五、每股收益			
（一）基本每股收益		1.03	1.03
（二）稀释每股收益		1.03	1.03
六、其他综合收益			
七、综合收益总额		326 624 320.08	319 259 627.38

2.母公司利润表（略）

（三）现金流量表

1.合并现金流量表

合并现金流量表

编制单位：新新公司　　2×20年度　　单位：元

项　　目	附注	本期金额	上期金额
一、经营活动产生的现金流量			
销售商品、提供劳务收到的现金		17 391 643 972.84	12 904 188 100.06
收到的税费返还		20 666 132.33	12 509 636.08
收到其他与经营活动有关的现金	26	831 777 787.38	670 808 280.01
经营活动现金流入小计		18 244 087 892.55	13 587 506 016.15
购买商品、接受劳务支付的现金		14 385 097 785.25	10 470 537 104.12
支付给职工以及为职工支付的现金		796 381 200.91	557 325 935.70
支付的各项税费		1 051 783 535.39	678 046 555.14
支付其他与经营活动有关的现金	27	1 121 438 988.33	982 094 599.75
经营活动现金流出小计		17 354 701 509.88	12 688 004 194.71
经营活动产生的现金流量净额		889 386 382.67	899 501 821.44
二、投资活动产生的现金流量			
收回投资收到的现金			2 460 000.00
取得投资收益收到的现金			9 662 619.52
处置固定资产、无形资产和其他长期资产收回的现金净额		35 321 927.90	3 344 976.59
处置子公司及其他营业单位收到的现金净额			
收到其他与投资活动有关的现金		11 775 941.69	
投资活动现金流入小计		47 097 869.59	15 467 596.11
购建固定资产、无形资产和其他长期资产支付的现金		684 956 027.42	594 347 896.50
投资支付的现金			
支付其他与投资活动有关的现金			28 000 000.00
投资活动现金流出小计		684 956 027.42	622 347 896.50
投资活动产生的现金流量净额		-637 858 157.83	-606 880 300.39
三、筹资活动产生的现金流量			
吸收投资收到的现金		6 850 000.00	7 498 930.27

续表

项　目	附注	本期金额	上期金额
其中：子公司吸收少数股东投资收到的现金		6 850 000.00	7 498 930.27
取得借款收到的现金		1 436 642 000.00	1 155 600 000.00
收到其他与筹资活动有关的现金		97 118 529.59	184 775 881.67
筹资活动现金流入小计		1 540 610 529.59	1 347 874 811.94
偿还债务支付的现金		1 210 000 000.00	937 970 000.00
分配股利、利润或偿付利息支付的现金		257 781 455.54	106 814 793.00
支付其他与筹资活动有关的现金		111 008 252.23	31 796 738.67
筹资活动现金流出小计		1 578 789 707.77	1 076 581 531.67
筹资活动产生的现金流量净额		−38 179 178.18	271 293 280.27
四、汇率变动对现金及现金等价物的影响		−370 998.31	−406 999.71
五、现金及现金等价物净增加额		212 978 048.35	563 507 801.61
加：期初现金及现金等价物余额		1 046 591 825.60	483 084 023.99
六、期末现金及现金等价物余额		1 259 569 873.95	1 046 591 825.60

2.母公司现金流量表（略）

（四）所有者权益变动表

1.合并所有者权益变动表

合并所有者权益变动表

编制单位：新新公司　　2×20年度　　单位：元

项　目	本期金额											
	归属母公司所有者权益										少数股东权益	所有者权益合计
	实收资本	其他权益工具			资本公积	减：库存股	其他综合收益	专项储备	盈余公积	未分配利润		
		优先股	永续债	其他								
一、上年年末余额	293 718 653.00				1 451 184 874.00		24 999 348.20		155 574 654.04	778 442 213.94	88 314 936.72	2 792 234 679.90
加：会计政策变更												
前期差错更正												
二、本年年初余额	293 718 653.00				1 451 184 874.00		24 999 348.20		155 574 654.04		88 314 936.72	2 792 234 679.90
三、本年增减变动金额（减少以"−"号填列）					24 999 348.20		-50 867 414.45		24 117 768.28	181 979 824.81	11 578 472.47	191 807 999.31
（一）综合收益总额					24 999 348.20					181 979 824.81	11 578 472.47	215 925 767.59
（二）所有者投入和减少资本												

续表

项目	本期金额											
	归属母公司所有者权益										少数股东权益	所有者权益合计
	实收资本	其他权益工具			资本公积	减：库存股	其他综合收益	专项储备	盈余公积	未分配利润		
		优先股	永续债	其他								
1.所有者投入的普通股												
2.其他权益工具持有者投入资本												
3.股份支付计入所有者权益的金额												
4.其他							-50 867 414.45					
（三）利润分配									24 117 768.28			24 117 768.28
1.提取盈余公积									24 117 768.28			24 117 768.28
2.对所有者（或股东）的分配												
3.其他												
（四）所有者权益内部结转												
1.资本公积转增资本（或股本）												
2.盈余公积转增资本（或股本）												
3.盈余公积弥补亏损												
4.设定受益计划变动额结转留存收益												
5.其他综合收益结转留存收益												
6.其他												
四、本期期末余额	293 718 653.00				1 476 184 222.20		-25 868 066.25		179 692 422.32	960 422 038.75	99 893 409.19	2 984 042 679.21

注：合并所有者权益变动表上期金额略。

2.母公司所有者权益变动表（略）

三、财务报表附注

（一）公司简介

新新公司是1995年5月经××市体改委批准设立的股份公司。1996年，其向社会公开发行股票后，于1997年1月22日在上海证券交易所上市。近几年，公司立足于主业，以并购发展、低成本扩张为战略，先后收购、开发了几十家大型百货商店，目前公司已发展成为涉足百货、超市、家电连锁等领域的大型综合性百货公司。其经营范围包括商品零售兼批发、农副产品收购、出租柜台等。

（二）遵循企业会计准则的声明（略）

（三）财务报表的编制基础（略）

（四）主要会计政策、会计估计和合并财务报表的编制方法（略）

（五）税项（略）

（六）合并财务报表范围及控股子公司情况（略）

（七）合并财务报表重要项目附注

1.应收票据

无提前贴现和到期末兑付的应收票据。

2.应收账款

应收账款账龄分类表　　金额单位：元

账龄	期末余额	比例（%）	坏账准备	期初余额	比例（%）	坏账准备
1年以内	16 770 129.58	85.31	837 350.94	17 319 887.65	88.60	865 994.39
1~2年	192 271.73	0.98	19 227.17	1 136 270.79	5.81	113 627.07
2~3年	628 836.58	3.20	125 767.32	279 525.70	1.43	55 905.14
3~4年	224 565.10	1.14	67 369.53	2 000.43	0.01	600.13
4~5年	2 000.43	0.01	1 000.21	44 471.00	0.23	22 235.50
5年以上	1 840 945.23	9.36	1 840 945.23	766 443.33	3.92	766 443.33
合计	19 658 748.65	100	2 891 660.40	19 548 598.90	100	1 824 805.56

注：应收账款期末余额中，应收关联方款项合计1 374 577.79元，占应收账款总额的6.99%。

3.预付账款

预付账款账龄分类表　　金额单位：元

账龄	期末数	比例（%）	坏账准备	期初数	比例（%）	坏账准备
1年以内	259 763 961.37	94.24	11 793 348.68	197 418 964.75	98.39	0
1~2年	13 655 938.27	4.95	1 232 524.40	2 172 580.03	1.08	0
2~3年	1 321 634.35	0.48	243 087.22	668 283.90	0.33	0
3~4年	579 237.81	0.21	40 908.20	136 740.99	0.07	0
4~5年	56 135.90	0.02	28 067.95	259 367.99	0.13	0
5年以上	259 367.99	0.09	259 367.99	0	0	0
合计	275 636 275.69	100	13 597 304.44	200 655 937.66	100	0

4.其他应收款

其他应收款账龄分类表

金额单位：元

账龄	期末数	比例（%）	坏账准备	期初数	比例（%）	坏账准备
1年以内	197 005 546.27	32.87	10 200 245.44	327 855 498.18	68.06	52 475 330.93
1~2年	311 440 655.04	51.97	63 910 575.37	85 005 175.80	17.65	8 500 517.58
2~3年	32 488 765.70	5.42	6 497 753.15	46 378 783.70	9.63	27 315 019.79
3~4年	42 461 517.00	7.09	31 743 522.38	13 664 847.17	2.84	7 054 767.77
4~5年	12 112 428.94	2.02	6 056 214.48	5 823 220.49	1.21	2 479 904.35
5年以上	3 750 252.11	0.63	3 750 252.41	3 005 027.55	0.61	3 005 027.55
合计	599 259 165.06	100	122 158 563.23	481 732 552.89	100	100 830 567.97

注：应收关联方款项占其他应收款总额的55.36%。

5.存货

存货分类表

单位：元

项　目	期末数		期初数	
	金额	跌价准备	金额	跌价准备
库存商品	1 400 285 333.45	12 186 103.30	925 812 189.72	12 172 941.50
在建开发产品	55 075 431.95		106 578 664.97	
库存材料	13 721 965.72		9 822 044.42	
低值易耗品	21 236 302.13		16 845 227.07	
合计	1 490 319 033.25	12 186 103.30	1 059 058 126.18	12 172 941.50

6.长期股权投资

长期股权投资分类表

单位：元

长期股权投资	期末数	期初数
按权益法核算的长期股权投资：		
对合营企业的投资		
对联营企业的投资	2 800 000.00	2 800 000.00
按成本法核算的长期股权投资：		
其他股权投资	10 033 052.59	9 933 052.59
长期股权投资合计	12 833 052.59	12 733 052.59
减：长期股权投资减值准备	100 000.00	100 000.00
长期股权投资净额	12 733 052.59	12 633 052.59

注：被投资单位基本情况略。

7.固定资产

（1）原价

固定资产原价分类表

单位：元

类别	期初数	本期增加	本期减少	期末数
房屋建筑物	3 263 703 053.22	418 303 558.69	49 905 958.71	3 632 100 653.19
机器设备	329 252 617.02	37 948 850.30	19 441 860.29	347 759 607.03
运输工具	38 935 569.54	11 457 615.16	894 559.84	49 498 624.86
家具用具	26 258 850.71	10 285 989.36	2 371 242.40	34 173 597.67
电子设备	91 315 258.86	24 936 871.86	4 818 137.94	111 433 992.78
合计	3 749 465 349.35	502 932 885.37	77 431 759.18	4 174 966 475.53

（2）累计折旧

固定资产累计折旧分类表

单位：元

类别	期初数	本期增加	本期减少	期末数
房屋建筑物	560 171 909.78	152 492 979.07	5 888 236.34	706 776 652.50
机器设备	121 918 911.26	29 299 365.40	14 318 157.55	136 900 119.10
运输工具	17 838 957.22	4 630 881.18	266 439.02	22 203 399.38
家具用具	19 178 568.38	5 588 522.62	1 965 897.54	22 801 193.46
电子设备	39 590 439.40	16 577 773.79	3 681 619.83	52 486 593.36
合计	758 698 786.03	208 589 522.06	26 120 350.29	941 167 957.80

注：公司以固定资产等有形资产对外抵押，取得银行贷款900 600 000.00元。抵押物为部分营业楼和土地，抵押物的期末原值和净值合计分别为1 507 538 223.27元和1 189 729 924.35元。

8.无形资产

（1）原值

无形资产原值分类表

单位：元

类别	期初数	本期增加	本期减少	期末数
房屋使用权	711 234.66	0	0	711 234.66
土地使用权	1 055 570 196.93	10 780 329.77	1 622 986.86	1 064 727 539.84
天桥使用权	1 788 434.47	111 402.00	0	1 899 836.47
注册商标	69 900.00	0	0	69 900.00
电脑软件费	3 937 360.10	1 909 565.53	397 932.00	5 448 993.63
其他	2 505 949.32	1 350 000.00		3 855 949.32
合计	1 064 583 075.48	14 151 297.30	2 020 918.86	1 076 713 453.92

（2）累计摊销

无形资产累计摊销分类表

单位：元

类别	期初数	本期增加	本期减少	期末数
房屋使用权	258 301.88	44 654.40	0	302 956.28
土地使用权	96 258 804.37	30 345 324.49	62 406.80	126 541 722.06
天桥使用权	944 184.27	100 648.94	0	1 044 833.21
注册商标	30 290.00	6 990.00	0	37 280.00
电脑软件费	1 131 138.82	691 017.28	29 903.00	1 792 253.10
其他	1 527 556.69	965 146.12	0	2 492 702.81
合计	100 150 276.03	32 153 781.23	92 309.80	132 211 747.46

9. 长期待摊费用

长期待摊费用分类表

单位：元

类　别	期初数	期末数
保险费	139 189 253.79	205 153 941.80
开办费	9 666 667.04	5 666 667.08
其他	4 990 320.12	876 599.48
合计	153 846 240.95	211 697 208.36

10. 信用资产减值准备

信用资产减值准备分类表

单位：元

项　目	本期发生额	上期发生额
一、坏账准备	25 215 929.71	12 529 591.93
二、债权投资减值准备	20 000.00	0.00
三、长期股权投资减值准备	100 000.00	0.00
合计	25 335 929.71	12 529 591.93

11. 资产减值准备

资产减值准备分类表

单位：元

项　目	本期发生额	上期发生额
一、存货跌价准备	12 074 926.00	6 960 884.40
二、投资性房地产减值准备	920 816.06	
三、在建工程减值准备	1 079 774.44	
合计	14 075 516.50	6 960 884.40

12.短期借款

（1）短期借款期末比期初减少了220 658 000.00元，降幅为21.83%，主要系公司偿还银行借款所致。

（2）期末已到期尚未偿还的短期借款金额为5 342 000.00元，系控股子公司欠款。

（3）保证借款期末余额为403 000 000.00元，均由鼎新集团有限公司提供担保。

13.应付账款

应付账款账龄分类表

单位：元

账　龄	期末数	期初数
1年以内	1 973 532 446.29	1 402 247 502.91
1~2年	39 558 762.80	46 875 698.96
2~3年	14 077 464.99	18 084 820.90
3年以上	31 920 137.72	27 046 937.12
合计	2 059 088 811.80	1 494 254 959.89

注：应付账款期末比期初增加了564 833 851.91元，增长率为37.80%，主要系公司偿付供货商货款所致。

14.预收款项

预收账款本期增加333 261 277.83元，增长率为142.46%，系公司本期店铺规模扩大和部分地区的团购销售增加所致。

15.其他应付款

其他应付款账龄分类表

单位：元

账　龄	期末数	期初数
1年以内	566 945 890.51	734 951 376.43
1~2年	189 609 655.42	60 166 207.23
2~3年	31 068 424.84	112 231 334.11
3年以上	271 468 421.68	114 944 020.51
合计	1 059 092 392.45	1 022 292 938.28

16.股本

2×20年11月19日，公司有限售条件的流通股41 744 130股可以上市流通。本次有限售条件的流通股上市流通后，本公司有限售条件的流通股股数为40 674 645股，无限售条件的流通股股数为253 044 008股，合计为293 718 653股。

17.资本公积

本年资本公积的变化为同一控制下企业合并取得的被合并企业的净资产账面价值与支付的合并对价账面价值之间的差额，以及为了编制比较报表，将被合并企业纳入合并范围而对资本公积的调整性冲回部分。

18.未分配利润

（1）公司根据2×20年4月26日召开的2×19年度股东大会审议通过的2×19年度利润分配方案（每10股派发3.3元的现金股利），本期共派发现金股利96 927 155.49元。

（2）依据2×20年3月21日召开的公司第六届董事会第十次会议通过的利润分配预案，公司按照2×20年度母公司实现的净利润，提取法定盈余公积24 117 768.28元，每10股派发现金股利3.3元。上述利润分配预案尚待公司股东大会审议通过。

19.营业收入

（1）按照性质分类

营业收入性质分类表

单位：元

项　目	本期金额	去年同期金额
主营业务收入	13 979 821 458.46	10 704 104 256.36
其他业务收入	988 944 962.42	714 863 913.40
合计	14 968 766 420.88	11 418 968 169.76

（2）按照业务分类

营业收入业务分类表

单位：元

项　目	本期金额	去年同期金额
百货业态收入	8 584 480 308.04	6 238 018 151.16
超市业态收入	2 881 259 604.66	2 056 702 640.10
家电连锁收入	3 190 671 700.30	2 314 858 842.29
其他收入	1 896 707 897.16	1 501 365 920.93
减：内部交易抵销	1 584 353 089.28	691 977 384.72
合计	14 968 766 420.88	11 418 968 169.76

20.营业成本

营业成本分类表

单位：元

项　目	本期金额	去年同期金额
主营业务成本	11 912 851 380.60	9 029 924 270.27
其他业务成本	8 257 074.71	21 402 647.24
合计	11 921 108 455.31	9 051 326 917.51

21.财务费用

财务费用分类表

单位：元

项　目	本期金额	去年同期金额
利息费用	106 271 760.04	83 072 159.30
汇兑损失	-28 836 358.69	-14 460 437.90
手续费	44 066 255.88	24 557 671.98
合计	121 501 657.23	93 169 393.38

注：财务费用较去年同期增加了28 332 263.85元，增长率为30.41%，主要系本期公司长期银行贷款增加和国家贷款利率上调增加了利息支出，以及本期的手续费较去年同期亦增加等原因所致。本年没有资本化利息。

22.投资收益

投资收益分类表

单位：元

项　目	本期金额	去年同期金额
子公司少数股东增资收益	756 141.84	
被投资公司清算收益		1 041 237.18
合计	756 141.84	1 041 237.18

23.资产减值损失

企业的资产减值损失较上年同期大幅增加，主要系公司本期应收款项比去年同期有所增加，计提坏账准备的基数增加，同时本期公司对预付账款也计提了坏账准备等因素共同作用所致。

24.营业外收入

营业外收入分类表

单位：元

项　目	本期金额	去年同期金额
政府补贴	30807319.55	12433341.58
盘盈利得	422 549.28	185.59
捐赠利得	140 000.00	
其他项目	54 241 095.10	3 574 028.27
合计	85 610 963.93	16 007 555.44

25.营业外支出

营业外支出分类表

单位：元

项　目	本　期	上年同期
公益性捐赠支出	15323267.27	36780675.25
非常损失	97 920.00	
盘亏损失	129 566.60	
其他项目	1 786 864.68	966 527.89
合计	17 337 618.55	37 747 203.14

26.收到其他与经营活动有关的现金

收到其他与经营活动有关的现金为831 777 787.38元，其中金额较大的项目为：本期收到的租金454 966 418.85元；陈列费、进店费、促销费和管理费235 720 907.00元；押金及保证金101 984 243.46元。

27.支付其他与经营活动有关的现金

支付其他与经营活动有关的现金为1 121 438 988.33元，其中金额较大的项目为：支付的租赁费385 991 648.49元；水电费267 145 603.72元；广告费169 265 031.71元；维修费77 022 264.00元；办公费35 371 170.21元；差旅费18 893 901.93元；支付房地产开发有限公司租赁定金45 000 000.00元；支付拟收购项目定金20 000 000.00元。

28.现金流量表补充资料

补充资料表

单位：元

项　目	本期金额	上期金额
1.将净利润调节为经营活动现金流量：		
净利润	326 624 320.08	319 259 627.38
加：信用减值准备	25 335 929.71	12 529 591.93
资产减值准备	14 075 516.50	6 960 884.40
资产处置损失	2 815 103.30	1 392 176.88
固定资产折旧、油气资产折耗、生产性生物资产折旧、使用权资产折旧	225 624 828.86	250 237 636.09
无形资产摊销	33 132 320.31	1 570 247.37
长期待摊费用摊销	33 486 040.06	17 914 179.79
非货币资产捐赠（收益以“-”号填列）	-2664009.00	26323669.47

续表

项　　目	本期金额	上期金额
公允价值变动损失（收益以“-”号填列）		
财务费用（收益以“-”号填列）	125 710 121.42	74 546 067.65
投资损失（收益以“-”号填列）	-756 141.82	-1 041 237.18
递延所得税资产减少（增加以“-”号填列）	738 075.45	32 096 914.80
递延所得税负债增加（减少以“-”号填列）	-22 677 167.59	-22 677 167.59
存货减少（增加以“-”号填列）	-431 260 907.07	-239 369 741.12
经营性应收项目减少（增加以“-”号填列）	-192 647 099.95	-245 594 273.37
经营性应付项目增加（减少以“-”号填列）	751 849 452.41	661 209 742.71
其他		
经营活动产生的现金流量净额	889 386 382.67	899 501 821.44
2.不涉及现金收支的重大投资和筹资活动：		
债务转为资本		
一年内到期的可转换公司债券		
3.现金及现金等价物净变动情况：		
现金的期末余额	1 259 569 873.95	1 046 591 825.60
减：现金的期初余额	1 046 591 825.60	483 084 023.99
加：现金等价物的期末余额		
减：现金等价物的期初余额		
现金及现金等价物净增加额	212 978 048.35	563 507 801.61

（八）关联方关系及其交易（略）

（九）或有事项（略）

（十）承诺事项

公司无应披露的承诺事项。

（十一）资产负债表日后事项（略）

（十二）其他重要事项（略）

（十三）非经常性损益项目（略）

A 综合测试题

一、单项选择题（下列每小题的备选答案中，只有一个是符合题意的正确答案。请将你选定的答案字母填入题后的括号中。本类题共10个小题，每小题1分，共10分。多选、错选、不选均不得分）

1.投资者了解企业会计信息最主要的途径是（　　）。

A.会计凭证　　B.会计账簿

C.财产清查　　D.财务报告

2.能够反映企业在某一特定日期财务状况的报表是（　　）。

A.资产负债表　　B.利润表

C.现金流量表　　D.所有者权益变动表

3.一般情况下，下列各项资产中，流动性最强的是（　　）。

A.可供出售金融资产　　B.应收票据

C.应收账款　　D.存货

4.下列说法中，错误的是（　　）。

A.资产体现企业独立的控制权，而不体现所有权

B.资产体现了企业控制和拥有的全部经济资源

C.资产与财产物资的含义不同

D.资产负债表上的资产按照流动性和重要性排序

5.下列各项中，可能是企业存货规模不合理变动信号的是（　　）。

A.存货与销售收入同向变动　　B.存货与速动资产反向变动

C.企业提取存货跌价准备　　D.存货与流动资产同向变动

6.进行固定资产规模分析时，下列各项中，不需要考虑的因素是（　　）。

A.行业特点　　B.总资产规模的变动

C.流动资产规模的变动　　D.长期投资规模的变动

7.在下列各项中，可能属于企业为了调节利润而故意使在建工程长期挂账的原因的是（　　）。

A.在建工程发生的借款利息可以增加当期财务费用

B.减少当期的固定资产折旧费用

C.减少期末会计核算的工作量

D.将在建工程相关支出计入销售费用

8.关于负债的结构，下列说法中正确的是（　　）。

A.如果企业现金流量状况较差，过多的短期借款将会增加财务风险

B.多数情况下，流动负债越多，企业即期偿债压力越小，财务风险越小

C.非流动负债对企业没有即期还款压力，因此对企业形成的财务风险较大

D.一般来说，企业负债的种类构成越复杂，集中度越小，负债经营的风险就越大

9.下列各项中，不会影响速动比率的是（　　）。

A.应收账款　　　　B.固定资产

C.短期借款　　　　D.应收票据

10.下列说法中，正确的是（　　）。

A.流动资产周转天数越少，表明流动资产流动速度越快

B.流动资产周转率数值越大，表明流动资产流动速度越慢

C.应收账款周转率数值越大，表明应收账款变现的速度越慢

D.以上说法都正确

二、判断题（本类题共10小题，每小题1分，共10分。请将你的判断结果填入题后的括号中。你认为正确的，填“√”；你认为错误的，填“×”）

1.资本性支出，是指为取得本期收入而发生的费用支出，按照权责发生制的要求，其要用本期收入来补偿。（　　）

2.资产负债表是时期报表。（　　）

3.流动资产，是指可以在一年或超过一年的一个营业周期内变现或耗用的资产。（　　）

4.资产负债表中，“应收账款”项目中列示的数据是扣除坏账准备以后的净额。（　　）

5.根据财务杠杆的基本原理，当投资报酬率小于借款利息时，企业借款越多越有利。（　　）

6.根据新颁布的企业会计准则，资产负债表中取消了“应付福利费”等单列项目。（　　）

7.收入的表现形式是资产的增加，不可能是负债的减少。（　　）

8.与营业成本相比，营业外支出通常具有较强的稳定性。（　　）

9.利润总额是扣除所得税后的利润，是企业最终的财务成果。（　　）

10.企业某一期间取得的净利润一定等于当期现金及现金等价物的净增加额。（　　）

三、计算分析题（本类题共2小题，每小题10分，共20分。要求计算的项目，均须列出计算过程；计算结果有计量单位的，应予以标明，标明的计量单位应与题中所给的计量单位相同；计算结果出现小数的，均保留小数点后两位小数；凡要求解释、分析、说明理由的内容，必须有相应的文字阐述）

已知：新商股份有限公司2×20年的资产负债表如下：

资产负债表

编制单位：新商股份有限公司　　　　2×20年12月31日　　　　单位：百万元

资　产	期末余额	年初余额	负债及股东权益	期末余额	年初余额
流动资产：			流动负债：		
货币资金	385	502	短期借款	223	436
应收账款	13	14	应付账款	1 198	926
预付款项	162	101	预收款项	141	72
其他应收款	651	912	其他应付款	745	842
存货	774	505	流动负债合计	2 307	2 276
其他流动资产			非流动负债：		
流动资产合计	1 985	2 034	长期借款	404	511
非流动资产：			非流动负债合计	404	511
长期股权投资	1 077	1 034	负债合计	2 711	2 787
固定资产	1 129	1 126	股东权益：		
在建工程	92	72	股本	294	294
无形资产	213	219	资本公积	908	930
长期待摊费用	103	69	盈余公积	180	156
递延所得税资产	36	35	未分配利润	542	422
非流动资产合计	2 650	2 555	股东权益合计	1 924	1 802
资产总计	4 635	4 589	负债及股东权益总计	4 635	4 589

要求：

1.编制关于资产负债表中资产部分的垂直分析表并进行资产结构分析。

2.根据资产负债表，对新商股份有限公司的资本结构进行分析。

四、论述题（本类题共1题，共10分）

有人说，企业借债越少越好。你认为，这种说法是否正确？为什么？请详细说明原因。

五、综合分析题（本类题共3小题，第1小题20分，第2小题12分，第3小题18分，共50分。凡要求计算的项目，均须列出计算过程；计算结果出现小数的，除特殊要求外，均保留小数点后两位小数。凡要求解释、分析、说明理由的内容，必须有相应的文字阐述）

已知：新商股份有限公司是一家上市公司，股票代码600***。公司经营业务包括商品零售兼批发、加工服务、仓储、农副产品收购等。近几年，公司立足于主业，以购并发展、低成本扩张为战略，先后收购、开发了几十家大型百货商店，目前公司已发展成为涉足百货、超市、家电连锁等领域的大型综合性百货公司。新商股份有限公司2×20年12月31日的资产负债表同第三大题，利润表、现金流量表如下：

利润表

编制单位：新商股份有限公司　　2×20年度　　单位：百万元

项　目	本期金额	上期金额
一、营业收入	6 540	5 275
减：营业成本	5 414	4 310
营业税费及附加	57	58
销售费用	203	215
管理费用	600	406
研发费用	92	80
财务费用	54	42
加：投资收益	175	118
减：信用减值损失	6	5
资产减值损失	18	10
二、营业利润	271	267
加：营业外收入	56	5
减：营业外支出	11	13
三、利润总额	316	259
减：所得税费用	75	49
四、净利润	241	210
五、每股收益	0.82	0.71

注：企业2×20年度的赊销净额是2 723万元。

现金流量表

编制单位：新商股份有限公司　　2×20年度　　单位：百万元

项　目	本期金额	上期金额
一、经营活动产生的现金流量		
销售商品、提供劳务收到的现金	7 976	5 847
收到其他与经营活动有关的现金	633	229
经营活动现金流入小计	8 609	6 076
购买商品、接受劳务支付的现金	7 012	4 825
支付给职工以及为职工支付的现金	369	254
支付的各种税费	444	274
支付其他与经营活动有关的现金	470	392
经营活动现金流出小计	8 295	5 745
经营活动产生的现金流量净额	314	331
二、投资活动产生的现金流量		
取得投资收益收到的现金	226	126
处置固定资产、无形资产和其他长期资产收回的现金净额	14	0
投资活动现金流入小计	240	126
购建固定资产、无形资产和其他长期资产支付的现金	131	47
取得子公司及其他营业单位支付的现金净额	62	284
投资活动现金流出小计	193	331
投资活动产生的现金流量净额	47	-205
三、筹资活动产生的现金流量		
取得借款收到的现金	673	1 157
筹资活动现金流入小计	673	1 157
偿还债务所支付的现金	966	940
分配股利、利润或偿付利息支付的现金	185	93
筹资活动现金流出小计	1 151	1 033
筹资活动产生的现金流量净额	-478	124
四、现金及现金等价物的净增加额	-117	250

附：设行业指标平均值如下：

行业指标平均值表

指　　标	2×20年	2×19年
流动比率	1.50	1.65
速动比率	0.80	0.85
现金比率	0.40	0.40
利息保障倍数	4.04	3.88
资产负债率	0.60	0.60
存货周转率（次）	4.00	4.02
应收账款周转率（次）	1.98	1.20
总资产周转率（次）	0.95	0.90
营业收入利润率	0.06	0.06
成本费用利润率	0.07	0.07
总资产报酬率	0.06	0.06
净资产报酬率	0.09	0.09
盈利现金比率	1.02	1.03
营业收入现金比率	0.99	0.98

要求：

1.根据该公司的财务报表，参考行业相关指标，分析企业的偿债能力。

2.根据该公司的财务报表，参考行业相关指标，分析企业的营运能力。

3.根据该公司的财务报表，参考行业相关指标，分析企业的盈利能力。

主要参考文献

［1］晏志高，徐华中．财务分析与案例［M］．成都：西南财经大学出版社，2006．

［2］黄世忠．财务报表分析：理论、框架、方法与案例［M］．北京：中国财政经济出版社，2007．

［3］黄世忠．收入操纵的九大陷阱及其防范对策（下）［J］．中国注册会计师，2004（3）．

［4］黄世忠，叶丰滢．上市公司报表粉饰新动向：手段、案例与启示（上）［J］．财会通讯：综合版，2006（1）．

［5］黄世忠，张胜芳．帕马拉特舞弊案及其启示［J］．财务与会计，2004（4）．

［6］李晓慧．审计报告的沿革及其运用研究［J］．审计研究，2005（6）．

［7］刘凌冰，张天萌．中金再生为何被清盘［J］．财务与会计：理财版，2014（8）．

［8］彭国光．美国上市公司典型舞弊案例分析［J］．财会学习，2009（3）．

［9］荣树新．如何看懂所有者权益变动表［J］．理财杂志，2007（5）．

［10］宋夏云，等．康得新财务造假案例分析［J］．财务管理研究，2019（2）．

［11］苏布拉马尼亚姆，怀尔德．财务报表分析［M］．宋小明，译．10版．北京：中国人民大学出版社，2009．

［12］杨纪琬，夏冬林．怎样阅读会计报表［M］．3版．北京：经济科学出版社，2003．

［13］易永珍，苟松．行业分析及同业比较在财务分析中的运用［J］．西南民族大学学报：人文社科版，2004（5）．

［14］王静静．从康芝药业财务造假案例看职业怀疑在关联方交易舞弊审计中的运用［J］．商业会计，2016（11）．

［15］王峥钰，曾天羿．上市公司财务造假浅析——基于康美药业财务造假案的思考［J］．现代营销，2019（8）．

［16］希金斯．财务管理分析［M］．沈艺峰，洪锡熙，等，译．北京：北京大学出版社，1998．

[17] 肖博. 罗技国际公司舞弊案例分析 [J]. 财会学习, 2017 (10).

[18] 张先治. 财务分析 [M]. 7版. 大连: 东北财经大学出版社, 2014.

[19] 张新民. 企业财务报表分析 [M]. 北京: 北京大学出版社, 2008.

[20] 张新民. 企业财务报表分析: 教程与案例 [M]. 2版. 北京: 对外经济贸易大学出版社, 2004.

[21] 张媛, 董成杰. 航空公司低成本战略研究——基于瑞安航空的案例研究 [J]. 会计之友, 2010 (7).

[22] 中华人民共和国财政部. 企业会计准则 (2019年版) [M]. 上海: 立信会计出版社, 2018.

[23] 中华人民共和国审计法规编委会. 中华人民共和国现行审计法规与审计准则及政策解读 (2017年权威解读版) [M]. 上海: 立信会计出版社, 2017.